# 외식 · 식자재유통 창업경영

권 금 택

PnC
publishing and culture
피앤씨미디어

이 저서는 2017년 영산대학교의 연구비 지원을 받아 출판되었음.

# 머리말

오늘날 외식 및 식자재유통사업은 인간의 식생활에 중요한 부분을 담당하고 있으며 성장과 발전을 거듭하면서 양적, 질적으로 팽창하고 있다. 소자본 창업자들이 가장 선호하는 업종이고 최고의 창업아이템인 외식사업과 식자재유통사업은 불가분의 관계에 있음에도 불구하고 이에 관한 통합 창업실무서는 없다. 외식업과 식자재유통업이 서로 윈-윈할 수 있는 방법과 향후 외식관련 사업을 창업해서 다른 사업으로 성장전략-다각화전략을 추구할 때는 융합적 이론과 실무적 이해가 필요하다. 따라서 본서는 외식사업(식당)과 식자재유통업(도소매업)을 창업하고자 하는 예비창업자와 초보자가 가장 간과하기 쉬운 것 즉 외식사업(식당)과 식자재유통업(도소매업) 점포를 성공적으로 창업할 수 있는 창업과정과 창업 후 효과적인 경영전략의 수립에 큰 도움을 주고자 한다. 식자재유통업의 사업영역은 작게는 소매, 도매에서 대도매, 제조(생산), 수출입(무역)까지 포함하고 있다. 본 교재에서의 식자재유통업은 소매업을 주 대상으로 다루고 있다.

외식 및 식자재유통사업을 하고자 하는 예비 창업자들은 창업사업계획을 수립할 때 글로벌 경쟁환경에 대처할 수 있는 경쟁우위전략을 선제적으로 구축해야 한다. 이러한 전략적 사고를 중심으로 저자가 대학에서 강의하면서 정리한 선행연구 등의 자료와 저자 나름의 독창적인 내용을 첨가하여 정리하였다. 특히 본서는 외식 및 식자재유통사업현장에서 적응하고 활용하는데 유용한 창업 및 경영지침서로서 그리고 관리자로서의 자질함양을 목적으로 집필하고자 한다. 본서의 기본 방향은 외식업과 식자재유통업을 창업하는데 있어서 일반적 공통부분은 같이 활용하고, 각 사업의 특수한 부분은 별도로 언급하였다.

본서의 내용을 간략하게 살펴보면 다음과 같다.

전체 내용을 크게 4부 15장으로 나누어서 제1부 1~3장에서는 외식·식자재유통산업의 개요와 외식·식자재유통사업의 창업에 대한 이해를 돕기 위해서 이론 및 실무적 배경에 대해 서술하였다. 제2부 4~7장에서는 성공적인 외식·식자재유통업창업을 위하여 단계별 필수내용을 서술하였다. 제3부 8~12장에서는 외식·식자재유통사업의 매출증대를 위한 전략적 외식·식자재유통경영관리에 대해 기술하였고, 제4부 13~15장에서는 미래를 지향하는 외식·식자재유통창업실행관리에 대해 서술하였다.

본서는 외식업과 식자재유통업의 창업을 최초로 통합하여 집필하는 과정에서 발생한 부족한 부분은 학계는 물론 사업현장 실무가의 많은 조언과 향후 지속적인 연구를 통해 보완할 것을 약속해 본다. 끝으로 본서가 출간되기 까지 협조와 도움을 주신 모든 분과 본서의 출간에 도움을 주신 피앤씨미디어 박노일 사장님과 정성껏 편집을 하여주신 직원 선생님께도 감사를 드린다.

2017년 7월
교수 연구실에서
권 금 택

# 차 례

## 제 1 부 외식·식자재유통산업과 창업의 이해

## 제 3 부 전략적 외식·식자재유통경영관리

### 제 8 장 외식메뉴관리와 식자재유통상품계획



### 제 9 장 가격결정관리

## 제 4 부 미래를 지향하는 외식·식자재유통실행관리

### 제13장 고객만족과 고객관계관리

# 제 1 부

# 외식·식자재유통산업과 창업의 이해

# 제 1 장 외식·식자재유통산업의 현황과 미래

## 제 1 절 외식산업의 현황

### 1. 외식산업의 의의와 특성

#### (1) 외식산업의 의의

##### 1) 내식·중식·외식의 개념

인간의 본능 중 하나인 식생활은 생존의 수단으로 시작되어 오늘날 일상생활과 사회생활뿐 아니라 가정과 가정 외의 다양한 형태로 변화하여 왔다. 그리고 과학과 문명의 발달로 산업구조가 확대되면서 가족의 일원이 사회에 참여함으로써 가정 안에서의 식사 횟수는 점차 감소하고 점심, 저녁 중 한 끼 이상을 가정 밖에서 개별적으로 식사를 해결하는 경우가 많아졌다. 따라서 가정의 식생활을 기준으로 구분하여 볼 때 가정 내에서의 식생활을 내식(內食)이라 하고, 가정 밖에서의 식생활을 외식(外食)이라 단순하게 정의할 수 있다.

그리고 현대적 개념에서의 외식을 조리주체, 조리장소, 식사장소의 3가지 요소를 통해 살펴보면 다음과 같다.

① 내식은 조리주체가 세대 내의 사람으로 조리장소와 식사장소가 원칙적으로 가정 내에 있는 식사를 말한다.

그림 1-1 내식·중식·외식의 개념

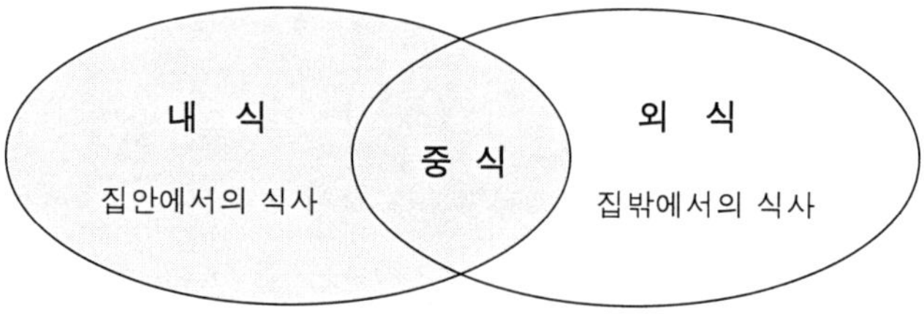


② 중식은 조리의 주체가 세대 외의 사람으로 조리장소는 원칙적으로 가정 외에 있으며, 식사장소는 가정 내의 식사를 말한다. catering, take－out, 편의점(레토르트식품), delivery(배달) 등이다.

③ 외식은 조리의 주체가 세대 외의 사람으로 조리장소는 원칙적으로 가정 외에 있으며, 식사장소는 가정외의 식사를 말한다.

### 2) 외식산업의 개념

외식이란 '가정 밖에서 행하는 식사행위의 총칭'으로 가정 이외에서 음식을 먹는 것을 의미한다. 그리고 출장연회, 배달서비스의 발달과 도시락 등이 완제품 형태로 되어 가정 내에까지 배달이 되어 가정에서도 외식의 개념이 자리를 잡게 된지가 오래 되었다.

외식산업이라는 용어가 출현하기 전에는 먹는장사, 요식업, 식당, 음식업, 식품접객업 등이라고 불리던 이름이 21세기 가장 유망한 사업으로 소개되면서 외식산업으로 통일되었고 각종 매스컴뿐만 아니라 일반 서민들 사이에서도 일반화 되었다. 일반적으로 외식산업(Food Service Industry)은 가정 이외의 장소에서 요리나 음료수를 제공하고 그 대가를 받는 것과 이를 영업으로 하는 것을 지칭하며, 식사와 음료, 거기에 부수되는 인적서비스, 연출되는 분위가 등 상품내용을 본질로 하고 있다. 그리고 외식산업은 식재료를 이용해서 요리를 해 냄으로써 제조업의 기능과 고객에게 판매를 함으로 소매업의 기능을 그리고 판매된 메뉴를 맛있고 즐겁게 먹을 수 있도록 부가되는 서비스업의 기능도 가지는 등 복합적인 성격을 가진 복합산업이다. 이런 특성들을 종합해 보면 외식산업은 식당업, 요식업, 음식업을 표준화, 메뉴얼화, 시스템화, 체인화의 원리를 바탕으로 가정 밖에서 이루어지는 인간의 외식에 대한 욕구를 상업화 시킨 것이다. 즉, 외식산업은 일정한 장소에서 외식상품을 특정인 또는 불특정 다수를

**표 1-1** 요식업과 외식업의 차이

| 구분 | 요식업(Restaurant) | 외식산업(Food Service) |
|---|---|---|
| 식재 | 원재료의 사용<br>전통 및 개성 중시 | 재료(1차 가공군)의 사용<br>경제성 및 규모의 경제 중시 |
| 조리 | 품질불균일 | 품질균일 |
| 경영방침 | 경영자의 개성화, 개인능력 중시, 아이디어의 중시 | 3S주의(Speed, Service, Standard)<br>팀워크 중시 |
| 점포 | 분위기<br>육감적 외관 중시 | 효율성 중시<br>최신시스템과 기기 도입 |
| 교육 | 경험과 직감 중시 | 매뉴얼 중시 |
| 상권 | 지역의 소상권 지향 | 대상권 지향 |

대상으로 상업적 또는 비상업적 목적으로 생산 및 판매활동을 하는 사업체들의 군(群)을 말한다.

오늘날 외식산업의 본격적인 시작은 1950~1960년대 미국의 경제발전에 따른 식생활의 변화와 함께 Foodservice Industry라는 용어가 정착되기 시작하면서부터이다. 그리고 일본에서는 1975년 매스컴에서 현재 우리가 사용하고 있는 외식산업이라는 용어를 처음으로 사용하기 시작하였다.

우리나라의 경우는 1979년 롯데리아의 개점을 시작으로 일반화된 것으로 볼 수 있다.

### (2) 외식산업의 특성

외식산업은 제조 또는 조리과정을 필수로 하고, 인적·물적 서비스가 중요한 의미를 지니고 있으며, 최종소비자를 고객으로 하기 때문에 제조업·서비스업·소매업의 기능을 동시에 지니고 있다.

따라서 외식산업은 타산업과는 분명히 다른 시스템과 생산활동을 하고 있기 때문에 고유의 특성을 지니고 있다.

외식산업이 타산업과 구별되는 구조적 특성을 살펴보면 다음과 같다.

### 1) 경제적 특성

① 독과점적 사업이 불가능하다.

외식업체는 소비자들의 욕구에 대한 무한한 메뉴가 아닌 특정메뉴로 충족시켜야 하기 때문에 현실적으로 독과점은 불가능하다 할 수 있다. 따라서 외식사업체들이 독과점의 수단으로 다점포 및 가맹점을 모집하여 프랜차이즈시스템을 도입하려는 경향이 있다.

② 노동집약적 사업이다.

외식사업체는 서비스의 특성상 다양한 고객의 요구를 수용하기 위해서는 자동화 자체가 여전히 한계를 지니고 있기 때문에 노동의존도가 매우 높은 것이 현실이다. 또한 고객, 종업원, 경영주가 하나가 되어 고감도 서비스연출(인간관계)로 이루어지는 사람중심의 인재산업이기도 하다. 외식사업에서 인간이 가장 중요한 자본으로 여겨지는 것도 이 때문이다.

### 2) 생산특성

① 생산·판매·소비가 동시에 이루어지는 산업이다

외식산업은 고객이 상품을 판매하는 곳을 방문해 소비하는 산업으로서 일정장소에서 생산·판매·소비가 이루어지는 산업이다. 그러나 최근에는 배달 서비스가 생겨 생산과 소비가 동시에 이루어지지 않기도 하지만 생산된 상품은 일정한 서비스를 통하여 짧은 시간 내에 고객에게 판매되어지고 있다.

② 다품종 소량의 주문판매를 하는 사업이다

외식사업체는 그 때, 그 때 소량을 생산하여 판매를 한다. 갑자기 많은 주문이 있을 때는 생산 과부하로 인해 생산능력에 한계가 있을 수 있으나 완성품 재고가 발생하지 않는 장점이 있다.

### 3) 고객특성

① 고객에 대한 서비스의 의존도가 높은 산업이다

외식산업은 인적자원에 의존해야하는 노동집약적 산업이다. 따라서 상품주기가 짧고, 다품종 소량생산을 함으로써 인건비 지출이 비교적 높다. 또한 외식산업은 음식과 음료를 만들거나 가공하여 일반 대중에게 직접 서비스한다는 점에서 일반 제조업과는 다른 생산활동 및 운영체계를 지니고 있다.

② 고객만족의 가치를 추구하는 가치판매산업이다

외식산업은 표준화, 전문화, 단순화 등의 시스템을 체계적으로 기본화하는 매뉴얼 산업이면서 동시에 식당운영 경험과 고도의 노하우 등이 필요한 사업이다. 그리고 다점포전개에 따른 규모의 경제와 표준화가 가능한 프랜차이즈산업으로 식당의 기본요소(품질, 청결, 서비스)에 분위기를 가미시켜 고객만족의 가치를 추구하는 가치판매산업이다.

### 4) 유통특성

① 입지의존성이 매우 높은 사업이다

외식산업은 생산과 소비가 동시에 이루어지는 특성을 지니고 있기 때문에 입지 여건에 따라 영업실적의 차이가 나는 높은 입지의존성을 지니고 있는 사업이다. 따라서 입지는 사업의 성패를 좌우할 수 있다.

② 다점포의 전개가 가능한 사업이다

체인시스템이란 본부에서 식품구매, 경영노하우, 음식의 생산방법, 서비스 등을 개발하여 체인업체나 가맹점을 모집하여 상품의 판매권을 확대하고 표준시설을 설비해주는 시스템 구축이 가능한 사업이다. 최근에 와서 선진 외식사업체들은 자신들이 축적한 경험과 노하우를 다른 가맹업체로의 진출을 꾀하는 프랜차이즈사업으로 영역을 확대하고 있다.

③ 유통경로가 없는 사업이다

제조업은 일정한 유통경로에 의하여 상품을 고객에게 판매하는데 비해 외식사업은 제조업과 달리 고객이 내점해서 주문 후에 생산하여 판매한다. 최근에 와서 배달을 병행하는 업체와 배달전문 외식사업체가 생겨나서 이러한 문제점을 극복하고 있다.

### 5) 환경적 특성

① 수요예측과 시간적 제약이 많은 사업이다

외식산업은 다른 산업에 비해 시간과 공간의 제약을 크게 받는다. 날씨, 계절, 입지, 주야 등에 따라 수요량의 변동이 심하기 때문에 탈력적인 경영이 필요한 사업이다. 그리고 식사하는 시간이 대부분 아침, 점심, 저녁시간으로 한정되어 있어 이 한정된 시간에 대부분의 매출이 일어나기 때문에 공간활용, 인력관리, 규모의 경제 등 관리상의 문제점이 낳이 발생하는 사업이다.

**표 1-2** 외식산업의 특성

| | |
|---|---|
| 경제적 특성 | 독과점이 불가능한 사업, 노동집약적 사업 |
| 생산 특성 | 생산·판매·소비의 동시성, 다품종 소량생산 |
| 고객 특성 | 높은 인적서비스, 가치판매산업 |
| 유통 특성 | 높은 입지 의존성, 프랜차이징사업, 단순한 유통경로 |
| 환경적 특성 | 시간적 제약과 수요예측의 불확실, 종합산업 |

② 종합예술의 첨단산업이다

외식산업을 식품, 유통, 식재, 부동산, 패션. 오락, 서비스 등의 최종산물인 종합예술성의 첨단 산업으로서 타산업과의 연계 및 복잡화가 가능한 사업이다.

## 2. 외식산업의 분류와 인·허가

외식산업의 업종을 분류하는 기준은 학자에 따라 조금씩 달리하고 있으나, 여기서는 우리나라의 한국표준산업분류표와 식품위생법상의 분류, 관광진흥법상의 분류 등을 알아보겠다.

### 1) 식품위생법상의 분류

식품접객업은 음식류 또는 주류 등을 조리하여 주로 음식점 내에서 고객에게 판매하는 영업행위를 말하는데 휴게음식점 영업, 일반음식점 영업, 단란주점 영업, 유흥주점영업으로 분류되고 있으며, 그 분류의 특성을 살펴보면 판매상품(메뉴) 또는 장소가 먹는 곳인가 아닌가, 마시는 곳인가 아닌가, 고객한테 주류를 마실 수 있도록 판매를 할 수 있는가 없는가, 그리고 노래를 부를 수 있는가 없는가, 유흥시설의 설치여부, 이외에 유흥종사자를 두고 가무를 할 수 있는가 없는가, 등에 따라 분류를 해보면 더욱 쉽게 이해할 수 있다.

오늘날의 외식 관련 산업은 외식사업, 식자재유통사업, 식료품제조사업과 밀접한 관계를 맺고 있다. 외식산업의 식품접객업상의 인·허가 사항은 휴게음식점, 일반음식점, 위탁급식, 제과점은 신고사항이며 단란주점과 유흥주점은 허가사항이다. 외식산업과 관련성이 높은 식자재유통업은 신고사항이며, 식품제조·가공업과 식품첨가물제조업은 등록사항이다. 식품위생법상의 식품접객업의 종류에 대한 분류는 공식적으로 두 기관(보건복지부와 국세청)이며, 보건복지부는 영업허가의 목적으로 영업의 종류를 정하는 기준으로, 국세청은 세원관리 목적에 따라 외식산업을 구성하는 개개의 단위업체를 분류하여 군집하였다.

**표 1-3** 식품위생법상의 식품접객업 분류

| 식품접객업 | 분류내용 |
|---|---|
| 휴게음식점 영업 | 휴게음식점이란 음식류를 조리, 판매하는 영업으로서 음주행위가 허용되지 아니하는 영업. 주로 다류를 조리, 판매하는 다방, 즉 주로 빵 떡 과자 아이스크림류를 조리 판매하는 과자점형태의 영업을 포함한다. |
| 일반음식점 영업 | 일반음식점 영업이란 음식류를 조리 판매하는 영업으로서 식사와 함께 부수적인 음주행위가 허용되는 영업을 말한다. |
| 단란주점 영업 | 단란주점 영업이란 주로 주류를 조리 판매하는 영업으로서 손님이 노래를 부르는 행위가 허용되는 영업을 말한다. |
| 유흥주점 영업 | 유흥주점 영업이란 주로 주류를 조리 판매하는 영업으로서 유흥종업원을 두거나 유흥시설을 설치할 수 있고 손님이 부르거나 춤을 추는 행위가 허용되는 영업을 말한다. |
| 위탁급식 | 집단급식소를 설치·운영하는 자와의 계약에 의하여 그 집단급식소 내에서 음식류를 조리하여 제공하는 영업 |
| 제과점 | 주로 빵, 떡, 과자 등을 제조·판매하는 영업으로서 음주행위가 허용되지 아니하는 영업 |

## 2) 한국표준산업분류표에 의한 음식점의 분류

**표 1-4** 한국표준산업분류표에 따른 음식점의 분류

| 소분류 | 세분류 | 세세분류 | 항목별 |
|---|---|---|---|
| 552 | | | 식당업 |
| | 5521 | 55211 | 한식점업 |
| | | 55212 | 중국음식업 |
| | | 55213 | 일본음식업 |
| | | 55214 | 서양음식업 |
| | | 55215 | 음식출장조달업 |
| | | 55216 | 자급식 음식점업 |
| | | 55217 | 간이체인음식점업 |
| | | 55219 | 달리 분류되지 않은 식당업 |

| 소분류 | 세분류 | 세세분류 | 항목별 |
|---|---|---|---|
| 552 | 5522 | | 주점업 |
| | | 55221 | 일반유흥주점업 |
| | | 55222 | 무도유흥주점업 |
| | | 55223 | 한국식유흥주점업 |
| | | 55224 | 극장식주점업 |
| | | 55225 | 외국인전용유흥주점업 |
| | | 55229 | 달리 분류되지 않은 식당업 |
| | 5523 | | 다과점업 |
| | | 55231 | 제과점업 |
| | | 55232 | 다방업 |
| | | 55233 | 달리 분류되지 않은 식당업 |

### 3) 관광진흥법상의 분류

**표 1-5** 관광진흥법상의 분류

| 음식점의 종류 | | 식품위생법상 영업허가 | 관광진흥법상 업종 | 관광진흥법상 관리형태 | 비 고 |
|---|---|---|---|---|---|
| 전문관광식당업 | | 일반음식점 | 관광 편의시설업 | 한국관광협회 지정 | 특정 국가음식을 제공(한국 전통음식, 미국 음식, 스위스 음식 등) |
| 일반관광식당업 | | 일반음식점 | 관광 편의시설업 | 한국관광협회 지정 | 관광객이용에 적합한 시설을 갖춘 음식점 |
| 관광 음식점 | 한국 음식점업 | 유흥주점 | 관광객 이용시설업 | 시·도지사 등록 | 가무음곡 감상 |
| | 관광 극장 식당업 | 유흥주점 | 관광객 이용시설업 | 시·도지사 등록 | 쇼+음식+무도 |
| 외국인 전용 유흥음식점 | | 유흥주점 | 관광객 이용시설업 | 시·도지사 등록 | 외국인 전용 (음식+무도) |

## 3. 외식산업의 현황과 미래

### (1) 우리나라 외식산업의 현황

우리나라의 외식산업은 1992년 시장개방을 시발로 하여 1994년 한국방문의 해부터 시작되었다. 강력한 자본력과 마케팅 능력을 갖춘 해외 유명브랜드들이 외식시장에 대거 진출하면서 같은 상권 내에서 동일 업종간 또는 유사 업종 간에 치열한 시장경쟁 상태에 놓이게 되었다.

이와 같이 국내의 외식산업은 매년 양과 질에서 그 비중이 커지고 있으며 이제는 직장인들의 외식 뿐 아니라, 주말을 이용한 가족 단위의 외식도 점차 늘어나고 있다. 또한 자가운전자 수의 증가로 인해 1~2시간 이내의 근교로 먹거리 여행을 떠나는 사람들이 증가하고 있으며 대형서점의 매장에는 외식업소에 대한 소개와 자가운전자를 위한 근교음식점 소개책자가 눈에 띄게 늘어나고 있다.

외식이란 이처럼 일상적인 생활에 휴식을 줄 수 있고, 기분전환의 계기도 마련해주며 생활을 윤택하게 만들어 줄 수 있는 것이다. 외식산업은 우리의 산업구조가 고도화, 전문화되면서 더욱 비중이 커지고 있는 추세이며, 외식산업의 발전은 국민경제적인 측면과도 밀접한 관련을 맺고 있다. 또한 현대 사회는 고도의 경제성장과 산업화의 급격한 신장에 따라 크게 변모하게 되었으며, 이에 따른 생활수준의 향상과 외국문화의 수용은 식생활 문화의 커다란 혁신과 외식산업의 발전을 유도하였다.

외식산업은 흔히 조리의 집중화, 고객서비스의 균일화, 경영조직의 연쇄화로 대규모의 경영기법을 도입한 근대화된 식품서비스산업으로 경제발전과 더불어 국민경제에서 차지하는 비중이 커져가는 성장산업으로서 지난 79년 롯데리아가 첫선을 보였고 84년 케이에프씨(KFC)가 국내외식사업체와 손을 잡고 국내에 체인점을 개설하면서 단순한 브랜드의 전입 또는 기술제휴 등의 합작투자형태로 외국브랜드가 속속 국내시장에 상륙하기 시작했다. 이는 외식시장에 대규모 외식사업체가 뛰어들면서 과거 소규모 식당에서 벗어나 법인 위주의 경영형태를 띠게 되었으며 이것은 곧 체인화로 이어지게 되었다. 최근에는 국내시장이 국내외 업체간의 각축장으로 변모하고 있다.

그러나 이러한 외국의 패스트푸드 업체 속에서도 국내 전통음식점들이 패스트푸드화 되거나 체인점 형태로 운영하는 모습을 보이는 등 외식업종의 전문화, 대형화 추세를 보여주고 있다. 대기업의 외식산업 진출과 프랜차이즈 증가로 규모화, 조직화되는 추세에 따라 국내 외식 프랜차이즈 가맹점 수는 증가하고 있다.

우리나라 통계청이 발표한 '2010년 경제총조사'에 따르면 2010년 국내 외식산업은

66조 9천억원의 매출(2009년 69조 9천억원에 비해 4.2% 감소)로서 연간매출액이 감소한 것은 외환위기 직후인 1998년 이후 처음이다. 1997년 연간매출액은 30조 2천억원, 1998년 27조 2천억원, 1999년 33조 2천억원을 기록하고 있다. 그리고 우리나라의 경우 외식업체수가 2004년 이후로 지속적으로 감소하다가 2008년 이후 소폭 증가했다. 우리나라의 식당 수는 57만 6,990곳(2009년)으로 인구 86명당 1곳, 일본의 인구당 식당 수는 170명당 1곳, 미국은 322명당 1곳, 중국은 224명당 1곳으로서 이는 결국 업체간의 치열한 경쟁만 남길 뿐 외식산업의 성장은 저해하는 '제 살 깎아먹기'식의 과당경쟁을 낳을 우려가 크다.

농림축산식품부와 한국농수산식품유통공사가 식품산업 규모 및 산업구조 파악에 필요한 각종 통계지표를 수집 정리 분석한 '2016년도 식품산업 주요 지표'에 따르면 2014년 기준 국내 식품산업 규모는 164조원이며, 이 중 음식료품 제조업이 80조원, 외식업은 84조원을 차지하는 것으로 나타났다. '2014년 음식점 및 주점업 사업체수는 전년대비 2.4% 증가한 65만개로, 인구 78명 당 1개의 음식점 및 주점이 존재하는 것으로 나타났다. 음식점업 및 주점업 종사자는 190만명에 매출액은 84조원 수준이다.

종사자 5인 미만의 소규모 음식점이 56만 9,000개소로 87.4%를 차지했고, 10인 이상은 1만 6,000개사로 2.5%에 불과하나 '04년 이후 매년 증가 추세를 보이고 있다. 사업체수로는 한식음식점업(30만 1,939개)이 가장 많고, 커피숍 등 비알코올음료점업(5만 5,693개), 분식·김밥전문점(4만 6,221개), 치킨전문점(3만 1,529개) 순이다. 우리나라 대부분의 외식업은 가족 중심의 영세한 경영구조(연간 매출액 1억원 미만이 약 75% 차지)이다.

현재 우리나라 사업자별 과세 유형은 <표 1-6>과 같다.

**표 1-6** 사업자별 과세 유형

| 구분 | 업소 수 | 비율 | 비고 |
|---|---|---|---|
| 법인사업자 | 10,091 | 1.5% | 대기업, 프랜차이즈 등 |
| 일반사업자 | 318,869 | 46.9% | 연간 매출 4,800만원 이상인 업소 |
| 간이과세자 | 350,392 | 51.6% | 연간 매출 4,800만원 미만인 업소 |
| 합 계 | 679,352 | 100% | 일반음식점(520,785개소)<br>휴게음식점(158,567개소) |

자료: 2011년 국세 통계연보, 2010년도 제2기 부가가치세 신고현황자료.

## (2) 외식산업의 발전과정과 요인

한국에 있어서 외식산업의 발달은 한국 고유의 전통음식에 기반을 두면서 현대문명의 발달과 더불어 변천을 거듭해 왔다. 그래서 한국 외식산업의 성장배경을 논할 때 사회·문화·경제 그리고 기술적인 요인 등이 언급된다. 그리고 각 요인들이 함축하고 있는 구체적인 변수들을 언급하면서 외식산업의 발달과정을 전개한다.

### 1) 외식신업의 발전과정

외식산업은 경제, 사회, 문화적인 생활양식 및 국민 경제소득의 증가에 따라 외식형태도 다양화되고 세분화되어 왔다. 식생활에 있어서 외식산업은 한 영역을 차지하고 있기 때문에 식생활, 식문화, 식습관과는 별도로 생각해서는 안 되는 상호 불가분의 관계에 있다.

현대인들에게 있어서 식생활 양상에 있어서 가장 큰 변화는 식(食)의 개념이 레저화와 간편성으로 전환되었다. 한 끼의 식사를 손쉽게 해결한다는 점과 시간절약 및 에너지를 죄소화하면서 손쉽게 식사를 준비하여 경제적 효율을 높이는 기능을 한다고 생각하는 외적인 욕구와 일상적인 공간과 삶에서 벗어나 새로운 분위기를 느끼고자 하는 내적인 욕구는 외식에 대한 욕구를 더욱 가증시켰다.

외식산업의 발전과정을 살펴보면 우리나라는 1979년 10월 국내 롯데리아가 일본 롯데리아와의 기술지원을 통해 80년대로 접어들면서 외식산업이라는 용어를 사용하기 시작했으며 사회, 경제적으로 비중이 점차 확대되었다. 컴퓨터가 발명되고 통신망이 발달되면서 20세기 후반에는 정보산업 사회로 접어들면서 과학화, 산업화, 고도화, 정보화됨에 따라 소비자의 기호와 취향에 따라 음식의 종류와 질을 선택하는 소비형태로 전환되어 양보다는 질(quality)을 중시하는 시대로 변화하였다. 또한 식품산업과 외식산업의 발달로 인해 완전조리 식품, 반조리 식품, 단체급식, 출장연회, 도시락 등의 다양한 소비형태의 발전하면서 가정내 식생활에서도 외식의 개념은 크게 자리잡게 되었다. 한국에 있어서 외식산업의 발달은 한국고유의 전통음식에 기반을 두면서 현대 문명의 발달과 더불어 변천을 거듭해 왔다. 그리고 미래의 외식산업은 고도의 기술과 감각으로 음식문화가 한층 더 발전될 것이다.

시대의 변천은 식사양식에 있어서 변화를 수반하게 되고 다양한 식사양식을 요구하게 됨에 따라 가정에서의 외식비 지출은 증가하고 맞벌이 부부의 증가와 핵가족화 현상이 심화됨에 따라 식사 패턴이 시간적 공간적인 제한을 받게 되어 식사가 개식화

(個食化)와 개별화로 나타나고 있으며, 이는 외식비 지출을 더욱 가중시키는 요인이 되고 있다. 또한 대규모 사업체가 외식산업에 참여하는 비율이 높아지는 현시점에서 해외브랜드 도입은 불가피하며 이로 인해 외식산업의 경쟁은 한층 더 가속화될 것이다.

그리고 가치관과 라이프스타일의 변화에 따라 기존과는 다른 식생활 패턴이 나타나고 있다. 슈퍼마켓·편의점 등에서 가정식 대용식품(HMR)을 구매하는 사람과 도심에서 가볍게 테이크아웃으로 점심을 즐기는 사람이 늘고 있다. 그리고 직장과 가정에서 택배서비스를 통해 외식을 즐기는 것이 일반화되고 있다.

특히 HMR는 구매자의 입장에서 조리가 거의 필요하지 않거나, 간단하게 끓이거나 데우기만 하면 먹을 수 있는 고급 일품요리인 가정식사 대체상품이다. 이와 같이 테이크아웃·택배·HMR 등의 외식시장이 특히 중식시장이 새로운 시장으로 등장하고 있으며 놀라운 속도로 시장규모가 확대되면서 외식패턴을 바꿔놓고 있다.

### 2) 외식산업의 발전요인

① 경제적인 요인

직장을 가진 현대인들의 식생활을 자세히 살펴보면 점심뿐만 아니라 저녁까지 외식을 하는 경우가 많아졌다. 따라서 가정에서 식사를 하는 날보다 밖에서 식사를 하는 날이 늘어가고 있는데, 요인을 살펴보면 여러 가지가 있겠지만 국민소득 증대로 생활수준이 향상되어 외식의 동기를 증대시키고 있다는 점이다. 또한 외식시장의 개방의 여파로 외국 유명 브랜드가 국내에 계속 도입되고 있어서 소비자의 욕구는 증가되고 있다.

② 사회적인 요인

여성의 취업증가, 핵가족화 등으로 가정의 식문화 개념이 바뀌고 있다. 다양한 생활영역의 확대 및 대량 생산으로 인해 소비성 문화가 대두되면서 식생활양식에 많은 변화가 초래되었고 영양과 건강에 대한 관심, 여가시간 증가, 문화의 다양화 등이 외식의 동기유발을 촉진시키는 요인으로 작용한다.

③ 문화적 요인

인간에 있어서 식생활은 생활의 일부로 외부 환경에 많은 영향을 직접 또는 간접적으로 받는다. 우리의 전통적인 식생활은 쌀과 채식을 위주로 한 상차림이었으나 점차 현대인들의 식생활은 서구의 동물성 식품을 위주로 한 상차림으로 변화되었으며, 이는 외식형태의 변화와 외식시장에 많은 영향을 주고 있다. 현대 사회에서는 간편하고 신속하게 식사를 해결해 주는 패스트 푸드(fast food)나 가공식품, 냉동식품 등의 활성화로 소비자의 욕구를 충족시켜 주고 있어서 서구식 식문화가 정착되어 가고 있는 추세이다.

④ 기술적 요인

주방기기의 고급화, 현대화와 과학화, 컴퓨터 시스템 도입, 첨단산업의 기술 도입 및 주변환경의 현대화와 중앙주방시스템(Central Kitchen System) 등의 효율적인 외식산업 경영 방식의 도입은 생산성 증대와 원가절감에 기여하여 외식산업을 가속화시키고 있다.

⑤ 환경적 요인

국민소득 증대와 생활수준의 향상으로 외식의 빈도는 증가하게 되었고 국제화, 도시화의 추세에 따른 생활반경의 확대는 가정 밖에서의 시간이 늘어감에 따라 외식의 빈도는 증가하게 되었으며, 늘어난 자동차 보유가구와 1일 생활권이 가능해진 원활한 교통상황은 여가생활에 있어서 외식의 기회를 증가하게 하는 요인이 되고 있다.

⑥ 고객의 차별화된 욕구 요인

식사문화가 배고픔의 욕구충족에서 점차적으로 고객의 취향과 스타일에 따라 외식의 형태를 달리하고 있다. 외식산업에서 추구되는 요인 중 가장 새로운 영역이다. 즉 고객들은 독특한 음식의 맛을 알고 있거나 새로운 분위기의 점포에 대해 정보를 가지고 있는 점에 대해 자부심을 가지고 있으며 고객만족, 고객감동 수준의 서비스 질을 추구하고 있고, 점차 세분화되는 시장환경과 다양화되는 고객욕구의 변화에 따른 다양한 운영방침이 외식업계를 선진화시키고 있으며 외식문화의 질적 성장에도 크게 영향을 주고 있다.

### (3) 우리나라 외식산업의 미래

1) 현재 우리나라는 급격한 사회변화를 이룩하고 있다. 라이프스타일이 변화하면서 고가품, 브랜드 상품을 선호하게 되고 해외여행이 잦아지며, 풍요로운 삶 자체를 즐기고 있다. 소비형태도 변화하여 자신의 개성과 스타일에 맞는 상품을 분명히 알고 그 상품 정보를 컴퓨터를 통하여 명백히 파악하고 있는 소비자가 늘어나고 있다. 소비자와 외식사업체 사이의 새로운 관계가 형성되고, 연령, 소득, 취미, 작업에 따라 구체적 조건이 제시되며, 고령화 사회로 접어들며 독신층과 노년층과 같은 새로운 소비 리더가 등장하고 있다. 특히 현대인들은 소득수준 향상, 소비자의 라이프스타일과 가치관 변화에 따라 건강과 다이어트, 위생에 대한 관심이 증가하고 있다. 웰빙

(wellbeing)지향적인 메뉴, 즉 건강 증진 식품이나 해산물 메뉴, 유기농 샐러드와 과일을 소재로 한 다이어트 메뉴는 직장인 뿐 아니라 대중들에게도 인기가 많다.

2) 외식사업은 급격한 세계화환경변화에 노출되어 있다. 즉, 외식사업체의 대형화, 치열한 경쟁, 핵가족, 주부, 직장에 의한 외식습관, 어린이들의 맛의 변화, 완전조리 판매에 의한 가공식품의 맛 등과 같은 사회변화와 함께 경제가 국제화되면서 상호의존적 관계로 변하고 있다. 가중하는 원가상승과 구인난, 인건비 상승, 고객들의 가치에 관한 중요성, 외국 브랜드 도입과 근대적 경영에 의한 가격저하 등, 갈수록 큰 변화를 가져올 전망이며, 이러한 변화에 적응할 수 있는 전략이 필요하다.

3) 미래의 외식산업은, 현재의 사회구조와 소비형태에 그 초점을 맞춰야 한다. 현재 우리의 사회구조는 맞벌이 부부 증가, 핵가족, 소가족 현상, 실버세대의 형성, 가정수입 증가, 외식 증가, 레저, 해외여행 증가, 생업에 몰두하기 보다는 자기개발 또는 단란한 가정을 중시하여, 이에 시간 배려, 근면, 검소, 절약과 같은 생활 방식에서 삶의 풍요로움과 함께 경직된 생활 방식을 피하려는 풍조가 나타나고 고급 상품, 고가 브랜드 상품 구입 붐이 일어나고 있다. 이제 가격 조정이 없이는 경쟁에서 살아남을 수 없다. 이는 다만 판매상품의 개발만이 아니라 판매 방법까지도 혁신이 이루어져야 한다는 것을 의미한다.

4) 앞으로 실버세대와 맞벌이 부부 노키즈(No-Kits), 독신 계층과 같은 소비층의 뚜렷한 성장으로 소비시장은 다양화하는 생활양식의 변화에 부응하여 세분화, 다각화될 추세이다. 또한 소비자 식생활 패턴변화에서 볼 수 있듯이 편의지향, 맛 지향, 건강지향이 중심축을 이루며, 환경 지향과 가치지향, 개인화 지향, 노스탈지아 지향 등의 상품이 부수적인 역할을 하는 것을 확인할 수 있다. 급변하는 국내의 정치, 경제, 사회, 문화 그리고 기술의 변화는 국경 없는 상품의 등장 등 수많은 요인들이 외식사업체 경영을 어렵게 만들고 있다.

5) 업종과 업태는 소비자의 필요성이나 욕구와 일치해야 한다. 외식소비자의 외식동기·외식필요성·외식내용은 매우 다양하고 복잡하며, 더구나 사이클이 짧다. 이에 외식소비자의 필요성이나 욕구에 밀착하기 위해서는 끊임없는 혁신이 필요하다. 특히 가장 크게 변화가 예상되는 상품형태의 변화에 대처해야 할 것이다. 사회생활의 양상에 가장 민감하게 영향을 받는 것이 식품을 언제, 어떻게, 그리고 왜 먹느냐는 것이기 때문이다. 다시 말해 상품의 기능보다는 오히려 상품에 대한 정보와 서비스가 중요하므로 상품의 형태와 분위기의 연출이 가장 많이 변할 것이다. 따라서 이러한 변화요인에 대처할 수 있는 전략을 구사하는 외식사업체만이 생존할 수 있다.

6) 포장기술 발전, 인터넷발달, 소비자 욕구의 다양화로 택배 형태의 음식영업이 활성화 되고 있다. 특히 식품택배시장 확대와 슈퍼에 의한 '인터넷슈퍼택배' 이용자가 증가할 것이다. 택배서비스의 활성화로 테이크아웃으로 인한 포장판매 및 반 가공 식품시장이 크게 확대될 것이다. 또한 외식업의 기업화 및 인터넷 발달로 인한 아웃소싱도 더욱 가속화 될 전망이다. 그리고 HMR(가정용대용식품)으로서 인터넷 발달로 국내 유명 외식업체들이 홈쇼핑을 통해 HMR 시장을 개척하여 크게 성장할 것이다. 이후 HMR 시장은 인터넷의 발달, 여성의 사회진출 증가, 핵가족화, 고령화, 레저지향적인 외식욕구에 의해 더욱 다양한 업종으로 확산되면서 성장할 것이다.

7) 테마레스토랑은 저렴한 가격으로 메뉴 수를 많이 줄이고 형식적인 무거운 분위기보다는 가볍고 맛과 세련미를 특징으로 한다. 따라서 콘셉트가 있는 특정한 주제가 있는 레스토랑이 증가할 것이다.

8) 조직력과 자금력 그리고 노하우를 가진 체인 형태의 레스토랑이 독립형 식당보다 경쟁력이 있어 향후 체인형태의 소규모 레스토랑이 증가할 것이다.

9) 오늘날 급식시장이 발달하면서 식재료 공급시장이 급격히 확대되고 있다. 최근 소비자의 라이프스타일 변화와 업종과 업태의 다양화에 따른 외식시장의 꾸준한 증가로 인하여 식재료 공급시장이 더욱 전문화, 세분화 될 것이다.

**표 1-7** 20세기와 21세기의 외식산업의 변화

| 20세기 | 21세기 |
|---|---|
| 대량생산/대량소비 | 개성화/ 차별화 |
| Fast Food(Junk Food) | Slow Food(Well-being) |
| Quantity(양적) | Quality(질적) |
| Eats(생리적 욕구) | Entertainment(오락/문화) |
| Price(가격) | Service(서비스) |
| Cost(비용) | Convenience(편리성) |
| 저가전략 | 고가전략 |
| 제품(맛) | 서비스(멋/ 분위기) |

# 제2절 식자재유통산업 현황

## 1. 식자재유통산업의 의의

식자재유통업은 음식점 및 식자재를 주요 원재료로 하는 제조업체에 식자재 및 필요한 물품을 제공하는 사업(business)으로 식자재 도·소매업이다. 산업화 관점에서 해석하면 규모의 경제 효과를 발생시킬 수 있는 유통업자(도·소매업자)가 소비자 (식당주)와 생산자(원재료공급업자)를 직접적으로 연결해주는 산업이다. 식자재유통업은 외식업체의 운영에 필요한 농수산과 축산물, 가공식품 등의 식재료뿐만 아니라 주방기물, 테이블, 의자 등 인테리어 소품, 종이컵, 주방기물, 고무장갑까지 공급하는 사업이다. 외식업체를 운영하는 데 필요한 모든 제품을 유통, 공급하는 식자재유통업체는 외식업체 입장으로 보면 정말 중요한 파트너이다. 식자재유통업의 사업영역은 작게는 소매, 도매에서 대도매, 제조(생산), 수출입(무역)까지 포함하고 있다. 본 교재에서의 식자재유통업은 소매업을 주 대상으로 다루고 있다. 식자재 소매업은 유통경로상 유통 말단에 위치하여 최종소비자에게 상품 및 서비스 등의 판매활동을 수행하는 업종이다. 식자재 소매업이 소비자에게 제공하는 기능은 광고, 판매원, 매장 내 진열 등을 통하여 고객에게 제품과 관련된 정보를 제공하고, 여러 공급업체로부터 제품과 서비스를 제공받아 다양한 상품구색을 갖춤으로써 고객이 선택할 수 있는 폭을 넓혀준다.

오늘날 식자재유통산업의 중요성이 부각되고 있는 이유는 지금까지 이룬 것보다 앞으로 성장할 부분이 더 많은 블루오션으로 평가 받고 있고, 외식이 식생활에서 차지하는 비중이 급격하게 증가함에 따라 이를 뒷받침해 줄 체계적 시스템과 규모, 위생안전역량을 확보한 식자재유통업체가 필요하기 때문이다.

식자재유통산업은 식자재유통업체로부터 자재를 공급 받은 후 가공을 통해 소비자에게 전달하는 업체들과 가공 없이 단순히 소비자에게 전달하는 업체들로 구성되어 있다.

전자는 외식업체(중소형 음식점, 프랜차이즈 레스토랑), 급식업체(자체 혹은 위탁), 가공전문업체(B2B) 등이 있고 후자는 백화점, 편의점, 할인점을 포함한 식품 유통업체(B2C) 등이 존재한다. 국내 식자재유통시장은 크게 외식업체와 단체급식업체에게 식자재를 납품하는 기업용 시장과 대형마트, 슈퍼마켓 등에 도매로 식품을 납품하는 가정용 시장으로 나뉜다.

## 2. 식자재유통시장의 현황

식자재유통시장은 식음료의 재료를 유통하는 시장으로 소비재 사업 가운데 기업형으로 발전하지 못한 마지막 영역이다. 식자재유통시장은 식자재(내식)와 업무용 식자재(외식) 유통으로 구분하며, 식자재(외식)유통은 다시 외식업과 단체급식을 대상으로 한다. 2015년에 발표한 농림축산식품부의 식품산업 주요지표(2013년도 기준)에 의하면 외식시장규모는 약 70조원, 식자재유통시장규모는 약 105조원으로 나타나고 있다. KB투자증권(2015년 8월 1일)에 따르면 2015년 국내 식자재유통시장 규모는 전년 동기 대비 4% 늘어난 약 116조 4,000억원에 이른 것으로 추산된다. 국내가정간편식(HMR)이 포함된 B2C 채널의 시장규모는 75조 8,000억원, 외식업체들에게 식자재를 유통하는 B2B 채널의 시장규모는 40조 5,000억원 수준이다.

식자재유통시장과 밀접한 관련성을 가진 식품산업의 시장환경을 살펴보면, 국내 식품산업은 약 157조원(2013년 기준)으로 10년 전인 2004년 대비 71%나 커졌다. 세계 시장도 마찬가지다. 영국 리서치 기관 데이터모니터에 따르면 세계 식품시장 규모는 2014년 5조3000억 달러(약 6,300조원)로 연평균 3.9% 성장 중이다. 식품산업은 식품제조업과 외식업을 포함하는 개념이다. 즉 공장, 농장, 어장 등에서 생산되는 1,2차 생산물이 식품제조업(87조원)에 해당한다면, 이를 소비하는 행위인 외식시장규모가 70조원이다. 식품산업규모 자체가 157조원에 달하는 큰 시장으로서 10년간 식품제조업은 연평균 6.7%, 외식업은 5.9% 증가율을 보이는 등 (GDP 5.6% 증가) 다른 산업에 비해 성장속도가 큰 산업이다. 이와 밀접한 관련성을 맺고 있는 식자재유통시장의 유통구조를 네 가지 시장으로 나누어 살펴보면 다음과 같다.

### (1) B2B 시장(외식업체 · 단체급식 · 가공업체원료)

#### 1) 외식업체

국내 외식시장은 1990년 이후 소득 증가와 소비자 라이프 스타일 변화 등 사회의 구조적 변화로 높은 성장세를 보여 왔으나, 2000년 이후에는 1인가구의 증가효과가 뚜렷하게 나타나면서 HMR 시장이 성장하여 외식시장을 대체하는 추세를 보이고 있다. 또한 자본력이 약하고 경쟁력이 낮은 영세 외식업체 중심에서 장기적으로는 기업형 외식업체로의 발전과 성장이 이루어지고 있다.

### 2) 단체급식시장

단체급식사업은 각 기업체 및 공공기관의 식당이 경비절감을 위해 위탁운영으로 전환되면서 1998년 IMF 이후 본격적으로 성장하였다. 단체급식시장은 산업체, 오피스, 학교, 관공서, 병원 등 사업장 내에서 특정 다수인에게 정기적인 식사를 제공하는 수주 사업으로, 운영 형태에 따라 사업장주가 직접 운영하는 직영사업장과 전문 급식업체에게 위탁하는 위탁 사업장으로 구분된다. 단체급식시장에는 식자재를 자체 조달하는 대형 급식업체와 식자재 도매업체 등 외부조달에 의존하고 있는 중소 급식업체가 있다.

### 3) 식품제조 및 가공업체

식자재유통의 새로운 채널로는 식품제조 및 가공 전문업체에 대한 원재료 공급시장이 있다. 식자재유통업체는 식품제조 및 가공업체에 원재료를 공급하고 있다. 잠재적으로는 식품제조 및 가공업체는 백화점, 대형마트, 편의점, 재래시장 등에 가공된 원재료를 공급한다.

### (2) B2C 시장(식자재유통업체)

유통업체에 공급하는 식자재의 시장은 B2C 시장으로 백화점, 대형마트 등의 대형 유통채널과 최근 급증하는 기업형 슈퍼마켓 및 편의점, 온라인 채널이 이에 속하며 전통적인 재래시장 및 비기업형 슈퍼마켓 등도 포함된다.

## 3. 식자재유통환경과 성장요인

1) 1인 가구 수 증가에 따라 음식을 집에서 조리하는 것보다 외식으로 대체하는 가구는 지속적으로 증가하고 있다. 이것은 사회 구성원들의 생활패턴과 식품소비트렌드가 변화하고 소득수준이 상승할수록 이러한 변화는 더욱 가속화 될 것이다. 여성경제 활동인구 증가 및 1인 가구 비중도 확대되어 외식을 통한 소비가 증가할 것이다. 이와 같이 음식소비문화와 환경이 변화함에 따라 공급업체인 식자재유통사업도 지속적으로 성장할 것이다. 또한 식품소비의 편리성을 추구하는 식품소비패턴의 변화는 원료 공급기능을 하는 외식 및 식품가공산업의 성장에 영향을 미치고 있다. 따라서 식자재를 공급하는 유통산업 역시 지속적으로 성장할 것이다.

2) 식자재유통업체는 HMR(Home Meal Replacement) 식품가공과 급식 및 외식 반

가공시장의 성장과 동시에 급속도로 성장하고 있다. HMR은 가공식품과 공장에서 생산된 식품에 익숙한 20~30대 젊은 소비자층의 식생활 문화 변화와 집에서 조리할 시간이 없는 바쁜 생활 패턴과 맞물리면서 빠르게 성장하고 있다. 반 가공시장은 경기가 침체할 때 외식업체들이 수익성 향상과 원가절감 차원에서 빠르게 성장하며, 활용도가 더욱 높아질 것으로 예상되며, HMR 시장은 다소 시간이 걸릴 것으로 예상되지만 대형마트의 본격적인 사업화에 따라 대용식, 편의식시장이 커가면서 함께 성장해 나갈 것으로 전망된다. HMR시장과 반 가공시장의 활성화는 식자재유통업의 성장을 가져 올 것이다. 유통구조 단순화를 통해 생산자와 소비자 모두에게 이득이 될 수 있는 사회적 필요가 대두되고 있다.

3) 1인 가구 수의 증가와 소득 수준이 상승함에 따라 다양한 식재료의 공급과 품질을 중요시하는 소비자가 늘어나는 추세이다. 식자재유통업은 그 동안 저부가가치로 성장성이 낮았던 가정용 식자재시장이 웰빙과 건강에 대한 관심증가로 프리미엄급 상품군 선호도가 증가하고, 여성의 경제활동 참여증가로 인한 간편식 상품군이 활성화되면서 사업의 부가가치가 높아지고, 식자재유통시장의 높은 성장잠재력을 보이고 있다. 고객의 구매요구사항이 다양화되고, 수준이 높아짐에 따라 식자재유통업의 미래는 긍정적이며, 한국의 식자재유통시장은 현재 본격적인 성장 초기단계에 돌입하여 수익성을 개선시킬 것이다.

## 4. 식자재유통업의 미래

식자재유통업의 미래를 소비트렌드와 성장 잠재력을 연관해서 살펴보면 다음과 같다.

1) 오늘날 외식산업이 발달하면서 식자재유통시장이 급격히 성장하고 있다. 국내 식자재유통산업은 향후에도 지속적인 성장을 할 것이다. 이는 외식 등 기존 기업용 식자재 시장의 성장과 함께 가정용 식자재시장도 빠르게 성장하고 있기 때문이다.

2) 소비자의 라이프스타일과 트렌드가 변화하고 있다. 소비자의 트렌드의 변화는 ① 건강하고 행복하게 오래 살려는 웰빙·건강지향적, ② 편리함을 추구하고, ③ 감성을 중시하고 고급을 지향하며, 브랜드로 구매를 결정하고 개성을 찾는 경향, ④ 합리적인 가치소비 추구, ⑤ 최고의 서비스를 추구하고 즐거움을 추구하는 것 등이다. 소비자의 라이프스타일과 트렌드의 변화는 식자재유통시장이 좀 더 전문화, 세분화 욕구가 강해 질 것이다.

3) 국민소득이 증가하고 생활 여건이 변화함에 따라 과거 생존을 위한 기본적 욕구충족을 위한 식품소비가 삶의 질을 높이는 차원으로 변화하고 있다. 이는 식품소비가 단순히 먹거리로서의 기능에서 벗어나 소비자의 라이프 스타일과 사회적 지위, 그리고 그 사회의 경제, 문화, 생활 양식, 의식 구조 등을 반영하는 위치로 바뀌어 가고 있다. 최근 식품소비트렌드는 사회의 트렌드와 상호작용하는 가운데 형성되기 때문에 식자재유통업체도 다양한 형태로 변화할 것이다.

4) 포장기술 및 인터넷의 발달로 최근 소비트렌드는 서로 상반되는 양면 가치가 공존하면서 다양한 트렌드들에 의해 충돌 혹은 발전하고 있다. 건강지향의 느린 삶을 선호하는 경향과 디지털화와 바쁜 사회 속에서 간편화를 추구하는 경향이 공존하는가 하면, 합리적인 소비를 추구하면서도 품질, 감성 등의 차별화 상품을 찾고 있다. 식자재유통업체는 외식산업의 소비자의 필요와 욕구를 충족시킬 수 있는 다양한 업종과 업태의 개발을 위해 끊임없는 혁신이 필요하다.

# 제 2 장 외식·식자재유통창업의 기본적 이해

## 제 1 절 외식창업

외식업창업은 인간이 보다 나은 경제적 생활을 위하여 필요한 제품(식음료)을 조리하여 판매하고 서비스하는 조직을 만드는 일이다.

외식업을 창업하는데 있어 독립점포를 할 것인가 아니면 가맹점으로 할 것인가 신중한 검토가 필요하다.

식당창업이란 "인간이 보다 나은 경제적 생활을 하기 위해 필요한 상품을 만들어 판매하고 서비스하는 조직을 만드는 일이다"라고 정의할 수 있는데 단지 돈벌이만을 위해 창업하는 것은 일하는 것에 지나지 않는 것이며 창업은 신념과 경영철학을 바탕으로 생성되고 이루어지는 것으로 기업이념, 기업가 정신, 기업윤리를 갖고 있어야 한다.

### 1. 창업의 목적

창업시장에서 가장 중요한 성공전략은 경쟁업체에 대해서 반드시 이길 수 있는 경쟁력을 갖추는 것이다.

외식창업시장은 진입상벽이 거의 없는 완전경쟁 시징의 특성을 기지고 있다. 경험이나 기술에 크게 구애받지 않고 일정한 자금만 준비되면 누구나 쉽게 진입해서 한번 도전해볼 수 있는 곳이 외식창업시장의 속성이다.

외식창업 분야는 시작하면 어떻게 되겠지 하는 안이한 생각으로는 조그마한 성과조차도 기대할 수 없다. 따라서 성공적인 창업과 운영을 위해서 다음과 같은 몇 가지를 명심할 필요가 있다.

① 나도 성공할 수 있다는 자신감을 가져야 한다.

창업에 나선다는 것은 스스로 전쟁터로 나서는 것과 같다. 전쟁을 시작했다면 반드시 승리해야 한다. 만일 총력을 기울여 싸운 보람도 없이 패배하게 된다면 오랫동안 물질적 정신적 피해를 복구하기 위해 견디기 힘든 고난의 세월을 보내지 않으면 안 되기 때문이다.

② 창업환경과 시대 흐름을 정확하게 읽어야 한다.

시대 변화의 속도가 점점 빨라지고 있기 때문에 변화에 대한 적응력을 키우는 것이 무엇보다 중요하다. 창업환경이란 사업을 착수하는 시점에서 창업자가 활용할 수 있는 수많은 기회와 위협, 창업가가 보유하고 있는 다양한 능력 등을 말한다. 창업자는 외부적으로 어떤 기회요소와 위협요소가 있는 지를 살펴보는 외부환경분석과 창업자 자신의 장점과 약점을 검토해보는 내부 환경 분석을 통해서 시대의 흐름과 자신에게 맞는 업종을 창출해내야 한다.

③ 창업 목적을 분명히 해야 한다.

무엇 때문에 사업을 시작하려고 하는 지와 어떻게 사회에 기여할 것인지 검토하는 것을 사업 성공을 위한 의미 있는 출발점으로 삼아야 한다.

④ 철저한 준비만이 성공을 보장한다는 것을 확실히 인식해야 한다.

성공적인 창업을 위해서도 왕도는 없다. 따라서 창업환경을 폭넓게 이해하고 관련 지식과 정보를 축적하며 성실하게 실행하는 것만이 성공의 지름길이다. 이를 위해서는 필요한 인적, 물적 자원을 충분하게 조달하여 배치하고, 준비가 끝났다면 뒤돌아보지 않고 강하게 밀고 들어가야 한다. 주먹구구식 사업방식으로는 강한 경쟁자를 이겨내기에는 역부족일 수밖에 없다.

⑤ 창의적인 경쟁력을 갖추어야 한다.

소자본 창업 분야에서 사업전략의 핵심은 경쟁전략이다. 자기만 잘 하면 되는 것이 아니라 상품, 서비스, 홍보 등 모든 면에서 경쟁점포를 압도할 수 있는 경쟁력을 갖추는 것이 성공창업의 지름길이다. 이를 위해서는 시장 지향적 사고로 무장해야 한다. 가만히 앉아서 손님이 찾아오기만 기다려서는 곤란하다. 자신이 운영하는 점포와 상품을 고객에게 적극적으로 알리고 판매하는 데 주력해야 한다.

## 2. 외식창업의 형태와 기본요소

### (1) 외식창업의 형태

외식창업은 프랜차이즈 가맹 창업, 개인 독립창업, 전문가 코칭 전수창업 등 세 가지 형태로 진행된다. 이 중 어느 것이 좋다고 확언할 수는 없다. 왜냐하면 개인 취향에 따라, 상황에 따라 달라질 수 있고, 결과를 예측하기도 상당히 어려움이 따르기 때문이다. 오픈 뒤에는 혼자서 감당해 나가는 몫은 모두 같다. 이는 가게의 성공여부가 운영자의 능력에 따라 달라지기 때문이다.

#### 1) 프랜차이즈 가맹 창업

프랜차이즈는 본사의 사업 의지가 가장 중요하다. 본사도 개인 창업자와 마찬가지로 하나의 아이템으로 승부를 보겠다는 의시와 준비 그리고 실력이 있다면 가맹점의 개수가 몇 개인지는 크게 중요치 않다. 중장기적인 관점에서 얼마나 집중하고 있는가?'의 사실여부가 가장 중요한 핵심사안일 수 있다. 왜냐하면 우리나라 프랜차이즈 시장은 잘되면 지속되고, 아니면 도태되고 마는 식이 태반인 만큼 얼마나 집중과 선택을 하냐에 따라 상황은 달라진다. 프랜차이즈 가맹점은 동일한 상품, 동일한 서비스를 소비자들에게 제공한다. 그렇기 때문에 비슷한 조건에 놓인 수많은 가맹점들 중 높은 매출과 명성을 얻는 일은 특화된 기술을 보유한 독립점포나 수 십 년의 노하우를 계승해 온 전통가업이 성공가도를 달리는 확률보다 어려울 수 있다.

#### 2) 개인 독립창업

개인독립창업은 레시피(조리법)나 가격에 대한 모든 사항의 결정권을 갖고 있는 만큼 다른 창업형태보다 개인의 역할과 부담감이 많이 작용한다. 이는 그만큼 시장 변화에 민첩하게 대응하여 고객니즈와 적절한 타이밍을 맞추는 능력을 지속적으로 배양시켜 나가야한다는 뜻이다. 사업자에게 요구되는 리더십도 빼놓을 수 없다. 종업원에게 어떤 영향을 주느냐가 매출에 직접적인 영향을 미치기 때문에 어떤 조직 사회보다 중요하다고 할 수 있다. 대기업 CEO나 프랜차이즈 본부의 수장(首長)들에게만 리더십이 부각되고 필수조건 사항이 아니라 독립 사업자 역시 진정한 리더의 자질을 갖춰나가는 노력이 병행되어야 한다는 점도 잊지 말아야 한다.

### 3) 전문가 코칭 전수창업

전문가 코칭 전수 창업은 흔한 유형이 아니다, 그렇다고 전혀 생소한 형태도 아니다. 잘 나가는 가게를 본 따서 창업하거나. 잘 알고 있는 전문가를 통해 부분 혹은 전체를 의뢰해 가는 창업은 맛있는 창업이 가고 있는 길과도 일맥상통한다.

### 4) 인수창업

인수창업은 기존 점포를 인수하여 사업을 하는 것이다. 기존 점포는 이미 많은 시간과 노력을 들여 생산할 제품과 서비스를 선택하여 점포입지를 결정하고, 고객기반을 확보하였으며 종업원을 채용하고 공급자를 결정해 놓은 상태이다. 조직 구조도 이미 구축되어 있으며 점포운영상 필요한 대부분의 절차들이 확립되어 있는 것이 일반적이다. 따라서 기존 점포를 인수하여 사업을 시작하는 경우에는 신설창업에 비해 많은 시간을 절약할 수 있지만 기존 점포의 나쁜 이미지나 부적절한 점포입지, 낡은 시설, 낮은 교육수준의 종업원 등 불리한 여건들도 함께 감당해야 한다.

인수창업의 매물은 매출이 저조할 때 발생하는 경우가 많기 때문에 기존 영업장을 인수할 때는 세밀한 조사·분석이 필요하다. 인수작업을 할 때는 포스자료 및 계산서를 참고하는 것은 물론 주변상권의 경쟁업체 매출조사, 인수점포 매출도 조사해야 한다. 권리금을 산출할 때는 투자비의 손익을 계산해야 한다.

이 네 가지 창업 중 염려되는 부문은 바로 두 번째인 개인독립창업이다. 성공도 많지만 실패는 그 이상 많다. 물론 프랜차이즈 창업과 전문가 코칭전수 창업에도 함정은 있다. 어느 프랜차이즈, 어떤 전문가를 선택하는가의 문제이다. 선택이 바로 성공을 보장하는 것은 아니지만 어느 정도 가능성을 높여주는 것은 사실이다.

프랜차이즈 창업의 장단점과 마찬가지로 전문가코칭창업과 개인독립창업도 장단점이 있다. 무엇보다도 프랜차이즈를 능가하는 실력을 갖추고 있는가의 문제다. 프랜차이즈는 동일 상품을 복제하기 때문에 입지가 아이템과 크게 다르지 않는다면 실패할 확률이 적다. 다만 비용이 조금 많이 들 뿐이다. 그에 반해 전문가코칭창업은 비용절감은 있지만 독립점인 탓에 자리를 잡는데 어려움이 따르는 것도 사실이다.

항시 선택은 본인의 선택이고, 그 선택은 시작단계에서 성패를 가르는 요인이 되기도 한다. 그만큼 주의하고, 조심하고 해야 할 것이다.

## (2) 창업의 기본요소

창업에는 기본적인 3요소가 있는데,

첫째, 창업을 진행하는 창업자로 경영마인드, 마케팅 능력, 위기대처능력, 육체적, 정신적 건강 등을 갖추고 있어야 한다.

둘째, '자금'으로서 창업 시 필요자금, 창업 후 운영자금이 필요하므로 확보방법 등에 관하여 명확한 계획이 필요하며 창업 후 자금관리 방법도 철저하게 준비가 되어야 한다.

셋째, 창업하고자 하는 아이템, 즉 업종, 업태로서 추진방향, 방법 등 상표의 선택과 성질이 확실해야 한다.

여기에다가 입지 즉 점포를 추가한다면 4요소가 되는데 외식업은 입지산업이라고 해도 과언이 아니다. 이에 자신감을 추가하면 창업 5요소가 된다. 창업의 5요소는 입지(사업장), 상품(업종), 창업자, 자금(자본), 자신감으로 구분하기도 한다. 창업에는 사업자본, 사업 아이디어, 사업장소, 종업원 등과 같은 많은 요소들이 있다. 공통적으로 필요한 요소로는 창업자와 사업 아이디어 및 자본을 들 수 있고, 이를 창업의 기본 3요소라 한다.

### 1) 창업자

창업자는 창업 아이디어의 확보, 사업성분석, 사업계획수립, 계획의 실행 등을 주도하고 책임지는 창업의 주도자로서 기업설립에 필요한 유형·무형의 자원을 동원하고, 이들을 적절히 결합하여 기업이라는 시스템을 만든다. 그리고 설립된 기업이 의도한 대로 기능을 발휘하도록 관리하는 역할을 해야 하기 때문에 창업자의 능력·가치관 등은 창업기업의 성패와 효율에 지대한 영향을 미친다.

### 2) 사업 아이디어

사업 아이디어란 설립되는 기업이 무엇을 생산할 것인가를 의미하는 것이다. 사업 아이디어는 창업자 자신, 창업 팀의 일원, 제3자로부터 얻을 수도 있다. 사업 아이디어가 만족시켜야 할 조건은 사업 아이디어에 따른 생산활동을 수행하는 결과로 기업이 목적인 수익을 발생시킬 수 있어야 한다. 이익을 발생시킬 수 있는 여건이 만족되어야 기업이 성립될 수 있다.

### 3) 자본

자본이란 기업을 설립하는 데 필요한 금전적인 자원뿐만 아니라 자본을 이용하여 동원할 수 있는 토지·기계·기술자·원재료 등을 포괄적으로 의미한다. 자본은 창업자 자신의 출자, 창업 팀에 속한 사람, 창업과 경영에 있어서 직접 참여하지 않는 제3자로부터 조달될 수도 있다. 창업의 가장 큰 장애요인은 창업자금의 확보와 어려움이다.

**그림 2-1** 창업의 3요소

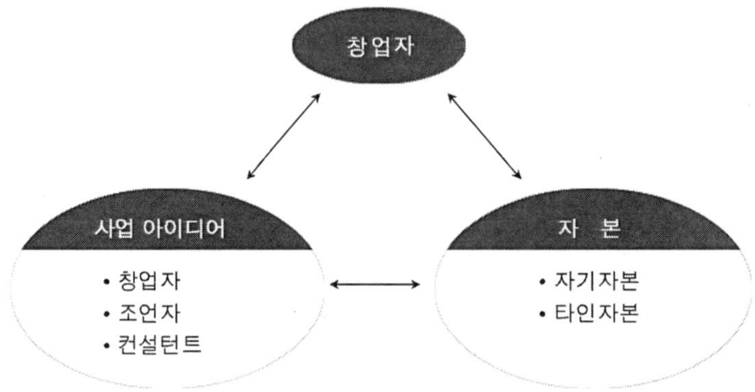


## 3. 외식창업과정과 창업단계별 실무

### (1) 외식업의 창업과정

외식업을 창업할 때 고려해야 할 일은 너무 많다. 따라서 확실한 프로그램을 세우고 정확한 스케줄관리는 필수적이다.

특히 창업에 있어서 예비단계인 사업계획과정에 충분한 시간과 노력을 투자해야 한다. 사업계획은 실패를 예방하고 위험을 최소화하기 위해 창업에 있어서는 반드시 필요한 과정이다.

일반적으로 창업과정은 자신의 적성파악 → 업종, 업태선택 → 정보수집 및 데이터화 → 사업성 분석 → 사업계획 수집 → 사업장 확정 → 개점의 단계를 거친다. 창업자는 각 단계에서 경쟁우위를 확보할 수 있는 차별화전략을 구사해야 한다.

외식업의 일반적인 창업 process를 정리하면 [그림 2－2]와 같다.

### (2) 외식창업 단계별 실무매뉴얼

#### 1) 1단계 : 창업준비단계

① 자금계획표

② 업종(전문점) 종류

③ 신규창업체크표

④ 사업성분석 종합체크표

(아이템력 평가, 메뉴력 평가, 점주의 외식사업 운영능력평가)

### 2) 2단계 : 점포조사단계 - 시장조사 및 상권분석 -

① 입지조사(물건조사, 입지특성조사, 입지기능성조사, 입지환경조사)
② 상권조사(세대조사, 상권조성도, 경쟁점포조사, 교외인 경우, 잠재수요예측)
③ 시장조사(고객소비실태조사, 상권의 성장성조사)
④ 상권분석
⑤ SWOT분석
⑥ 업종/업태의 적합성 분석과 상업타당성분석(설정된 업종/업태의 검증, 사업타당성 분석)

### 3) 3단계 : 점포오픈준비

① 사업의 방향
② 영업계획
③ 메뉴계획과 Recipe(메뉴계획, 메뉴설명)
④ 인력운영계획(인원계획, 조직구성 계획, 채용계획, 교육계획)
⑤ 시설 및 구매계획(점포계획, 시설기준 및 인·허가 사항의 체크, 점포 기본 Lay-out 및 인테리어, 설비업체 일람표, 설비 및 비품리스트, 식재리스트, 점포운영에 필요한 수배사항, 오픈 반입 스케줄)
⑥ 운영관리계획(주방-일일 운영 매뉴얼, 홀-일일 운영 매뉴얼, Q,S,C 체크표, 사입집계표, 영업효율표, 식재보관 매뉴얼, 주문전표, 매출통계표
⑦ 판매촉진 계획(준비사항, OPEN직전 마케팅전략, OPEN Event 행사내용, OPEN 직후의 마케팅전략, 연간 광고선전계획, 음식점 광고선전의 종류
⑧ 투자예산 및 수지계획(案)(투자비용 분석, 고정비용의 분석, 손익분기 매출의 계산, 매출계획, 월차손익계획)
⑨ 개점계획 Check List

### 4) 4단계 : 점포오픈단계

① 개업일 필수 체크 일람표(체크리스트 참조)
② 개업식(오픈 이벤트)

### 5) 5단계 : 점포관리단계

① 고객만족을 위한 친절서비스
② 경영관리
③ 계절별 부메뉴/반찬/전채요리

## 그림 2-2 외식업의 창업 Process

1. 마음가짐 점검/창업결정
   - 본인의 경험 및 취향, 자금규모에 적합한 도입기 후반기이나 성장기 유망업종 선정(2~3업종)
2. 아이템(업종·업태)선택
   - 조사 분석 후 아이템 압축, 독립점포와 가맹점창업 비교검토
3. 창업방법 결정과 창업지원제도 탐색
   - 자기자금, 금융기관 대출, 차입금 등 자금조달 계획 점검, 사업계획서 작성으로 타당성분석
4. 자금조달계획결정
   - 업종, 자금규모에 맞는 최적의 입지 및 점포탐색, 서류(등기부등본, 건축물관리대장, 도시계획 등) 확인, 오너확인, 영업 지위승계시(양도양수서, 허가증원본, 교육필증, 인감증명서, 건장진단서 등
5. 상권분석에 따른 입지선정, 점포결정
   - 점포입지에 따른 타겟 고객설정 시장성, 수익성 등을 분석
6. 메뉴선정 및 가격결정
   - 주력메뉴, 사이드메뉴 조사, 주변경쟁점포 분석, 시장조사에 따른 고객의 경제적수준, 연령, 성별을 고려한 가격결정, 영업전략 수립
7. 요리전수 및 숙달
   - 외식창업전문컨설팅, 학교의 단기강좌, 주방장초빙, 개인강좌, 맛 전수 및 숙달
8. 오픈 세부계획 수립 (점포전면이나 벽면 오픈 관련 현수막 부착으로 홍보개시)
   - 인테리어시설계획 – 인테리어 설계 및 견적 시공 및 감리 (정화조용량, 소방설비, 간판, 전략 등 확인 완공일자확정)
   - 주방설계, 집기비품계획 – 주방설계 및 견적 가스 공급계약 체크 (집기비품 선정 및 견적 시설 감리 및 체크)
   - 업무계획 – 위생교육, 허가사항체크, 신고증발급 (관할구청 민원실(위생계))
   - 홍보계획 – 홍보, 판촉물 기획 및 견적, 직원, 아르바이트 채용계획 (오픈이벤트 체크, 직원채용 및 교육)
9. 식자재 체크 및 구매처확정 – 2개이상 구매처 확보 및 입고, 검수, 저장 출고관리 계획수립
10. 개업 최종점검 DM발송 및 종업원교육(홀, 주방)
    - 직원, 파트타임, 아르바이트, 오픈일자, 원·부자재 현황 파악, 비상연락처 확보
11. 오픈 리허설
    - 문제점 보완, 역할 분담, 신문 잡지나 방문배포, 개점을 위한 최종체크
12. 홍보전단 배포
    - 타겟설정, 구분배포
13. 오픈이벤트 및 그랜드오픈
    - 당일 오픈이벤트, 판촉물, 전단지 가두배포, 차량홍보
14. 개업 후 판촉, 고객관리 사업자등록증 신청 및 발급(개업 후 20일 이내 관할 세무서 민원실), 연간판촉계획

자료 : 유영진·임현철, 외식창업실무포인트, 한올출판사, 2003, p.20.

## (3) 오픈당일 체크리스트

■ 점포 오픈일 : 20 년 월 일 확인책임자 : (인)

| 구 분 | 항 목 | 확 인 |
|---|---|---|
| 점포설비 | 1. 간판·네온·샘플케이스 등의 스위치가 켜져 있는가? | |
| | 2. 샘플케이스는 확인 하였는가?<br>(진열방법·가격 및 상품명·소품 디스플레이 방식 등) | |
| | 3. 영업고시 간판이 「영업중」 상태가 되어 있는가? | |
| | 4. 우천시 우산꽂이가 설치되어 있는가? | |
| | 5. 개점 축하꽃 등이 보기 싫지는 않는가? 타점포에 폐가 되지 확인 하였는가? | |
| | 6. 입구매트의 설치확인 | |
| | 7. 화분들이 정위치에 예쁘게 장식되어 있는가? 또한 각 화분에 물은 충분히 주었는가? | |
| | 8. BGM이 시간대에 맞는 곡으로 볼륨도 적절하게 조정되어 있는지 확인하였는가? | |
| | 9. 점내 디스플레이 소품(그림 등)이 바르게 배치되어 있는가? | |
| | 10. 실내온도가 적정 온도로 유지되어 있는가?(에어컨디셔닝시스템 상태) | |
| | 11. 화장실 주변 확인(비누, 타올, 매트 등의 비품 완비) 및 청소 상태를 확인했는가? | |
| | 12. 청소용구 확인, 품목과 수량이 갖추어져 있는가? | |
| | 13. 어제까지의 공사 흔적이 철거되어 있는가? 또한 청소는 잘 되어 있는가? | |
| 사무실 | 14. 개점 당일부터 수일간 워크스케쥴이 세워져있는가? | |
| | 15. 각 기구류 스위치 조작확인 실시와 종사원에게 교육이 충분히 행해져 있는가? | |
| | 16. 사무용품은 갖추어져 있는가? | |
| | 17. 각종 업자관계의 연락처 일람표가 있는지 없는지? | |
| 팬추리 | 18. 은식기류 및 식기가 정위치에, 적정수량이 준비되어 있는가? | |
| | 19. 재고창고, 격납고에 적절한 이름표가 붙어 있는가? | |
| | 20. 음료상품 관계의 식자재 납입상황은 파악할 수 있는가? | |
| | 21. 상품 제공 동선은 게시되어 있는가? | |
| | 22. 테이블 번호가 알기 쉬운 장소에 게시되어 있는가? | |
| | 23. 각종 빈친, 샐러드 등 스탠바이 상품의 수량은 적절한가? | |

| 구 분 | 항 목 | 확 인 |
|---|---|---|
| 홀 | 24. 테이블 배치는 바르고, 정리정돈이 되어 있는가? | |
| | 25. 서비스 스테이션에 냉수·집기가 정확하게 준비되어 있는가? | |
| | 26. 물수건에 대해, 사용 전에 두는 장소·사용후 두는 장소를 확인했는가? | |
| | 27. 담배꽁초를 버리는 곳이 준비되어 있는가? | |
| 카운터 | 28. 레지스터 작동 및 일자를 확인했는가? | |
| | 29. 잔돈 금액과 잔돈 종류를 확인한다. | |
| | 30. 영수증이 준비되어 있는가? | |
| 비품류 | 31. 유니폼의 수량 확인 | |
| | 32. 명찰이 정확히 준비되었는가? | |
| | 33. 메뉴북은 적정량 준비되었는가? 또한 그것이 정위치에 있는가? | |
| | 34. 주문전표는 정확하게 완비되어 있는가? | |
| | 35. 빨랫감을 모아놓는 장소는 설정되어 있는가? | |
| 조리·주방 | 36. 조리기구가 정위치에 놓여있는가? | |
| | 37. 주방기구의 온도설정이 확실하게 되어있는가? | |
| | 38. 발주한 식자재의 납품상황은 확인하였는가? | |
| | 39. 판매예상에 맞는 사입이 이루어졌는가? | |
| | 40. 현장 단계에서의 메뉴기준표의 변경이 있는지 확인했는가? | |
| | 41. 시간대별 메뉴 및 오픈 특별메뉴가 있는지 확인 및 종업원 교육 | |
| | 42. 주방내의 워크스케쥴에 변경한 곳은 없는가? | |
| | 43. 조리관계 집기비품의 수량은 체크했는가? | |
| | 44. 냉장고·냉동고 안의 식자재가 정위치에 놓여 있는가? | |
| | 45. 식자재 재고량 확인. 동시에 그것들이 정리 정돈되어 있는지 체크한다 | |
| | 46. 주방내 식기가 정위치에 적정 수량 수납되어 있는지를 확인한다 | |
| | 47. 위생복의 수량은 부족하지 않는가? 또한 크리닝은 잘되었는가? | |
| 인근 | 48. 인근 사람들에게 개점 인사를 했는가? | |
| | 49. 개점을 어필하는 간판과 광고류는 깨끗한 상태인가? | |
| | 50. 개점함으로 인한 혼란으로 주변 사람들에게 폐를 끼치지 않겠는가? | |

## (4) 외식창업 진행계획서

### 1) 인테리어

음식아이템 콘셉트에 맞는 분위기에 맞춤, 소요자금은 그 형태에 따라 차이가 심하나 3개 이상의 업체에 견적 의뢰하여 구성 및 자재를 면밀 분석, 기간은 약 7일~15일소요(조명시설 포함시킬 것).

### 2) 집기비품구입

식사용 탁자 및 의자, 케셔 테이블, 주방기구, 난방기구, 냉장고, 조리시설, 전화, 카드결재기, 옷걸이, 방석 등

### 3) 사업자등록

오픈 전에 가능하며 해당사업에 대한 사업장적합성의 재확인이 필요하며 구청식품위생과의 인·허가사항을 꼼꼼히 살펴야 된다. 사실은 제일 먼저 확인해야 할 사항이다.

### 4) 홍보전략

전단지, 전화, 현수막, 기타 판촉물 활용한 계획을 완벽하게 세워놓는다.

### 5) 인적구성의 완비

주방인력, 서빙, 주차, 케셔 등 구성을 미리 하여 개업 초의 혼란을 방지한다.

### 6) 교육훈련

조리과정, 서비스 등 아이템에 맞는 교육을 반복 실시하여 자신감을 심어주고 특히 서비스는 개업 초 업체이미지 메이킹에 절대 영향을 주기 때문에 전문회사에 의뢰하는 것이 좋다.

### 7) 리허설 반복

역할 분담하고 실제상황과 똑같게 반복함(조리실현, 서비스, 협조체제 등)

### 8) 홍보실행(가능한 한 사장 참여)

주변건물방문, 전화안내, 안내장발송, 현수막부착, 길거리안내 등을 실시

#### 9) 영업전략 맞춤

자신의 주체성과 주변시장의 특성을 고려한 특화된 전략과 고객관리시스템을 구축해야 한다.

#### 10) 최종점검

#### 11) 오픈

이러한 사항을 일자별로 순서별로 하고 그 결과를 체크해 나간다. 항목별 자금지급사항도 적고 혹시 운영자금의 고갈을 대비하여 지원사항도 챙겨놓는다.

### (5) 외식창업 진행마인드

#### 1) 성공적인 외식창업의 지혜

성공적인 외식사업을 위해 지금까지의 경험을 중심으로 공통적인 경영기법을 살펴보면 다음과 같다.

① 자신의 업소만이 가질 수 있는 노하우가 있어야 한다.

아무리 외식업이 최악의 불황을 맞고 있다할지라도 사람은 먹어야 산다는 것이다. 그래서 타 업종에 비해 외식업은 불황을 이겨낼 수 있는 여지가 많다. 문제는 타 업소에 비해 차별화된 그 무엇 맛이나 서비스가 월등히 뛰어나거나 가격이 파격적으로 저렴하다거나 분위기가 고객을 사로잡을 만큼 매혹적이고 독창성이 있어야 한다.

② 메뉴개발이다.

국내 외식업소들이 가장 취약한 부분이 바로 메뉴개발이다. 경제성장과 더불어 문화수준의 향상, 외식문화의 고급화, 다양화 등으로 인해 고객의 입맛이나 만족도가 과거와는 판이하게 달라졌다.

메뉴의 싸이클은 갈수록 짧아질 수밖에 없고 해외 브랜드의 상륙과 함께 폭 넓어진 외식업종과 업태는 고객으로 하여금 선택의 폭을 무한대로 넓혀 놓고 있다. 그러기에 고객 선호도에 맞는 상품 즉 메뉴를 지속적으로 개발할 수 있는 노하우를 갖추어야 한다.

③ 원가절감의 요인을 찾아라.

불황을 이겨내기 위해서는 철저한 원가절감이 수반되어야한다.

식자재의 원가 절감, 인건비 절감, 부채축소, 자산절약, 자원 및 에너지 절약을 통해 수익 극대화를 이룰 수 있어야 한다.

④ 과감한 판촉전략을 실시해야 한다.

수없이 많은 경쟁업소들이 생겼고 앞으로도 엄청난 업소들이 개업하는 무한경쟁시대에 고객이 찾아오기를 기다리는 소극적인 영업방법으로는 성공점포로서 자리 잡기는 어려운 시대 상황이다. 선택의 폭이 넓어 진 외식시장에서 고객이 업소를 선택할 수 있도록 관심을 끌 수 있게 해야 하는 것이다.

⑤ 기본에 충실한 경영을 헤야 한다.

외식경영의 기본요소는 맛, 서비스, 청결이다. 이 기본에 충실할 수 있도록 노력하는 것이 고객만족 나아가서는 고객감동을 통한 고도의 가치 창출인 것이다. 이러한 노력이야 말로 불황을 이겨내는 가장 큰 지혜이다.

⑥ 시대적 흐름에 적극적으로 적응해야 한다.

음식업은 특별한 기술 없이도 시작할 수 있다는 것일 것이다. 그러나 최근의 흐름은 이러한 일반적 인식을 깨고 특화된 노하우와 위험도의 증가 등이 심하게 나타나고 있으며 또한 영업의 형태도 전혀 새로운 방향으로 요구되고 있다. 구태의연한 영업의 형태로는 시장의 요구에 부응하지 못한다. 고객의 기호변화, 선택의 폭 다양화, 서비스경쟁의 심화 등으로 과거음식점 영업의 형태로는 경쟁력을 확보 할 수 없다.

### 2) 고객지향적 특화체제

음식점은 창업에서부터 그러한 시장의 요구를 인식, 모든 프로그램구성을 고객의 요구에 최적화하는 노력을 해야 한다. 모든 것이 철저하게 고객 곁으로 다가서는 형태로 구성되어야 하며 오히려 고객심리를 미리 읽고 실행하는 자세가 필요하다.

따라서 창업 시부터 다른 부분에 힘이 낭비되지 않도록 효율적인 계획과 진행으로 핵심역량인 제품의 질과 영업의 특화를 위해 최선의 노력을 아끼지 말아야 한다. 핵심인 고객지향특화체제가 주변사항에 힘이 낭비될 때 그 본질은 희석된다는 사실을 유념 할 필요가 있다.

특히 초보창업인 경우 진행의 혼란, 반복, 비효율이 극도로 나타난다. 그 결과 시간과 에너지, 자금의 낭비도 심하게 나타나게 된다. 처음에 불필요자금을 억제하겠다는 지나친 생각이 오히려 더 큰 소요자금을 가져오는 경우도 허다하다. 가장 효율적인 진행은 자금, 시간, 준비, 홍보, 전략, 관리, 교육과 리허설 등이 계획적으로 흘러가는 진행이다.

#### 3) 철저한 영업진단 분석

음식점창업은 냉정하게 영업진단을 받고 미리 대비하는 것이 중요하다. 아이템의 성격상 창업초기 많은 손님이 오는데 이것은 진정한 고객이 아니고 내 점포를 잠시 둘러보는 나그네 고객과 같은 입장으로 이해해야 한다. 따라서 이러한 밀물은 순간적으로 썰물로 변할 수 있으며 초기접점을 인상적으로 잘 인식시키면 진정한 고객으로의 가능성도 잡을 수 있다.

## 4. 외식창업의 고려사항

### (1) 창업자의 전략적 기본 조건

#### 1) 외식경영자의 필수조건

외식업 경영자의 조건 21세기 생존경쟁 시대 속에 능력있는 식당경영자가 되기 위해서는 지금까지 외식업에 대한 고정관념을 버려야 앞으로 식당생존경쟁에서 살아남을 수 있다.

첫째, 우리가 갖고 있는 고정관념으로 어떤 시기, 어느 지역에 특히 잘되는 업종이나 점포가 있다는 고정관념이 그 대표적인 예인데 외식업의 라이프 사이클이 점점 짧아지고 있다.

둘째, 고객의 선호도도 너무 빠르게 바뀌고 있으므로 수정이 필요하며 지금까지 운영해 온 영업형태를 식당운영의 모델인 것처럼 생각하는데 고객의 욕구에 따라 빠른 전환이 요구되어진다.

셋째, 능력있는 주방장만 있으면 '만사 OK'라고 생각하는데 그 주방장은 전 요리에 최고가 아니고 어느 특정 요리에만 최고일 뿐이며, 주방배치, 기기상태, 능력 등의 기본조건이 충족되어야 최상의 메뉴가 나온다는 것도 잊어서는 안 될 것이며, 경영자도 주방에 대해서 알고 있어야 한다.

21세기에 외식업을 창업할 때 성공할 수 있는 외식업 경영자의 자세는 즉, 외식경영자의 경영마인드는 인간에 대한 사랑, 겸손한 마음씨, 폭넓고 원만한 인간성, 그리고 밝은 성격이다. 음식점경영에는 기계적이고 또 조직적인 경영도 당연히 필요하다. 이와 더불어 경영주의 개인적인 자질이나 능력에 의해 성공이 좌우되는 경우가 대부분이다. 성공적인 외식경영자의 자질과 자격은 다음과 같다.

① 강력한 체력과 정신력을 단련할 것
② 통찰력을 연마할 것
③ 코스트(원가)에 대한 세밀한 지식을 가질 것
④ 위기관리능력을 양성할 것
⑤ 판단력과 의사표시능력을 양성할 것
⑥ 서비스 경영마인드를 갖출 것
⑦ 경영자가 솔선수범하는 자세를 갖출 것

### 2) 외식업 예비창업자에게 필요한 자세

① 평소에 장사의 안목을 길러야 한다.

안목은 하루아침에 생기는 것이 아니므로 평소에 미리 안목을 기르는 것이 중요한데, 먼저 창업관련 정보나, 유망업종에 관련된 것을 보고, 스크랩도 하고, 또 길을 가다가, 길가에 걸려있는 간판을 보면서 어떤 업종, 업태 등이 많은가. 또 어떤 식당들이 잘 되고 있는가 등을 체크해 본다든지 장사하는 분들과 가끔씩 대화도 나누어 본다든지 해서 여기에서 느끼는 점 등을 메모해 두는 습관을 길러 나가야 한다.

② 입지에 맞는 업종을 선택해야 한다.

식당창업은 가능하면 주변상권에서 식당의 비중이 50%를 넘는 곳에서 유사업종, 업태가 30%정도 일 때가 가장 좋다. 이 때 점포 앞 통행객 조사와 점포주변 환경조사를 해야 하며 가능하면 규모와 입지에서 경쟁점보다 비교우위에 설 수 있으면 더욱 좋다.

③ 1등만이 살아남는 것은 아니다.

지나치게 1등을 하려고 하다보면 사업의 건전성을 해칠 수 있으므로 음식장사는 꼭 1등이 아니라 2등만 해도 충분하다는 생각(마음의 여유)을 가져 볼 필요가 있으며, 틈나는 대로 벤치마킹을 많이 해야 한다.

④ 창업 초에는 수익보다는 매출에 신경을 써야한다.

창업 초에는 얼마를 남기는가가 중요한 것이 아니고 초장기에는 목표한 매출액 달성에 최선을 다해야 한다. 장사가 좀 덜 된다고 해서 종업원, 좋은 식재료 등 관리비용을 줄이다 보면 고객이 만족을 할 수가 없어 문제가 된다는 점을 기억해야 한다.

⑤ 자기관리와 점포관리를 철저히 해야 한다.

자기 마인드관리와 점포 이미지 관리에 최선을 다해야 하는데 외식업은 구전광고의 위력이 대단하다는 사실을 꼭 인지하고 이미지 관리에 신경을 써야 한다. 특히 지역 상권인 경우 더욱 이미지 관리를 해야 하며 나쁜 이미지로 소문이 나면 치명적일 수 있다.

⑥ 조급함을 없애야 한다.

기본 생계비는 최소 6개월을 비축해 두어야 하며, 인건비는 최저로 그리고, 초기 투자비도 최대한 줄여서 시작해야 한다. 첫 사업이라는 핑계로 새것만을 고집하는 경우가 많은데 주방집기나 비품은 잘 보이지 않는 곳에 배치되고 스트레스가 대부분이라 새것과 별 차이가 없다는 것을 인지해야 한다. 가능한 한 초기 투자비를 줄여야 한다.

⑦ 해당 아이템(업종, 업태)에 대한 사전 현장 실습도 해 보고 충분한 사전지식을 습득 후 창업을 해야 한다.

대부분 창업자는 전 재산을 투자하기 때문에 충분한 준비가 필요하다. 고객은 식당운영자를 항상 프로라고 생각하고 있으므로 실수 없이 완벽한 진정한 프로가 되어야 성공할 수가 있다.

⑧ 예비창업자들은 큰돈을 벌 것 같은 지나친 기대나 환상을 가지는 것이 대부분인데 냉정하게 현실을 직시 해 나가는 자세가 필요하다.

처음 창업하는 경우에는 자금이 있더라도 크게 하는 것보다 작게 시작해서 경험과 노하우를 축적한 다음 키워나가야 할 것이며 과거 내가 누구인데 하는 불필요한 자존심을 버리고 프로의식으로 무장하여 일정기간 동안 고생하겠다는 각오로 가족의 동의를 얻어 부부가 공동으로 일해서 시너지효과를 발휘해 나가야 할 것이다.

그리고 창업을 추진함에 있어 혼자 결정하지 말고 동 업종의 경험자나 전문가의 자문을 받아서 해야 실패를 줄 일 수 있다.

### (2) 창업을 위한 업종의 선정요령

창업자는 창업을 할 때 업종, 업태에 대한 충분한 정보와 데이터를 수집해야 하고 철저한 사업성 분석, 해당업종, 업태에 대한 현실적인 수입계획과 내·외부 정보를 수집하고 사업 적정성을 검토해야 한다. 업종의 선정에는 계획적 선정과 실천적 선정의 두 가지 방법이 있다.

#### 1) 계획적 선정

계획적 선정은 예를 들면 유명체인점에 가입하여 가맹점으로 출점하는 경우 또는 우수한 외국상표의 기술을 도입하여 체인점 조직을 운영하려고 하는 경우, 단순히 한 식점을 운영하고 싶다는 생각으로 입지선정 전에 미리 업종을 선정하는 경우 등이다.

### 2) 실천적 선정

실천적 선정은 입지가 결정되면 그 입지의 시장여건이나 구매패턴과 식생활 양태에 따라 적절한 업태 및 업종을 선정하는 경우가 이에 해당된다.

그러나 외식업 운영에 경험이 많은 사람이든 또는 경험이 적은 사람이든 간에 업종의 선정은 쉽게 결정하거나 단순하게 결정할 수 있는 내용이 아니다. 그것은 그 시대의 식생활 여건 및 경제사정에 따라 선택한 업종이라고 성공하거나 실패하는 두 가지 경우는 있기 때문이다. 외식업은 잘되는 업종이 따로 있을 수 없고 단지 잘되는 점포나 영업을 잘 운영하는 경영자가 있을 뿐이다. 우수경영자가 운영하는 점포는 비록 대부분의 점포가 사양화하는 업종이라도 실적이 우수한 점포는 얼마든지 있기 때문이다. 그러나 일반적인 산업의 경향을 무시할 수는 없다. 평균적인 경영능력을 가진 경영주에게는 산업의 경향이 성공과 실패의 중요한 요소가 될 수 있기 때문이다.

## (3) 창업의 성공 및 실패요인

### 1) 창업의 성공요소

① 준비하는 창업 정신

- 내가 식당을 할 수 있을 만큼 몸이 건강한지를 체크하고 왜 내가 꼭 외식업을 하려는지 신념과 이념을 재정립해야 하며 내가 적극적으로 식당 내에서 활동과 판촉을 위해 영업장(업소) 밖으로 판매촉진을 위한 방문영업도 할 수 있는가도 냉정하게 재분석을 해야 한다.
- 내 가족으로부터 반드시 동의를 얻어야 가정생활의 원활한 내조와 장시간 근무에 따른 이해, 차후 바쁠 때나 긴급한 일(종업원의 결근이나 퇴사, 그리고 불시에 단체손님 입점시 등)이 생겼을 때 가족의 지원을 받을 수 있어 점포운영이 원활해진다.
- 식당의 조리기술과 운영기법 등 기초지식을 습득을 해야 하는데 창업하려는 유사외식사업체에 취업해 보든지, 창업요리전문가나 전문교육기관 등에서 반드시 지식을 습득해서 창업을 해야 일정한 맛 유지와 주방 관리로 식당운영이 원활해진다고 하겠나.

② 식당창업의 성공하는 길

- 식당을 창업하려면 경영주가 만능이 되어 직접 모든 것을 해나가야 하므로 건강을 유지해야 하는 것이 무엇보다 중요하다.
- 규모에 맞게 가장 자신있는 메뉴를 분식점처럼 다양하게 하지 말고 단순하고 전문화하여야 하며, 외국이나 어느 특정지역에서 잘 되고 있는 특별한 메뉴보다는 대중적인 메뉴를 차별화해서 하는 것이 성공의 지름길이다.
- 소규모 식당에서 종업원을 채용할 경우 이익금의 대부분이 인건비로 지출되어 결국 남는 것이 별로 없으므로 경영주가 직접 또는 가족경영으로 운영을 해야 할 것이므로 경영주는 조리에 대한 기초지식을 반드시 습득한 다음에 창업을 해야 한다.
- 종업원을 내 가족처럼 아끼고, 궂은일에 남보다 먼저 앞장서며, 매사에 솔선수범하고, 고객을 대할 때에도 남다른 애착과 봉사정신을 가지고 있어야 한다.
- 어렵게 창업을 하고 나면 개업한 날부터 매출에 신경이 쓰일 것이다. 개업을 한 후 가능한 빠른 시간 안에 높은 매출을 올리는 방법이 없을까? 서운하게도 별다른 왕도는 없다. 무엇보다도 판촉에 나서야 한다. 소규모 점포에서 활용할 수 있는 판촉 방법은 다양하다. 홍보전단을 뿌리거나 신문에 끼워 넣는 것이 대표적인 방법이고 현수막을 걸거나 지역의 생활정보지나 마을버스에 광고하는 것이다.

  개점에 맞춰 연예인을 불러 사인회를 열거나 고적대 퍼레이드, 풍선 나눠주기, 기념품제공, 도우미 동원 등 다양한 개점 이벤트를 벌임으로써 고객에게 강한 첫인상을 심어주는 것도 초기 고객을 확보하는 데 큰 도움이 된다.
- 고객을 단골로 만드는 데도 다양한 노하우가 필요하다. 좋은 품질의 상품과 만족스런 가격, 친절한 서비스는 기본이다. 자주 이용해주는 고객에게 경품을 제공하는 사은 보너스 행사를 실시하든지 생일 및 기념일을 위한 축하 서비스, 또한 무료상담을 위한 휴게 공간을 제공하는 것도 좋은 방법이다.

③ 창업 성공전략 10계명

- 폭넓은 지식을 가져라.

  소호 비즈니스의 핵심은 '정보'다. 정보는 노력하는 사람만이 구할 수 있다. 신문이나 인터넷과 같은 정보전달매체를 잘 활용하고 자신에게 필요한 정보는 항상 메모·정리하는 습관이 필요하다.
- 차별화가 생명이다.

소호는 시장진출입규제가 없다. 따라서 성공했다고 소문나면 경쟁자가 무수히 많이 생겨날 수 있다. 자신만이 차별화된 서비스를 갖추어야 한다.

- 경험을 축적하라.
  창업하기 전에 경영감각을 익히기 위해 프리랜서로라도 일정기간 일해 보는 것이 좋다. 인터넷사이트와 관련된 업종에서 무료봉사를 하면서라도 경험을 쌓을 필요가 있다.
- 틈새시장을 노려라.
  소호의 주된 공략무대는 대량생산이 감당하지 못하는 틈새시장이다. 막연히 생각하면 틈새시장을 찾을 수 없다. 그러나 구체적으로 생각하면 아직도 수 없이 많은 틈새시장이 널려 있다.
- 시기를 잘 선택하라.
  아무리 좋은 아이디어라도 시기가 적절치 못하면 성공하지 못할 수 가 있다. 그러나 1년 전에 실패한 사업도 1년 후에는 성공하는 경우가 있다. 소호의 토양(인터넷)이 워낙 급속하게 변하기 때문이다.
- 쉽게 포기하지 말라.
  소호는 크게 성공하는 사람보다 실패하는 사람이 더 많다. 쉽게 포기하면 대성할 수 없다. 항상 긍정적으로 생각하고 고생은 성공의 지름길임을 명심하라.
- 순간적인 환경변화에 신속하게 대처해야 한다.
  정보통신기술과 인터넷의 발달로 사업환경이 급속히 달라지고 있다. 변화를 가볍게 생각하면 금방 뒤쳐진다. 작은 변화에도 민감할 필요가 있다.
- 뛰면서 생각하라.
  소호 비즈니스에서 성공하려면 사업자가 항상 많은 생각을 해야 한다. 그러나 생각만하고 행동으로 옮기지 못하면 소호로 성공할 수 없다. 귀로 듣고, 발로 뛰면서 생각해야 한다.
- 항상 인터넷을 생각하라.
  어떤 분야에서든 인터넷을 활용하는 방안을 생각해야 한다. 인터넷이 세상을 바꿔 놓고 있고 그렇게 바뀐 세상에서 인터넷을 이용하지 않으면 도태될 수밖에 없다.
- 가진 것은 몸밖에 없다.
  고가의 기계장비나 생산시설을 가지지 하는 창업은 소호가 아니다. 소호창업자는 자신의 지적능력이나 이이디어기 생명이다. 결국 몸밖에 없다. 스스로 지적인 성장에 노력해야 한다.

### 2) 외식창업의 실패 요인

① 창업의 실패요소

- 전직의 틀을 버리지 못하고 허세를 부린다.
- 장사의 '끼'가 없이 소극적 성격을 버리지 못한다.
- 한 아이템으로 평생 먹고 살려한다.
- 잘 된다는 말만 듣고 시장 상황을 꼼꼼히 살피지 않고 뛰어든다.
- 위기가 닥치면 허둥대거나 쉽게 좌절한다.
- 대형 할인점이나 양판점과 승부하려고 한다.
- 무리하게 빚을 낸다.
- 차별화한 나만의 영업 전략이 없다.
- 지나치게 유행에 민감한 아이템을 선택한다.
- 업종 특성에 맞는 입지를 고려하지 않는다.

② 외식창업의 실패사례

■ 창업자금

아무리 강조해도 지나치지 않은 것이 바로 "빚으로 창업하지 말라"는 것이다. 처음 창업을 하는 경우에는 아무리 무리해도 자기가 동원할 수 있는 자금의 약60~70% 범위 내에서 시작하는 것이 좋다.

부득이 돈을 빌려 창업을 하게 될 경우에는 빌리는 돈이 전체 창업규모의 20~30% 범위 이내이어야 한다. 창업만 생각하고 운영과정을 생각하지 않는 것도 문제이다. 흔히 창업자금이라면 상가 보증금, 최초로 들여놓은 물품구입비, 권리금, 인테리어 등과 최초 2~3개월간의 인건비, 월 임대료 등이다. 실제 창업과정에서는 인건비, 월 임대료 등, 최소한 6개월 정도의 운영자금을 덧붙여 생각해야 한다. 문을 열자마자 돈이 벌수 있는 사업을 별로 없다. 기본적으로 홍보, 판촉 활동을 해야 하고 그러면서 단골고객을 한두 명씩 늘려가는 과정에서 장사의 기틀이 잡히기 때문이다.

특히 창업과정에서 돈을 다 써버린다면 막상 장사를 벌여놓은 다음에는 고객에 대한 홍보, 할인행사, 종업원채용, 경쟁점포에 대한 대응 등을 제대로 할 수 없기 때문이다.

■ 일관성 없는 식당운영

동업을 하여 의견이 맞지 않아 분쟁이 야기되는 경우와 분식점처럼 메뉴는 많은데 먹을 것이 없다는 말이 있듯이 차별화가 되어 있지 않는 경우, 또 몇 일 영업하다가 잘 안 팔린다하여 메뉴를 자주 바꾸는 경우이다. 이외에 개업한지 얼마 되지 않았는데도 손익에 지나치게 얽매여 음식의 양을 줄여 고객의 발길을 끊게 하는 경우이다.

▪ 가족창업의 협동 실패

최근 부부가 운영하는 업소가 점점 늘고 있다. 인건비의 절감이 가장 큰 이유이겠지만 조화로운 업무 분담이 더 큰 이유가 될 수 있다. 하지만 부부가 같이 운영함으로써 부부의 관계가 악화되고 갈등구조에 빠질 수 있다.

부부의 관계가 악화되면서 자연적으로 업소 운영은 실패로 돌아간다. 부부가 한 팀을 이루어 업소를 운영하려면 부부 둘 다 성공을 위한 활력소로 식당 운영 자체를 즐겨야 한다.

따라서 영업장에서는 가족관계가 아니라 철저한 종업원관계로 구축하고 업무를 진행하여 불만의 요소를 최소화해야 한다.

▪ 경쟁심화

식당 실패의 원인이면서 식당 창업을 주저하게 만드는 중요한 이유로 불경기나 포화상태에 이른 외식업소 수를 들 수 있다.

어차피 1인당 소득이 늘거나 지역 인구가 늘지 않는 이상 식당을 성공적으로 운영하기가 쉽지 않다. 그러나 경기가 좋을 때도 고객이 없는 식당은 없어졌고 주위에 경쟁 업소가 없어도 스스로 문을 닫은 업소는 많았다. 이것이 식당 운영을 꿈꾸는 예비창업자나 기존 운영자가 실패를 극복하기 위해 항상 노력하고 연구하는 자세를 지녀야 하는 가장 큰 이유다.

## 제2절 식자재유통업 창업

유통업(도·소매업)은 제조업에 비해서 창업절차가 비교적 간단하다. 우선 공장설립에 따른 복잡한 절차가 필요 없으며 일반적으로 소규모 사업을 시작하기 때문에 법인설립 절차도 필요 없는 경우가 많다.

도매업은 제조업자에게서 물건을 대량으로 받고, 소매업자에게 되파는 일을 한다. 소매업은 도매업자에게 다량으로 사서, 소비자 한명 한명에게 판매하는 업종이다. 둘 다 실제 물건이 오가는 유통업에 해당된다.

도·소매업의 창업은 사전준비가 철저해야 하며 창업절차도 일반적으로 기본과정을 중심으로 진행된다. 도·소매업 창업을 준비함에 있어 점포의 입지선정, 취급할 품목선정, 자금조달능력 등이 종합적으로 검토되어야 할 뿐 아니라 이와 함께 상권분석 및 영업방법 등에 대한 충분하고 세밀한 연구가 반드시 필요하다. 따라서 도·소매업 창업절차도 사업품목을 선정할 때부터 자료조사와 현지조사를 함께 하지 않으면 안된다.

식자재 도·소매 유통업을 창업할 때 어떤 과정을 거쳐야 하는지 도·소매업 창업단계/절차를 살펴보면 [그림 2-3]과 같다.

## 1. 창업준비 단계

도·소매업 유통업창업에 있어서도 사전준비 단계가 매우 중요하다. 여기서 고려해야 할 사업핵심요소는 사업아이템과 취급 상품, 자본규모의 크기 및 조달 방법, 사업형태 등이다. 나아가 상권 및 시장분석을 통해 판매가능성을 검토하고 공급원을 확보하는 방안을 강구해야 한다. 특히, 유망업종으로는 시대추세에 맞고 시장수요가 크며, 수익성이 높은 것을 찾아야 하며 창업자 스스로의 적성과 능력에 맞는 업종과 사업아이템이어야 한다.

또 회사에서 위탁 받는 대리점으로 운영을 할 것인가 자영업으로 할 것인가도 결정해야 한다. 기본적인 고려 내용과 방향이 정해지면 사업계획서를 작성해야 한다. 창업과 관련하여 참조할 사이트로는 중소기업청 창업진흥원(www.kised.or.kr), 창업넷(www.startup.go.kr)이 유용하며, 창업자금관련 건은 중소기업진흥공단, 소상공인시장진흥공단 홈페이지를 참조할 수 있다.

## 2. 점포입지 선정

### (1) 좋은 입지 조건

도·소매업 유통업은 소비자와의 직접적인 접촉으로 매출이 발생하기 때문에 점포를 어디에 세우느냐는 사업의 성공을 좌우하는 중요한 요소이다. 점포입지 선정단계는 도·소매업을 영위할 활동무대를 마련하는 일이다.

도·소매업의 좋은 입지조건은 다음과 같다.

① 상권 내에 소비대상 인구가 많고, 장래에도 인구가 증가할 것이 예상되는 지역
② 소득수준 및 소비수준이 높고, 구매력이 왕성한 연령층의 거주자가 있는 지역
③ 주변에 강력한 경쟁업체가 없는 지역
④ 많은 소비자를 유인할 수 있는 시설이 주변에 존재하는 지역
⑤ 도로, 지하철, 버스노선 등 교통체계가 발달되어서 사람이 모이기 쉬운 지역
⑥ 소비인구가 많고 소득과 소비 수준이 높은 지역
⑦ 교통이 편리해 접근하기 쉬운 곳이나 도로가 생길 계획이 있는 지역
⑧ 신도시가 만들어질 예정이 있거나 인구가 증가할 수 있는 지역

### (2) 매장 입지선정의 고려 사항

식자재유통업의 기본 전제는 소비자가 매장을 직접 쉽게 찾아 올 수 있고 접근성이 좋아야 한다. 식자재유통업도 외식업과 마찬가지로 입지선정이 사업성공의 70~80%를 차지할 정도로 중요하다.

식자재유통업의 창업입지를 선정할 때 조사하고 고려할 사항을 살펴보면,

① 후보지의 환경에 대한 조사(인구수, 인구구성, 세대수, 소비수준 등)
② 점포 후보지의 장래성에 대한 조사(시가지 형성 상황, 주변도시의 인구증가 속도, 신도시계획 및 도시개발 계획의 유무, 도로의 신설 및 변경 등)
③ 새로운 점포가 창업자 자신의 능력에 적합한가를 사전에 확인.
④ 점포 규모의 적합성과 기존 점포와의 경쟁관계를 조사.

## 3. 점포 및 회사설립

점포 및 회사를 설립하기 위해서는 인·허가를 받고 사업자등록을 해야 한다. 도·소매업의 인·허가사항에서 개인사업자(관할 시·군·구청에 신청)와 법인사업자(관할 지방법원 등기소)에 따라 절차가 다르며 사업자등록절차(본점 관할 세무서)는 같다. 소규모로 사업을 시작할 경우는 법인설립 보다는 개인사업자로 하는 것이 유효하다.

도·소매업은 다른 사업에 비해서 인·허가 사항이 적은 편이어서 보통 점포를 확보하고 사업자등록 후에 영업이 가능하다.

## 4. 개업준비

직원을 채용하고 매장을 정리하며, 상품을 매입, 배치하여 영업활동을 준비를 하는 단계이다. 도·소매업의 승패는 고객유치 능력과 적절한 입지, 상품의 구색, 종업원의 친절한 서비스 제공에 달려있다. 개업을 하기 위해서는 직원과 상품이 필요한데 초기에는 가급적이면 적은 수의 직원을 채용하고, 원활하게 상품을 공급받기 위한 계약을 맺어야 한다. 그리고 판매할 상품에 맞는 점포의 외관과 실내 인테리어도 갖추어야 한다. 상품은 소비자가 찾기 쉽고 눈에 잘 띄게 진열해야 한다. 개업 안내문과 광고, 홍보 등을 활용해서 촉진효과를 최대한 높여야 한다.

개업 준비절차에서 고려해야 할 주요 내용을 살펴보면 다음과 같다.

### 1) 직원채용

- 사업의 효율성과 효과성을 위해 적정 수준의 직원을 채용해야 한다. 가급적 직원의 수를 최소화하고 시간제 파트타임직원을 최대한 활용한다.
- 유통업의 매출에 영향을 미치는 것은 종업원의 고객지향적인 의식구조와 전문적인 지식이다. 종업원은 고객관계관리에서 신뢰를 바탕으로 인간적인 유대관계가 형성·유지할 수 있는 능력을 갖춘 자를 채용해야 한다.

### 2) 상품수급 계약

주문방법, 납품방법, 가격, 발주 후 입고까지의 시간, 하차 및 진열유무, 선수금, 하자 반품조건, 결제방법, 재고품의 반품방법, 유사상품을 취급할 때의 계약조건, 계약기간, 수급해약조건, 위약금 등의 책임소재를 명확히 해야 한다.

### 3) 매장구성

- 매장 시설공사와 실내 인테리어 및 내부 장식은 투자계획에 따라 예상 투자비를 초과하지 않는 범위 내에서 한다. 최소한 몇 군데의 전문 업체에서 견적을 받고, 전문 업체가 결정되면 매장시설은 전문 업체와 일괄 계약하는 것이 좋다.
- 체인점이나 대리점인 경우는 본사에 직접 의뢰하거나 본사에서 제공하는 설계에 따라야 한다.

### 4) 상품 매입, 진열

- 유통업 창업에 있어서 직원채용 만큼이나 중요한 부분은 상품을 판매할 매장의 위치를 결정하고 상품의 진열을 어떻게 할 것인가에 대한 것이다.

– 상품매입은 고객을 만족시킬 수 있는 상품, 찾아온 고객이 원하는 상품위주로 상품구색과 재고수량을 감안하여 상품매입을 결정해야 한다.

### 5) 개업안내문, 광고 및 선전전단 배포

개업을 전후하여 광고, 홍보, 인적판매, 판매촉진 활동을 추진하여야 한다.

### 6) 사업자등록 신청

인·허가가 필요한 업종의 경우는 개별법에 의하여 시설 및 자격요건을 갖추어 해당 관청에서 인·허가를 받은 후 관할 세무서에 사업자등록을 신청해야 한다. 인·허가가 필요 없는 업종인 경우는 관할세무서에 사업자등록만 하면 된다.

**그림 2-3** 도·소매업 창업절차

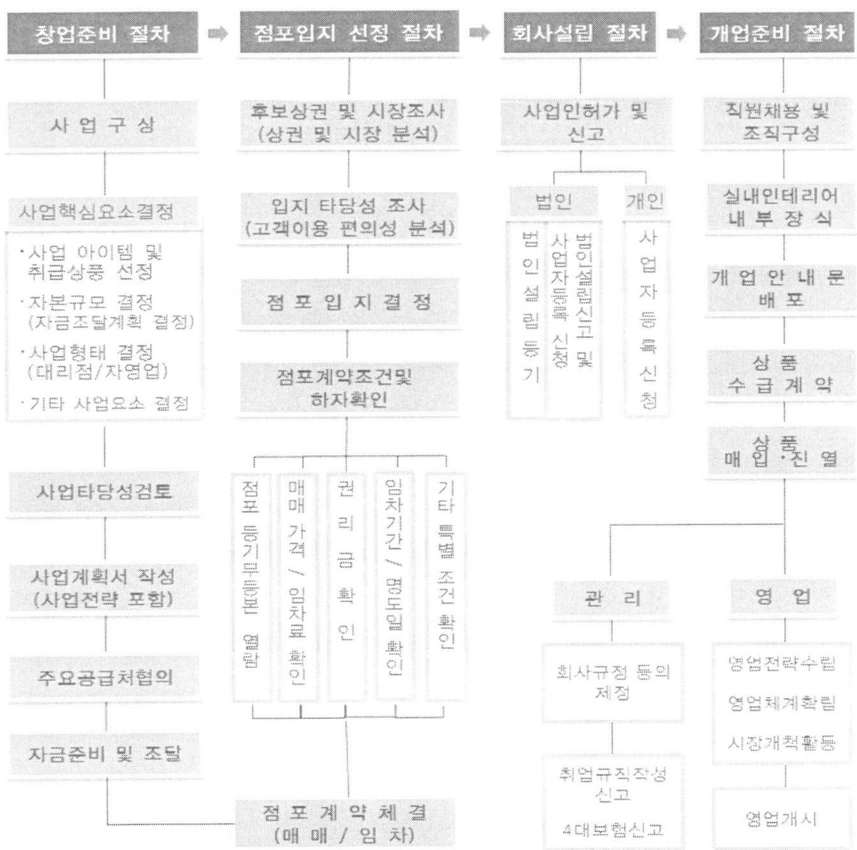


자료 : 창업넷 2013년 창업지원사업, 중소기업청, p.131.

# 제 3 장 프랜차이즈 창업

## 제 1 절 프랜차이즈 시스템의 이해

프랜차이즈 시스템이란 상호, 특허 상표, KnowHow를 가진 자가 계약을 통해 다른 사람에게 상표의 사용권, 제품의 판매권, 기술 등을 제공하고 그 대가로 가맹금, 보증금, 로열티 등을 받는 시스템을 말한다. 여기서 상호, 상표, KnowHow 등을 가진 자를 프랜차이저(franchisor)라고 하는데 우리말로는 본부, 본사로 표현된다. 그리고 프랜차이저로 부터 상호의 사용권, 제품의 판매권, 기술, 상권분석, 점포디스플레이, 관계자 훈련 및 교육지도 등을 제공받는 자를 프랜차이지(franchisee)라고 하는데 보통 가맹점으로 표현된다. 이러한 프랜차이즈 시스템의 특징은 자본을 달리하는 독립사업자 즉 본사와 가맹점이 서로 협력하는 형태이기 때문에 본사와 가맹점간에는 계약된 범위 내에서만 서로 간섭하거나 특정한 요구를 할 수 있다.

이처럼 프랜차이즈 시스템은 여러 독립된 사업자가 서로의 이익을 위하여 계약에 의하여 협력하는 판매제도로 본사는 큰 자본이 없어도 정보와 조직을 이용하여 독립소매점 및 대형 소매점에 대항할 수 있고, 가맹주는 사업경험이 없어도 일정액의 자본금만 갖추면 쉽게 사업을 운영할 수 있는 첨단 마케팅의 한 분류이다.

프랜차이즈 가맹점을 운영하고자하는 사람은 제공받을 수 있는 내용과 지불하는 액수 및 이와 관련된 계약 내용은 물론 본사의 경영철학, 지원관리능력, 상품 개발전략, 재무상태 등을 상세히 검토해야 한다.

## 1. 프랜차이즈 시스템의 개념

프랜차이즈(체인사업, 가맹사업)시스템은 다양한 업종과 업태에 적용 될 수 있으며 많은 패턴과 비즈니스 방식이 존재한다. 예비창업자들이 이와 같은 프랜차이즈 시스템을 잘만 이해한다면 나름대로 새로운 형태의 뉴 비즈니스를 창출해내는데 별 어려움이 없을 것이며, 본사는 가맹점의 도움으로 짧은 기간 안에 단독사업의 몇 십배, 몇 백배의 사업효과를 거둘 수도 있다는 본사와 가맹점간의 윈윈(win-win)전략이 가능하다.

프랜차이즈 시스템은 본부의 상호, 상표, 경험, 마케팅 기술 등을 바탕으로 상품화를 위한 지식 또는 정보에 대한 특권이나 허가를 가맹점에게 계약으로 대여하는 계약제도라고 할 수 있다. 여기서 모기업을 프랜차이저(Franchisor : 본부, 본사)라고 하고, 특권을 부여받은 자를 프랜차이지(Franchsee : 가맹점)라고 부르며, 특권 내지 권한 자체를 프랜차이즈(Franchise)라고 한다. 대게 하나의 본부와 다수의 가맹점이 계약에 의해 지속적인 사업형태를 취하는 것이 일반적이다. 따라서 본부는 가맹점과 계약을 체결하여 자기의 상호, 상표, 기타의 특징 및 영업 기술과 정보를 사용하여 동일하게 보이는 이미지 아래서 상품 판매 등의 기타 사업을 행할 권리를 주고, 반면에 가맹점은 그 대가로서 가입비, 보증금(계약이행 보증금 등 명칭 여하에 불문하고), 로열티를 지불하고 사업에 필요한 자본을 투입해서 본부 지도 및 지원아래 사업을 행하는 양자간의 계속적인 계약체계가 이루어지는 것을 프랜차이즈 시스템이라고 할 수 있다.

그림 3-1 프랜차이즈의 출현

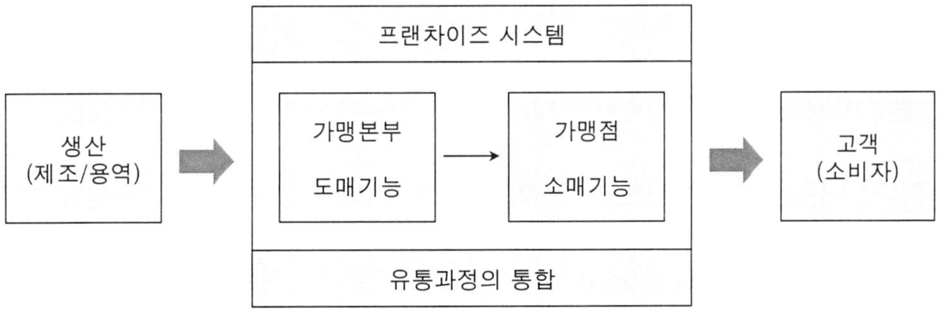

**그림 3-2** 유통과정 단축을 통한 경쟁력 제고

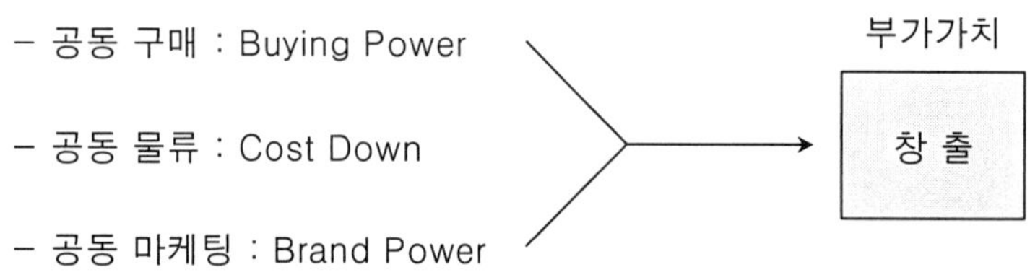


## 2. 프랜차이즈 시스템의 특성

프랜차이즈 시스템은 경제적 특성으로서의 공헌 효과가 크다.

- 프랜차이즈는 개인으로 하여금 독립기업인이 될 수 있는 기회를 크게 증진시켜 준다.
- 프랜차이즈를 도입한 기업은 타 기업에 비해 실패율이 낮다.
- 프랜차이즈는 완전히 통합된 수직적 체인보다 가맹점으로 분산된 대안을 제공해 줌으로써 경제적 집중을 감소시킨다.
- 프랜차이즈는 특정 집단에 속하는 경제적 약자 등과 같은 사람들이 가맹점의 기업을 소유할 기회를 제공한다.

**그림 3-3** 프랜차이즈 산업의 특성

| 구 분 | 내 용 | |
|---|---|---|
| 공동사업자 | - 계약에 의한 개별 사업자<br>- 소비자를 위한 공동의 목적추구 | |
| 분업화 | **본부의 역할**<br>- Brand 개발(Loyalty)<br>- 점포 System<br>- 상품<br>- 광고<br>- 교육 및 경영 지도 | **가맹점의 역할**<br>- 상품 판매<br>* 대 소비자<br>- 광고<br>* 해당지역 내 |
| 집중화 | - 제반 Know-How축적(전문화) | |
| 통일성 | - 대 고객 Brand Image : 상표, 상호 등<br>- 상품(용역)의 통일 : 맛(품질), 메뉴(상품), 가격 등<br>- Service 등의 통일 | |

– 프랜차이즈는 이동이 많아지는 대중에게 다양한 표준화된 제품 제공함으로써 소비자들을 도와준다.

## 3. 프랜차이즈 계약의 종류에 따른 유형

### (1) 지역 프랜차이즈

프랜차이즈가 일정한 지역을 통해서 형성되는 형태이다. 가맹점 사업자는 자신의 지역 내의 가맹점 설립과 교육에 책임을 지며, 매출액에 대한 수수료를 받는다.

### (2) 운영 프랜차이즈

개별 독립가맹점들이 자신의 프랜차이즈를 운영하는 형태이다. 가맹점들은 모 기업 혹은 지역 가맹본부와 직접적으로 거래를 한다.

### (3) 이동 프랜차이즈

가맹점이 소유하거나 본부에서 임대한 자동차를 이용하여 상품을 판매하는 프랜차이즈다.

### (4) 총판

가맹점들이 다양한 상품에 대한 권리를 가지며, 하위가맹점들에게 상품을 배분하는 형태이다. 분배업자인 가맹점들은 광범위한 지역에서 배타적 권리를 가지며 하위 가맹점에 대하여 공급자로 행위를 한다.

### (5) 공동소유

가맹점과 본부가 투자와 이익을 공유하는 제도이다. Denny 레스토랑이 이와 같은 형태의 프랜차이즈이다.

### (6) 공동운영

본부가 투자의 주요한 부분을 관리하며, 가맹점들은 자신들이 관리하는 부분에 비례적으로 이익을 공유하는 형태이다.

### (7) 임대

본부가 가맹점들에게 토지, 건물, 장비들을 임대하여 주는 형태이다. 임대는 다른 설비와 연결하여 이용된다.

### (8) 라이센싱

본부가 가맹점들에게 자신의 상표와 사업기술의 사용을 허가하여 주는 제도이다. 본부는 상품을 공급하여 주거나 승인된 공급업자 목록을 가맹점에게 제공한다.

### (9) 제조 프랜차이즈

본부가 가맹점으로 하여금 특정한 재료와 기술을 이용하여 상품을 제조하는 것을 허락하는 제도이다. 프랜차이즈 시스템은 본부의 기법을 이용하여 상품을 제조한다. 이와 같은 방법은 유통비용이 상당히 높을 경우 전국적인 제조업자가 상품을 분배하기 위해 이용한다.

### (10) 서비스 프랜차이즈

본부가 고용대리인(Employment Agencies)같은 가맹점들로 하여금 전문적인 서비스를 제공할 수 있도록 하는 시스템이다.

## 4. 프랜차이즈 성공 요소

프랜차이즈의 성공 요소로서는 상표인지도, 효율적인 운영시스템 확립, 지속적인 서비스 제공 이 세 가지 요소를 들 수 있다.

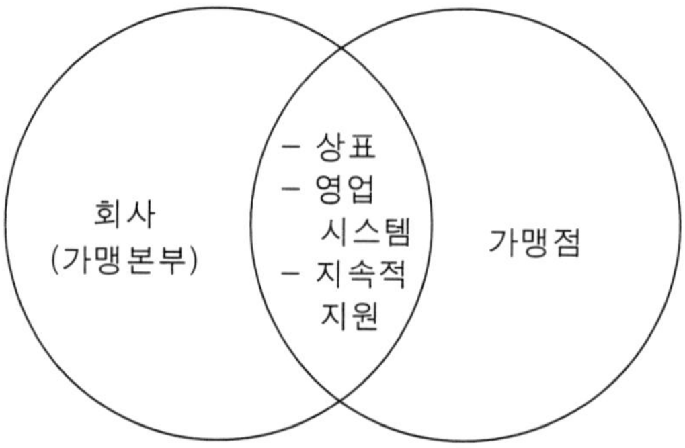

### (1) 상표인지도

가맹본부의 브랜드가 소비자들에게 얼마만큼 잘 알려져 있으며 인정받고 있는가에 대한 문제다. 프랜차이즈 본부에서는 상표인지도를 높이는 문제가 사업성패의 중요한 포인트가 될 것이다.

### (2) 효율적인 운영 시스템 확립

개점 후에 본부에서 영업활동을 위하여 운영하는 영업시스템이 얼마만큼 잘 구축되어 있는가에 대한 문제이다. 가맹점 사업자의 영업을 활성화하기 위한 본부의 전반적인 운영시스템이 체계적으로 구축된 프랜차이즈 본사가 가맹점 사업자의 지원 면에서도 우수할 것이 틀림없다.

### (3) 지속적인 서비스의 제공

가맹점 사업자에 대한 본부의 영업 지원이 초기에만 이루어지고 일정기간 후에는 영업상태보다 수금에만 신경을 쓰는지 수퍼바이저라는 전문지도요원들을 통해 지속적인 영업지원을 해주는지에 대한 문제라고 할 수 있다.

### (4) 기타 성공 요소

- 시장을 지배하는 마케팅 능력
- 상표에 대한 고객 충성도
- 고객 지향적인 상표인지 정책
- 일관되게 응용된 운영 시스템
- 가맹점 사업자 동기 부여
- 보다 큰 이익의 증진

# 제2절 프랜차이즈 창업의 이해

## 1. 프랜차이즈 본사 창업원천 유형

프랜차이즈를 시작한 계기는 다양하다. 계기가 무엇이냐에 따라 프랜차이즈 사업 성공확률도 다르다.

### (1) 성공적인 점포에서 출발

프랜차이즈를 염두에 두지 않고 점포를 열었는데 점포의 콘셉트가 성공적으로 시장에 안착하고 운영도 제대로 하여 주변에 알려져 자의 반 타의 반으로 제2, 3의 점포를 열며 체인화가 되어가는 것이다.

### (2) 기획에 의해 출발

첫 점포를 열 때부터 프랜차이즈를 연두에 두고 치밀하게 준비해서 점포를 개업하는 형태이다.

### (3) 공급업자에서 출발

프랜차이저(가맹본부)와 관련을 맺어 가맹점에 납품을 하는 공급업자가 직접 가맹사업을 시작하여 가맹점을 개설하는 형태로 프랜차이즈 사업을 시작하는 경우이다.

### (4) 프랜차이지에서 출발

프랜차이지(가맹점)로서 가맹점포를 운영하다가 직접 가맹사업을 시작하여 프랜차이저가 되는 경우이다. 보통 프랜차이지가 속했던 프랜차이저가 부실화되어서 스스로 프랜차이저가 되거나 프랜차이저와 극심한 갈등으로 스스로 프랜차이저가 되는 경우이다.

### (5) 공사업자에서 출발

식당 인테리어 공사를 하기 시작하여 식당의 성공요인이 인테리어에 있다고 판단하여 인테리어와 브랜드 네임을 가지고 가맹사업을 시작한 경우로 외식업에 대한 근본적 이해가 부족한 것이 단점이다.

## 2. 프랜차이즈 가맹점 창업시 고려사항

국내 프랜차이즈본사 중에는 건실한 업체도 있지만 부실한 업체가 의외로 많은 실정으로 비교적 탄탄한 업체로 시작되었지만 비합리적인 사업운영, 관리능력 미비, 제품개발전략 부재 등 부실경영의 원인으로 도산하는 사례가 있으므로 본사 선택에 신중하여야 한다.

체인점 창업시에는 사전에 체인본사에 대한 철저한 조사와 더불어 다음과 같은 사항에 세심한 주의를 요한다.

(1) 가맹 희망본사의 각 가맹점을 돌아보면서 손님들의 반응과 인테리어를 주의깊게 관찰하고 기존 가맹점 경영자의 점포운영에 대한 경험담, 즉 개점에 필요한 총투자비, 본사에서의 가맹점 경영지원내용, 초기사업시기의 어려운 점, 특별한 점포운영 방법 등 전반적인 의견을 들어보는 것이 좋다.

(2) 체인본사의 신용상태를 정확히 조사해 보아야 한다.

창업이념은 무엇이며, 대표이사의 주요경력은 어떠하고, 회사의 일반적 지명도는 어느 정도인지를 세심히 살핀다.

(3) 상품 또는 원재료 공급시스템과 조직구성이 짜임새 있는지를 살펴보아야 한다. 상품이나 원재료를 미리미리 확보해 두는 것도 필요하겠지만, 때로는 예상치 못한 상황에 따라 급히 상품이나 원재료를 조달해야 하는 경우가 있는데 이런 경우 어느 정도 기동성을 갖추고 있는지를 조직구성과 함께 자세히 살펴보아야 한다.

(4) 경쟁업체를 반드시 비교하여 보고 결정하되, 타 경쟁업체에 비해 경영전략상 어떤 차이가 있는지, 향후 발전전망은 어느 정도인지를 조사해 보아야 한다.

(5) 영업상황을 일관된 통계자료에 의해 공개하는 회사인지를 살펴보아야 한다. 이미 영업을 하고 있는 기존 가맹점의 최근 매출실적과 가맹점주의 변동사항 등 영업상황을 숨기지 않고 공개하는 회사인지를 살펴보아야 한다.

(6) 혹시라도 허황된 아이템이거나, 광고내용이 지나치게 과장된 점이 없는지, 그리고 한발 더 나아가 사기적인 측면은 없는지 여러 각도에서 살펴보고 나서 최종적으로 체인본사를 결정하여야 안전하다.

(7) 업체 선정시 이류가 아닌 일류를 선택해야 한다. 일류 회사가 안정성을 보장한다는 것이 프랜차이즈 업계의 정석이다. 오랜 세월 가게를 운영하다 명성이 쌓여 분

점을 내는 사업자의 경우 높은 가맹비를 요구한다. 전문 프랜차이즈 업체보다 이런 경우가 더 신뢰도가 높은 것은 당연하다. 위험이 클수록 가맹비는 적어진다는 것이 프랜차이즈 업계의 진실이다

(8) 매뉴얼이 얼마나 꼼꼼히 돼 있는지 확인해야 한다. 매뉴얼이란 가맹계약서를 쓰고 난 후 어떤 과정을 거쳐 실제 가게를 오픈하게 되는지 단계별로 나눠 정리한 자료다. 매뉴얼을 보면 프랜차이즈 회사들이 가맹점을 낸 후 어떤 방법으로 매장을 관리하는지 한눈에 알 수 있다. 이런 시스템들이 잘 짜여 있고, 확실하게 보장된 회사가 좋은 회사다.

(9) 폐점률을 직접 체크해야 한다. 폐점률이 10% 이상인 회사는 일단 피하는 것이 좋다. 그러나 폐점률을 솔직하게 밝히는 프랜차이즈 회사는 없다. 정확하지는 않아도 자신이 직접 폐점률을 계산해볼 수 있는 방법은 있다. 가맹설명서나 인터넷 홈페이지에 올라온 자료를 보면 프랜차이즈 회사가 창립 몇 년 만에 몇 개의 지점을 오픈했다는, 연도별 가맹점 개수 현황을 소개하는 수치를 찾을 수 있다.

그리고 프랜차이즈 회사의 인터넷 홈페이지에는 가맹점 주소와 연락처를 소개하는 매장안내 항목이 존재한다. 현재 영업 중인 매장의 연락처가 나오는 데 직접 이 수를 헤아려 앞의 가맹점 개수 현황과 비교하면 얼마나 많은 지점이 폐점했는지 알 수 있다.

(10) 계약사항은 무조건 기록해야 한다. 프랜차이즈 회사들은 구두상으로 장밋빛 약속을 수없이 한다. 그러나 기록으로 남거나 계약서상에 나타나지 않은 이런 약속들은 아무런 의미가 없다. 반드시 받아내야 할 지원이라고 생각한다면 약속이 오갈 때 기록으로 남겨야 한다.

## 3. 프랜차이즈 가입절차

### (1) 가맹상담

체인 외식사업본부에 가맹하기에 앞서 가맹조건, 입지선정, 운영, 조직관리, 시설, 서비스 등 궁금한 사항에 대해 충분한 상담과 실사를 거친 후 결정된다.

### (2) 시장조사

개점 후 입지 및 경합상황 등을 여러 각도에서 조사하여 가장 적합한 계획을 세우는 것이 중요하다. 정확한 시장조사를 할 수 없는 경우에는 다른 시장조사 매체를 이

용하거나 본점에 의뢰한다.

### (3) 가맹계약

체인 본사와 충분한 대화와 실사를 거친 후 쌍방이 계약서에 서명함으로써 계약이 이루어진다.

### (4) 점포설계 및 시공

체인 본사에서 전문가가 직접 방문하여 인테리어, 디자인, 이미지, 서비스 등에 관한 제반적인 시설문제를 동일하게 꾸며 준다.

### (5) 연수교육

접객서비스, 조회연습, 회계, 광고, 종업원 관리 등 제반적인 사항에 대해 체인본사에서 교육을 실시한다.

### (6) 개업준비

개업에 따른 인·허가 문제 등은 체인본사에서 직접 도와주고, 개업에 따른 내외고객에게 초청장 발송, 집기, 비품확보, 광고 등에 대한 개업의 사전 준비를 시작한다.

## 4. 본사와 가맹점간의 분쟁해소 방안

경영을 하다 보면 본사와 가맹점주간에 분쟁이 일어나는 경우가 많다. 양자간 이해의 대립이나 프랜차이즈에 대한 이해의 부족이 여러 가지 분쟁 요인이 되고 있다.

① 계약서 상의 분쟁 예방 : 계약서에 앞에서 언급한 분쟁예상항목에 대해 구체적으로 명기하여 사전에 그 대책을 마련한다.

② POS 시스템의 완비 : POS 시스템은 거래 물품과 반품의 여부, 운영, 마케팅의 효율적 관리를 가능케 한다.

③ 물류 : 물류 배송에 대한 시스템을 확보하여 분쟁 여지를 최소화 한다.

④ 지속적 활약상 : 브랜드 이미지 향상을 위해 본사는 눈에 띄는 계속적인 활동을 전개한다.

⑤ 관리 프로그램의 운영 : 가맹점의 효과적 관리를 위해 각종 프로그램을 개설·운영한다.

⑥ 재단장 및 제2 브랜드의 준비 : 정체 시기에 돌입하고 있다고 판단되거나 포화상태에 직면하고 있다면 점포를 재단장하거나 제2 브랜드를 출시, 생동감으로 정체 국면을 정면 돌파해 나간다.

## 제3절 가맹사업거래에 관한 법률

### 1. 가맹사업거래의 공정화에 관한 법률

이미 2002년 11월부터 시행되고 있는 '가맹사업거래의 공정화에 관한 법률'은 가맹본부에 의한 정보 공개, 불공정거래행위의 금지, 계약해지 제한 등의 제도를 통해 공정하고 투명한 가맹사업 거래질서를 확립하고 법 위반행위의 시정 및 가맹사업자 피해의 구제를 위한 절차를 규정하고 있다.

한편 정부는 프랜차이즈산업을 적극 육성한다는 기본 방침에 입각하여 프랜차이즈산업의 건전성제고와 우수 프랜차이즈 글로벌 경쟁력 제고, 지역특산물에 프랜차이즈 기법 도입, 중소유통 프랜차이즈 통계DB 구축 등 프랜차이즈산업의 성장잠재력 확충을 위한 다양한 계획을 내놓고 있다.

현재는 법률 제12094호(2013년 8월 13일)에 의해 시행되고 있다.

#### (1) 가맹사업거래 공정화에 관한 주요 내용

##### 1) 정보공개서의 등록 및 취소

정보공개서(Disclosure document)는 가맹본부는 가맹희망자에게 제공해야 하는 의무이다. 가맹본부는 등록된 정보공개서를 대통령령으로 정한 바에 의해 즉, 직접 또는 우편, 전자적 파일로 제공하여야 한다. 가맹본부는 가맹희망자에게 제공할 정보공개서를 공정거래위원회에 등록하여야 한다. 등록한 정보공개서를 변경할 경우에도 또한 같다. 공정거래위원회는 정보공개서나 그 밖의 신청서류에 거짓이 있거나 필요한 내용을 적지 아니한 경우에는 즉, 정보공개서의 등록을 거부하거나 그 내용의 변경을 요구하거나 또는 공정거래위원회는 정보공개서가 거짓이나 그 밖의 부정한 방법으로 정보공개서를 등록한 경우 등록을 취소할 수 있다.

### 2) 가맹금의 반환 의무

가맹본부는 가맹희망자 또는 가맹점 사업자의 요구가 있는 날부터 1개월 이내에 가맹금(가맹비)을 반환해야 한다. ① 가맹본부가 가맹사업법 규정에 의한 허위 또는 과장된 정보를 제공하거나 중요한 사항을 누락한 것이 인정되어 가맹희망자가 가맹계약체결 전에 가맹금의 반환을 요구하는 경우. ② 허위 또는 과장된 정보나 중요한 사항의 누락된 내용이 계약체결에 중대한 영향을 준 것으로 인정되어 해당 가맹점사업자가 가맹계약의 체결일부터 2개월 이내에 가맹금의 반환을 요구하는 경우. ③ 가맹본부가 정당한 사유 없이 가맹사업을 일방적으로 중단하고 해당 가맹점사업자가 가맹사업의 중단일 부터 2개월 이내에 가맹금의 반환을 요구하는 경우.

이와 같은 가맹금반환 등의 문제를 사전에 방지하기 가맹본부와 가맹점사업자(가맹희망자 포함)가 가맹계약 체결시 일정 범위의 가맹금을 가맹본부가 아닌 별도의 예치가맹금 취급 금융기관에 예치하도록 하고 영업 시작 또는 계약체결 후 2개월이 경과한 시점에 가맹본부에게 지급하는 가맹금 예치제도(가맹사업법 제6조의5)를 2008년 8월 4일부터 시행하고 있나. 본사는 제인점희망자가 영업을 개시한 경우에 예치기관에 예치되어 있는 예치가맹금을 달라고 할 수 있다. 이 경우 예치기관의 장은 10일 이내에 본사에 그 금액을 지급하여야 한다(가맹사업법 제6조의5 제3항). 다만, 예치기관의 장은 가맹본부가 거짓이나 그 밖의 부정한 방법으로 예치가맹금의 지급을 요청한 경우에는 그 지급을 거부할 수 있다.

### 3) 가맹계약서 등 관련문서의 사전교부 및 보관

가맹본부는 가맹계약서 등 관련 서류를 가맹금의 최초 수령일 전에 미리 가맹희망자에게 교부해야 하고, 가맹계약서를 가맹사업거래가 종료된 날로부터 3년간 보관해야 한다. 이는 계약관계의 명확화를 위해 계약서에 의무적으로 기재해야 할 사항을 규정하고 또한 계약서 교부를 의무화한 것이다.

### 4) 불공정거래행위의 금지 의무

가맹본부는 가맹사업의 공정한 거래를 저해할 우려가 있는 행위를 하거나 다른 사업자로 하여금 이를 행하도록 해서는 안 된다. ① 가맹점사업자에 대하여 상품이나 용역의 공급 또는 영업의 지원 등을 부당하게 중단 또는 거절하거나 그 내용을 현저히 제한하는 행위. ② 가맹점사업자가 취급하는 상품 또는 용역의 가격, 거래상대방, 거래지역이나 가맹점사업자의 사업활동을 부당하게 구속하거나 제한하는 행위. ③ 거래상의 지위를 이용하여 원재료 등을 필요 이상으로 구입 강제하는 행위, 가맹점사업자에게 일방적으로 불리한 계약조건을 설정 또는 변경하는 행위 등 거래상 지위남용 행위. ④ 부당하게 경쟁 가맹본부의 가맹점사업자를 자기와 거래하도록 유인하는 행위 등 가맹사업의 공정한 거래를 저해할 우려가 있는 행위.

#### 5) 가맹계약의 종료

① 가맹계약의 종료 가맹본부가 가맹계약을 갱신 또는 연장하지 아니하는 경우에는 계약이 만료되는 날로부터 180일~90일 전에 가맹점사업자에게 그 사실을 서면으로 통지해야 하며, 통지를 하지 아니하는 경우에는 계약만료 전의 가맹계약과 동일한 조건으로 다시 가맹계약을 체결한 것으로 본다. ② 계약해지의 제한 가맹계약서에서 정한 계약해지 사유가 발생하여 가맹본부가 가맹계약을 해지하고자 하는 경우에는 가맹점사업자에게 미리 2개월 이상의 유예기간을 두고 서면으로 2회 이상 시정을 요구해야 하며, 위와 같은 절차를 따르지 않은 계약해지는 효력을 발생하지 아니한다.

#### 6) 자율규약

가맹본부 또는 가맹본부를 구성원으로 하는 사업자단체는 가맹사업의 공정한 거래질서를 유지하기 위해 자율적으로 규약을 정할 수 있고, 자율규약이 불공정거래행위에 해당하는지 여부에 대한 심사를 공정거래위원회에 요청할 수 있다. 자율규약의 심사를 요청받은 공정거래위원회는 그 요청을 받은 날부터 60일 이내에 심사결과를 신청인에게 통보해야 한다.

### (2) 분쟁의 조정

#### 1) 가맹사업거래분쟁조정협의회

① 가맹사업거래의 계속적 거래로서의 특성상 정부에 의한 1차적 개입보다는 당사자간 자율적 분쟁해결을 유도하기 위한 분쟁조정제도로서 한국공정거래조정원에 가맹사업거래분쟁조정협의회를 설치한다. ② 분쟁조정협의회는 분쟁의 공정한 조정을 위하여 위원장 1인을 포함한 9인으로 구성되며, 공익대표, 가맹본부 이익대표, 가맹점사업자 이익대표의 동수의 위원으로 구성하고, 가맹사업 당사자간의 가맹사업거래의 분쟁에 관하여 당사자가 요청하거나 공정거래위원회가 조정을 의뢰한 사항에 대하여 조정업무를 수행한다.

#### 2) 분쟁조정협의회에서 조정이 성립된 경우

협의회에 의한 조정이 이루어진 경우에는 조정조서와 동일한 내용의 합의가 이루어진 것으로 간주한다. 이는 민법상 화해계약에 해당하며, 조정이 성립된 경우 특별한 사유가 없는 한 공정거래위원회가 시정명령 등을 하지 아니한다.

#### 3) 가맹거래사

가맹거래사는 자격시험에 합격하고 공정거래위원회가 지정하는 기관에서 100시간 이상의 실무수습을 마친 자는 가맹거래사가 될 수 있다. 가맹거래사가 되고자 하는 자는 대통령령이 정하는 바에 따라 공정거래위원회에 등록해야 한다.

### (3) 사건처리절차 및 법위반에 대한 제재

#### 1) 시정조치와 과징금

공정거래위원회는 가맹본부가 가맹사업법에 의한 정보공개서의 제공의무 위반, 정보공개서 갱신·수정의무 위반, 허위·과장된 정보제공의 금지, 가맹금반환, 계약시 교부 및 보관의무, 불공정거래행위의 금지 등 위반에 대해 해당 가맹본부에 대하여 시정조치를 명하거나 또한 매출액의 2/100의 범위 내에서 과징금을 부과할 수 있다.

#### 2) 벌칙

허위 또는 과장된 정보를 제공하거나 중요한 사항을 누락한 자는 5년 이하의 징역 또는 1억 5천만원 이하의 벌금에 처하고, 정보공개서를 제공하지 않거나 갱신 또는 수정하지 않는 자에 대하여는 2년 이하의 징역 또는 5천만원 이하의 벌금에 처한다. 또한 공정거래위원회에 의한 시정명령에 따르지 않는 자는 3년 이하의 징역 또는 1억원 이하의 벌금에 처한다.

## 2. 가맹사업거래의 공정화에 관한 법률시행령

가맹사업의 공정한 거래질서를 확립하고 가맹본부와 가맹사업자가 대등한 지위에서 상호보완적으로 균형있게 발전할 수 있도록 하기 위한 '가맹사업거래의 공정화에 관한 법률시행령'(2012. 05. 18, 법률 제23775호)에 따라 시행되고 있다.

*법령은 공정거래위원회 홈페이지 등에서 알아 볼 수 있다.

## 3. 정보공개서 내용

### (1) 정보공개서의 표준약관

공정거래위원회는 가맹점 창업과 거래에 있어 필요한 핵심정보를 제공하여 프랜차이즈 희망자의 권익보호와 피해예방을 위해 정보를 확대 보급하는 내용의 「가맹거래 정보공개서 표준양식」을 제정하여 사용하고 있다.

정보공개서 표준양식은 공정위가 작성하여 가맹본부에게 사용을 권장하는 것으로 가맹본부의 재무제표, 특수 관계인 등 가맹본부 현황, 가맹점 개설 및 해지, 창업부담비용 등 가맹희망자의 가맹점개설과 운영에 필요한 중요내용을 담고 있다. 특히 공정위에 등록된 정보공개서만 가맹희망자에게 제공하도록 하는 제도가 '08. 8. 4.부터 시행됨에 따라 가맹본부의 사업정보를 대폭 확대하여 공개하도록 할 필요성이 있어 정보공개서 표준양식의 내용을 정비하고 활용하고 있다.

### (2) 정보공개서의 주요 내용

#### 1) 정보공개서의 중요 판단자료

프랜차이즈 사업을 하려는 사람이라면 누구나 자신의 무경험을 대신해 주고 영업지원을 성실히 해줄 수 있는 건실한 가맹본부를 선택하기 원한다. 하지만 막상 창업을 위해 가맹본부와 상담하게 되면 예상매출액이 얼마이고 고수익이 보장된다는 말들로 정작 가맹본부에 대한 정확한 판단을 하기는 어렵다. 그렇다면 가맹희망자가 신뢰할 수 있고 비즈니스의 동반자로서 함께할만한 우수한 가맹본부를 고르는 방법은 무엇일까. 그 해답은 '정보공개서'에 있다. 정보공개서는 가맹본부의 일반현황 및 사업현황, 임원의 경력(법위반 사실), 가맹점 사업자의 부담, 영업활동의 조건, 교육훈련, 가맹계약의 해지 등 가맹사업 영위를 위해 알아야 할 필수기재 사항을 적은 문서로 가맹본부의 신뢰가능성, 가맹사업의 성공가능성 등에 관한 중요한 판단자료들이 포함되어 있다.

#### 2) 정보공개서 100% 활용하기

가맹본부로부터 받은 정보공개서 중 유의해서 볼 사항들이 몇 가지 있다.

① 임원들이 가맹사업법 위반으로 공정거래위원회로부터 시정명령을 받았는가를 살펴 가맹본부의 전체적인 신뢰도를 판단해 본다.

② 가맹점 사업자의 부담금(가맹비, 로얄티, 물품구입비 등)에 관해서는 부담금 내역과 반환이 되지 않는 부담금 항목을 살펴 창업자금을 마련할 수 있고 사업을 유지할 수 있는 정도 인지를 살펴본다. 영업활동에 대한 조건 및 제한이 가맹사업의 통일성을 유지한 위한 것으로 부당하게 가맹점사업자를 구속하는 것이 아닌가를 살펴봐야 한다.

③ 정보공개서에는 가맹희망자가 장래 가맹점을 개설하고자 하는 지역에서 가장 가까이 있는 10개 가맹점 사업자의 주소, 연락처 등이 기재되어 있으므로 이 점포를 방문하여 현재 영업현황이 어떤지, 가맹본부의 평판 등이 어떤지를 직접 확인하여 가맹본부가 제공한 정보공개서를 신뢰할 수 있는지를 확인해야 한다.

④ 가맹본부가 정보공개서 외에 상권 및 입지분석을 한 시장조사보고서 등을 통해 예상매출액 또는 수익률을 구체적으로 적시하고 있다면 단순 예상 수치를 말하는 것인지 아니면 수익률 보장에 관한 것인지를 명백히 밝힐 필요가 있다.

⑤ 가맹본부와 계약을 체결하기 전에 정보공개서의 내용과 가맹계약서와 다른 점이 있는지를 꼭 확인해야 한다. 한편, 현행 가맹사업법에는 '정보공개서의 제공을 서면으로 신청한 자'에 한하여 정보공개서를 제공할 의무가 있도록 규정되어 있어 가맹희망자 보호에 미흡하다는 지적이 계속되어 왔다. 이에 가맹사업법 개정안에서는 가맹본부로 하여금 정보공개서를 의무적으로 등록하도록 하고 가맹희망자에게 반드시 등록된 정보공개서를 제공토록 하여 정보공개서가 실효성 있는 역할을 하도록 개선하였다. 가맹희망자는 정보공개서를 통해 가맹본부의 현황에 대해 충분히 검토한 후 서두르지 말고 투자 여부를 결정지어야 하며, 창업에 대한 확신이 없다면 전문가의 도움을 받는 것이 현명하다.

### 3) 정보공개서가 중요한 이유

① 가맹본부와 가맹희망자간 정보불균형의 해소 수단

② 가맹본부의 기본의무 : 가맹금 반환, 불공정거래행위 판단 기준

– 정보공개서상 중요사항 누락 시 가맹금 반환

– 정보공개서 미제공 또는 숙고기간 (14일)미준수시 가맹금 반환

– 각종 불공정거래행위와 관련한 주요 예외항목의 하나

③ 정보공개서 등록제

– 가맹본부는 공정위에 등록한 정보공개서를 가맹희망자에게 제공

- 등록하지 않은 정보공개서를 제공하거나, 정보공개서 제공후 14일 경과하기 전에 가맹계약체결(가맹금 수령)한 때에는 가맹점사업자 또는 가맹희망자는 서면으로 가맹금반환을 요구할 수 있다.

# 제 2 부

# 외식·식자재유통창업의 개발과정

# 제 4 장 사업아이템의 구체화와 콘셉트의 결정

## 제1절 사업아이템의 선정개요

### 1. 사업아이템의 개념

사업아이디어가 구체화된 것이 사업아이템이다. 사업아이템이란 판매할 재화나 서비스이다. 사업아이템에서 사업의 구상이 시작되며 사업의 규모를 결정짓는 한 요인이 된다. 수요가 있다는 전제하에 사업아이템은 기존의 비슷한 다른 경쟁 아이템에 비하여 독창성이 있어야 한다. 또한 모방되기가 쉽지 않아야 하고 대체 상품도 없어야 성공 가능성이 높아진다.

창업자가 이 사업아이템에 대해 이전의 경험이나 지식이 어느 정도인가는 기본적인 사항이다. 그리고 나의 적성 및 여러 상황이 적합한지도 확인해 보아야 한다.

사업아이템의 주요 내용은 창업에서 처음 풀어야 할 것이 업종과 업태의 선택이다. 그렇기에 창업자가 창업을 결심하고 가장 어렵게 생각하는 부분이 바로 업종선정이다. 업종이란 판매하는 상품을 뜻하고, 업태란 판매하는 형태이다.

한국과 일본의 창업절차 중 가장 큰 차이점은 바로 업종 선정이다. 일본의 창업컨설팅회사를 찾는 예비창업자들은 이미 창업 상담이전에 자신이 희망하는 업종을 결정하고 방문한다.

그들이 필요한 것은 '어떤 업종을 창업 하느냐' 보다 '어떻게 창업을 하느냐'이기 때문이다. 이렇게 업종이 결정된 경우의 예비창업자는 더 많은 자료와 정보를 얻어 갈

수 있다. 그러나 한국에서는 예비창업자가 어떤 업종을 창업하는 것이 좋은가라고 고민을 하기 때문에 몇몇 업종에 집중적으로 몰리게 되고 이는 업종의 라이프사이클을 짧게 하는 원인이 되기도 한다. 따라서 업종선정은 아주 단순하게 하는 것이 좋다. 그것은 '어떤 업종을 창업을 하느냐'보다 '어떻게 창업을 하느냐'가 더 중요하기 때문이다.

업종 선정은 짧게 하고, 업종 정보를 조사하는 시간을 충분히 가진 후 차별화된 업태를 찾아내는 것이 중요하다. 이것이 바로 성공창업의 가장 중요한 포인트가 되며, 이것이 바로 성공 창업의 첫걸음이기 때문이다.

예비창업자들은 식당의 업종, 업태 선정을 너무 쉽게 생각하는 경우가 많다.

외식업은 잘되는 업종이나 업태가 따로 있을 수 없고 단지 잘 되는 점포나 식당을 잘 운영하는 경영자가 있을 뿐이다. 뛰어난 경영자는 어떤 악조건의 식당도 어느 수준까지는 올려놓을 수 있을 만큼 능력은 있겠지만 여기에서 무시할 수 없는 것이 사회환경이나 시대적인 환경이다.

## 2. 사업아이템의 선정

예비창업자들의 최대 관심사는 잘되는 아이템을 찾는 것이다. 예비창업자들은 아이템을 잘 선택하면 성공을 보장받는 것처럼 생각하는 경우가 많다. 쇠퇴기의 업종이나 경쟁포화상태인 업종의 선택은 피해야 하며 유망 아이템을 선정한 경우일지라도 그 선정 자체가 곧바로 성공으로 이어지는 것이 아니라는 것을 인식하고 아이템 선정에 임해야 한다. 무엇보다 창업의 성공여부는 하루아침에 이루어지는 것이 아니라 항상 머릿속에는 창업에 관한 정보와 지식, 이 시대의 흐름을 알아야 한다. 외식업은 순간적으로 잘되는 업종이나 업태, 즉 아이템은 있지만, 지속적으로 잘되는 아이템은 있을 수 없기 때문에 히트아이템이라고 해서 무조건 성공할 것이라는 생각은 버려야 한다. 사업의 성패는 물론 아이템도 중요하지만 그 외 식당 운영의 전문성, 즉 경영자나 관리자의 능력 및 노력여하에 달려 있기 때문이다.

### (1) 사업아이템선정의 방법

창업아이템을 선정하는 데에는 다음의 사항을 고려해야 한다.

① 돈을 많이 벌 수 있는 아이템
② 위험부담이 낮은 안정적인 아이템
③ 성장 잠재력이 있는 유망한 아이템
④ 지속적으로 운영이 가능한 아이템

⑤ 서류에 맞고 운영하기가 쉬운 아이템

## (2) 사업아이템 선정 시 체크 항목

최적의 아이템을 선정하기 위해서는 우선 예비창업자인 본인의 현재 사정과 여건을 고려하여야 한다. 본인의 주어진 환경, 성격, 체력, 전문성, 능력, 자금, 선호하는 아이템의 윤곽이 어느 정도 정리되고 나면 아이템의 수요성, 경쟁성, 수익성, 지속성을 분석해야 하며 분석결과에 따라 최종적으로 아이템을 선정한다. 아이템의 선정은 쉽게 결정하거나 단순하게 결정할 수 있는 내용이 아니다. 그것은 그 시대의 식생활 여건 및 경제사정에 따라 선정해야 하기 때문이다. 외식업은 잘되는 업종이나 업종이 따로 있을 수 없고 단지 잘되는 점포나 영업을 잘 운영하는 경영자가 있을 뿐이다. 우수경영자가 운영하는 점포는 비록 대부분의 점포가 사양화하는 업종이라도 실적이 우수한 점포는 얼마든지 있기 때문이다. 그러나 일반적인 산업의 경향을 무시할 수는 없다. 평균적인 경영능력을 가진 경영주에게는 산업의 경향이 성공과 실패의 중요한 요소가 될 수 있기 때문이다.

아이템선정에 대한 참고사항을 정리하면 다음과 같다.

① 본인의 자금규모에 맞는 음식점을 창업해야 한다. 음식점들도 각 업종, 업태마다 적정 자금규모가 있는데 자금규모에 맞는 아이템 중에서 선정해야 한다. 최소한 자기자본비율이 70%이상은 되어야 한다.

② 본인의 생각이나 가치관, 나이, 성별, 체력조건 등 적성에 맞는 업종 특히 내가 좋아하는 메뉴를 고려한다.

③ 도입기를 지나 성장기에 접어든 업종, 업태인지 체크를 해야 하며 최근 들어 반짝하다가 사라지는 유행아이템이 너무 많다는 사실도 인지를 해야 한다. 모든 업종은 반드시 쇠퇴기가 있다는 것을 인식해야 한다. 어떤 업종이 영원토록 나의 생계를 보장해 줄 것으로 생각하는 오류를 범하지 말아야 한다. 외식업메뉴나 업종도 일반생산도 상품과 마찬가지로 라이프사이클(LIFE CYCLE)이 있다. 어떤 아이템이라도 쇠퇴기는 오기 때문에 꼭 성업중인 업종만을 생각할 필요는 없다. 따라서 신규 창업에는 그 업종의 매출추이, 이익추이, 쇠퇴기에 진입했는지 여부 등을 면밀히 조사해야 한다.

④ 점포의 입지에 적합한 업종인가 체크가 필요하다. 상권의 규모나 타겟 고객의 유무 등을 분석해야 하며 경쟁점도 반드시 체크 후 결정을 해야 한다.

⑤ 독립점포로 할 것인가, 체인점이나 회원점 등으로 창업할 것인가 결정해야 한

다. 말 그대로 자기의 성격이나 외식업에 대한 연구, 자금의 범위 등, 모든 부문을 검토해 보고 개인독립 점포로 개점하던가 체인점의 일원으로 개점하던가를 결정해야 한다. 어느 쪽이든 장단점은 있으므로 딱히 어느 쪽을 추천할 수는 없다. 개인독립점포는 투자에 따르는 모든 위험부담을 혼자서 감당하는 대신 영업이 활성화되어 이익이 증가되면 그 모든 이익이 경영주 개인에게 귀속되는 장점이 있으며 영업 전략이나 신상품개발 등 자기의 개성을 얼마든지 발휘할 수 있는 자유스러움이 있다. 그러나 메뉴개발, 판촉 전략의 구사, 종업원 교육 등의 힘든 업무를 혼자서 처리해야 하는 어려움도 있다. 체인점으로의 창업은 이와 반대되는 경우가 될 것이다.

⑥ 주변의 유능한 식당경영주나 외식전문컨설턴트에게 자문을 받아서 한다.

⑦ 내 주변에서 나에게 도움을 줄 수 있는 연관성이 있는 업종을 선택해야 한다. 예를 들면 식재료 공급을 해 준다든가, 식당이용 고객증가에 기여를 할 업체, 마케팅을 도와줄 광고사나, 기획사 등이 있으면 도움이 된다.

⑧ 가족의 찬성과 협조를 얻을 수 있는 업종이어야 한다. 특히 외식업의 경우 단체고객이 입점하는 경우나 직원의 갑작스런 결근 또는 퇴사 시 가족의 협조가 필수적이다.

⑨ 식재료 공급이 원활하고 또 가격변동이 심하지 않아야 한다. 식재료의 품귀현상으로 가격 급등문제, 수입품은 그 나라의 국내사정에 따른 변화나 대량구입에 따른 보관상의 문제로 품질저하나 현금의 사장화가 될 수 있으므로 충분한 검토를 해야 한다.

⑩ 개인조직이냐 법인조직이냐를 생각해야 하는데 동업이 아니라면 우선은 개인조직을 하는 것이 바람직하다.

⑪ 중저가나 단품메뉴 중심으로 구상해야 효과적이다. 즉, 전문화과 차별화가 필요하다. 또한 투자대비 수익성이 높고 자금과 상품회전율이 높은 업종을 선택하도록 한다.

⑫ 사전에 창업할 업종, 업태에 근무를 해보는 것이 좋으며, 철저히 수익성을 분석해야 한다. 또한 사업아이템 선정을 위해서는 유망아이템에 대한 선입견 배제, 창업자의 여건을 최우선적으로 고려해야 하며 조급한 결정을 피해야 한다. 아이템도 수명이 있다는 것을 인지해야하며 사양산업의 틈새를 찾아야 하며 누구나 좋다는 아이템에 함정이 있음을 잊지 말아야한다.

⑬ 진입장벽이 높은 업종, 업태를 선정해야 한다.

⑭ 예비창업자 중 가장 선호하는 업종의 대부분은 외식업으로 누구나 창업이 가능

한 업종이므로 그 만큼 경쟁자가 많다. 경쟁자가 모방할 수 없는 노하우를 익힌 다음 창업을 한다면 더욱 성공하기가 쉽다. 창업자의 특별한 특기(노래, 악기다루기, 마술 …)가 있다면 이를 활용하는 것도 식당을 경쟁업체와 차별화, 개성화를 부각시킬 수 있을 것이다.

### (3) 사업아이템 선정과 라이프 사이클

사업아이템이 사업수명주기(Business Life Cycle)상 어디에 있는 것인가를 파악해야 한다. 이미 성숙기에 있는 아이템이라면 안전성은 있을지 몰라도 성장성은 낮을 것이다. 또한 사업생명주기가 짧은 사업인 경우는 도입기에 있다 할지라도 금방 수명이 다하기 때문에 수명주기도 고려해야 한다. 너무 자극적인 사업이나 상품은 통상 수명주기가 짧다.

#### 1) 제품의 수명주기(Life Cycle)상 도입기 후반이나 성장기 초반에 있는 업종이나 틈새업종을 개발하여 공략한다.

특히 틈새업종은 검증된 업종이므로, 조금만 더 생각하고 노력한나면 성공확률이 높다. 해당 아이템의 성장성을 보아야 한다. 꾸준히 발전할 수 있는 성장성을 가지고 있다는 것은 그만큼 시장에서의 수요가 발생하고, 잠재 수요를 가지고 있는지를 보면 된다. 그리고 라이프 사이클상 어느 정도 성장기에 접어든 종목이어야 안전하다고 할 수 있다.

#### 2) 신종업종일수록 시장조사를 충분히 해야 한다.

신종업종은 시장에서 아직 검증이 되지 않았고 언론 상에만 소개되었을 뿐 성공한 사례가 없는 경우가 있으므로 구체적인 시장조사로 타당성을 검토 후 해야 한다.

## 3. 외식업 창업아이템의 종류

### (1) 한식전문 아이템들

추어탕, 순두부점, 보쌈점, 산채정식점, 곰탕·설렁탕점, 콩나물해장국점, 재첩국점, 전통한식점, 버섯요리점, 된장·청국장점, 부대찌개점, 다슬기점, 북한요리점, 소머리국밥, 보리밥점, 해장국점, 돌솥밥점, 영양탕점, 테마카페, 사찰음식점, 한식뷔페, 순대요리점, 죽점, 돼지국밥점, 야식점, 채식전문점, 카페테리아, 삼계탕점, 민속요리점, 도가니탕, 감자탕, 쌈밥, 가정식백반, 전골 등

### (2) 수산물전문점

해물탕점, 황태요리점, 복어점, 장어구이점, 씨푸드점, 산낙지점, 선어회점, 활어회점, 참치점, 문어구이점, 대구탕점, 꽃게탕점, 조개구이점, 고래고기점, 회뷔페, 생선구이점, 홍어점, 꼼장어점, 잉어찜점, 아구찜점, 오징어, 아나고, 갈치찌개 등

### (3) 일식전문점

로바다야끼, 철판요리점, 덮밥점, 오꼬노미야끼점, 초밥점, 일식우동점, 생돈까스점, 소바점, 도시락점, 꼬치구이점 등

### (4) 육류전문점

샤브샤브점, 말고기점, 갈비, 등심점, 불고기점, 꿩요리점, 돼지갈비점, 족발점, 두루치기점, 고기뷔페, 바비큐점, 치킨점, 닭갈비점, 유황오리점, 곱창, 막창 찜갈비 등

### (5) 양식전문점

패스트푸드점, 패밀리레스토랑, 캐주얼레스토랑, 디너 레스토랑, 파스타점, 스파게티점, 피자점, 케밥, 다국적음식점 등

### (6) 분식전문점

칼국수점, 종합분식센타, 만두점, 냉면점, 튀김점, 떡볶이점, 빈대떡점, 라면점, 김밥점 등

### (7) 기타

아이스크림점, 호프, 샌드위치점, 인터넷카페, 급식산업, 커피숍, 원두커피점, 중화요리점, 핫도그점, 즉석탕수육점, 생과일전문점, 도너츠, 요리주점, 달팽이요리, 길거리음식점, 배달전문점, 제과제빵점, 한과 및 떡전문점, 주점, 다점 등

업종·업태별로 다양한 아이템들이 있는데 이 틈새시장을 개척하든지 아니면 신메뉴개발, 새로운 아이템 도입이나 운영기법, 등의 창업아이템들이 창업을 기다리고 있다.

## 4. 상권에 따른 아이템별 유형

1) 유동인구 의존형

김밥, 닭갈비, 분식점, 떡볶이, 샌드위치, 우동이나 라면점, 아이스크림, 패스트푸드, 핫도그 등

2) 상주인구 의존형

소고기, 부대찌개, 해물탕, 냉면, 횟집, 보쌈, 버섯요리전문점 등

3) 집재성 아이템

주로 찾아오는 고객이 위주이므로 모여 있어야 잘 되는 아이템으로 족발(장충동 족발골목), 똥집(대구평화시장 닭똥집골목), 막창(대구 서부정류장 및 복현오거리 막창골목), 곱창(대구 안지랑 곱창골목, 안양명물순대 곱창골목, 부산문현동 곱창골목), 순대(신림동 순대골목), 빈대떡(서울 광장시장) 등

4) 산재성 아이템

상권이 작을수록 경쟁이 됨으로 떨어져 있어야 잘 되는 아이템으로 피자, 김밥, 커피, 도시락, 치킨, 호프전문점 등

# 제2절 사업아이템 조사내용과 체크리스트

## 1. 사업아이템의 조사내용

### (1) 아이템조사

<업종요소>

- 상품적인 가치가 있는가
- 사업전망은 밝은 편인가
- 성장가능성이 있는 아이템인가
- 입지는 안정적인 곳인가
- 위험이 큰 아이템은 아닌가

### (2) 창업자분석

<개인요소>

- 사업에 적합한 연령인가
- 체력은 건강한 편인가
- 사업과 적성은 맞는 편인가
- 사업에 관한 메뉴개발 운영능력은 갖고 있는가
- 자신이 위화감을 주는 인상은 아닌가
- 자신의 생각을 잘 전달하는 편인가
- 사업에 필요한 지식은 충분한가
- 사업에 관한 직장 경력이 있는가
- 사업과 취미가 상반되지 않는가
- 사업운(運)이 있다고 생각하는가

<사업요소>

- 투자금액이 과다하게 투자되지는 않는가
- 근무시간이 너무 길지 않는가(특히 심야근무유무)
- 손익분기점 달성기간이 길지 않는가

### (3) 상품성분석

<상품성격>

- 상품 라이프싸이클은 성장기인가
- 가동시간이 길며 소비성이 큰 메뉴인가
- 계절성이 있는 메뉴는 아닌가
- 개인의 명예를 손상시키는 메뉴는 아닌가
- 관리 및 운영이 쉬운 메뉴인가
- 인건비 비중이 높은 메뉴는 아닌가
- 상품특징 대중적인 인기가 있는 메뉴인가
- 지명도를 갖고 있는 메뉴인가
- 지속적으로 판매될 수 있는 메뉴인가
- 창업자가 잘 아는 메뉴나 요리방법인가
- 지역에 맞는 메뉴인가

<상품 경쟁력>
- 식재료의 발주와 입고가 신속하고 구하기는 쉬운가
- 구입 식재료의 결제방식은 적절한가
- 판매가격은 시대상황에 맞게 소비자에게 적절한가
- 상품의 품질은 높은 수준인가
- 상표등록을 보유하고 있는 체인본사인가
- 경쟁업체는 많지 않은가

### (4) 시장성분석

<시장조사>
- 자료조사를 실시하였는가
- 현장조사를 실시하였는가
- 경쟁업체 조사를 하였는가
- 시장동향 경제전망은 밝은 편인가
- 시장의 참여가 제한 받지 않는가
- 시장의 수요가 증가하고 있는가
- 경쟁업체의 견제는 심하지 않는가
- 유사메뉴가 등장하지 않는가

### (5) 상권(입지) 분석

<위치선정>
- 사업장의 위치는 선정하였는가

<상권 및 입지조사>
- 해당지역의 통계조사를 실시하였는가
- 해당지역의 구매습관을 조사하였는가
- 주변지역의 상권은 조사하였는가
- 교통과 도로는 편리한 지역인가
- 점포 앞 통행인 수는 많은 편인가
- 주변 업체의 영향을 받지는 않는가
- 사람들이 접근하기 쉬운 곳인가
- 사람의 눈에 잘 띄는 곳인가

## 2. 외식사업아이템 체크리스트

| 검토항목 | 구분항목 | 검 토 내 용 | 점 수 | 평 균 |
|---|---|---|---|---|
| 아이템 조사 | 업종 요소 | 상품적인 가치가 있는가 | | |
| | | 사업전망은 밝은 편인가 | | |
| | | 성장가능성이 있는 아이템인가 | | |
| | | 입지는 안정적인 곳인가 | | |
| 창업자 분석 | 개인 요소 | 사업에 적합한 연령인가 | | |
| | | 체력은 건강한 편인가 | | |
| | | 사업과 적성은 맞는 편인가 | | |
| | | 자신의 생각을 잘 전달하는 편인가 | | |
| | | 사업에 관한 직장 경력이 있는가 | | |
| | | 사업에 관한 메뉴개발 운영능력은 갖고 있는가 | | |
| | 사업 요소 | 투자금액이 과다하게 지출되지는 않는가 | | |
| | | 근무시간이 너무 길지 않는가 | | |
| | | 손익분기점 달성기간이 길지 않는가 | | |
| 상품성 분석 | 상품 성격 | 상품의 라이프사이클은 성장기인가 | | |
| | | 가동시간이 길면 소비성이 큰 메뉴인가 | | |
| | | 계절성이 있는 메뉴는 아닌가 | | |
| | | 관리 및 운영이 쉬운 메뉴인가 | | |
| | | 인건비 비중이 높은 메뉴는 아닌가 | | |
| | 상품 특징 | 대중적인 인기가 있는 메뉴인가 | | |
| | | 지명도를 갖고 있는 메뉴인가 | | |
| | | 지속적으로 판매될 수 있는 메뉴인가 | | |
| | | 지역에 맞는 메뉴인가 | | |
| | 상품 경쟁력 | 식재료의 발주와 입고가 신속하고 구하기는 쉬운가 | | |
| | | 구입 식재료의 결제방식은 적절한가 | | |
| | | 판매가격은 소비자에게 적절한가 | | |
| | | 상품의 품질은 적절한 수준인가 | | |
| | | 경쟁업체는 많지 않은가 | | |
| 시장성 분석 | 시장 조사 | 자료조사를 실시하였는가 | | |
| | | 현장조사를 실시하였는가 | | |
| | | 경쟁업체 조사를 실시하였는가 | | |
| | 시장 동향 | 경제전망은 밝은 편인가 | | |
| | | 시장의 참여가 제한 받지 않는가 | | |
| | | 시장의 수요가 증가하고 있는가 | | |
| 상권 (입지) 분석 | 위치선정 | 식당의 위치는 선정하였는가 | | |
| | 상권 및 입지조사 | 해당지역의 통계조사를 실시하였는가 | | |
| | | 해당지역의 구매습관을 조사하였는가 | | |
| | | 주변지역의 상권은 조사하였는가 | | |
| | | 교통과 도로는 편리한 지역인가 | | |
| | | 점포 앞 통행인 수는 많은 편인가 | | |
| | | 사람들의 눈에 잘 띄는 곳인가 | | |
| 합 계 | | | | |

# 제3절 콘셉트의 결정

## 1. 콘셉트(concept)의 의의

### (1) 콘셉트의 의미

창업의 3요소가 확인되면 사업아이템을 구체화해야 한다. 사업아이템을 구체화시킨 것이 콘셉트이다. 사업아이템은 아이템 자체만을 의미하지만 콘셉트는 좀 더 포괄적이고 구체적인 것이다. 콘셉트란 생산자가 자신의 상품을 다른 상품과 구별된 이미지를 만들어 고객에게 차별화된 인식을 주기 위하여 상품 외적인 여러 요소를 상품에 스며들게 하여 만들어 낸 이미지가 담긴 포괄적 상품이다.

콘셉트는 유형상품(tangible product)뿐만 아니라 무형상품(intagible product)에서도 적용된다.

### (2) 콘셉트의 구성요소와 유기성

콘셉트를 이루는 세부 구성요소가 있고 그 구성요소는 사업아이템에 따라 차이가 있을 수 있지만 대략 다음과 같다. 아이템(item), 구색(variety), 표적시장(target market), 가격대(price zone), 매장의 분위기(outlet atomsphere), 접객서비스수준(level of customer service), 매장입지(outlet location), 매장 규모(outlet size), 영업시간(operating hour), 판매방법(sales method), 이용상황(situation) 등이 있다. 이 구성요소들은 유기성이 있는데 유기성이란 구성요소 간에 서로 연관성이 있다는 의미이다. 예를 들면, 외식산업에서 식당이 목표시장을 여대생으로 삼았다면 여대생이 좋아하는 메뉴를 정하고 그들이 기꺼이 지불할 수 있는 가격대를 정해야 하며 그들이 많이 통행하는 지역에 식당이 입지해야 하며 그들이 좋아하는 식당 분위기를 만들어야 한다는 의미이다.

### (3) 사업 콘셉트 결정시 고려사항

① 창업비용이 적게 들어야 한다.
② 운영이 쉬워야 한다.
③ 최소한의 직원을 고용한다.

④ 경기 및 계절의 영향이 적어야 한다.
⑤ 입지를 쉽게 찾을 수 있어야 한다.

## 2. 외식업 콘셉트의 개념과 점포콘셉트의 수립단계

### (1) 외식업 콘셉트

외식업 콘셉트를 한마디로 하면 [점포의 방침]이라 할 수 있다. 즉 점포의 목표이고 기본 틀이다. 이것으로 끝나는 것이 아니고 메뉴구성 등 점포를 만들기 위한 모든 작업과 연결되어야 한다. 점포 개발에 있어 점포의 실체화를 위한 첫 번째 작업이 점포콘셉트의 수립이다. 현실적으로 외식업계는 수많은 점포가 신설, 유지되고 있다. 개개 점포의 성공과 실패를 평가하는데 있어서는 수많은 사후평가적인 요인들이 있지만, 이들을 일관되고 적합하게 만드는 핵심이 바로 점포콘셉트인 것이다. 결국 점포란 것이 입지산업의 특성을 갖고, 지역의 소비에 대응하여 이익을 얻는 것인 만큼 투자대상으로서의 점포는 이런 연결고리 하에서 점포콘셉트를 만들어 간다.

### (2) 점포콘셉트의 수립단계

다양한 시장 환경 속에서 자신의 점포만이 공유한 점포콘셉트를 확립, 창조한다는 것은 점포개발을 위한 작업만큼이나 어렵다. 따라서 이 작업의 수행을 보다 효과적이고 체계적으로 하기 위한 수립단계가 필요하다.

작업의 순서는 맨 처음 개인이나 회사가 보유하고 있고 동원할 수 있는 경영자원의 강약점을 파악한다.

다음은 제반조건에 따른 점포가설을 수립하고 이를 검증하는 단계로 들어간다. 이를 위해서는 매우 다양한 양적, 질적 정보를 필요로 하고, 다음은 시장 환경에 따른 기회를 분석한다. 이러한 작업이 완료되면 비로소 점포콘셉트가 정의되는 것이다.

# 제 5 장 사업타당성분석과 사업계획서 작성

## 제1절 사업타당성분석

### 1. 사업타당성조사(Feasibility Study)의 의의

#### (1) 사업타당성분석의 개념

사업타당성분석은 창업뿐만 아니라 기존 기업에서의 신규 사업의 경제성을 검토하는 중요한 활동이다. 사업타당성분석은 고려하고 있는 사업아이디어를 경제주체가 수행 및 추진하고자하는 사업 활동의 타당성 여부를 사전에 조사, 분석, 검토하여 경영의사결정에 필요한 자료를 제시하는 활동이다. 즉, 사업아이템을 실현하는 기업을 설립하면, 어느 정도의 이윤을 실현할 수 있겠는가를 객관적으로 조사하는 활동이다. 이와 같은 목표를 달성하기 위하여 사업타당성 분석은 세부적인 분석활동을 3가지로 나눌 수 있고 제품의 마케팅 및 판매와 관련된 시장분석(Market Analysis), 생산과 관련된 기술타당성분석(Technical Analysis) 그리고 이 2가지 분석의 자료를 기초로 하여 수익성을 평가하는 재무분석(Financial Analysis)이다.

사업계획과 사업타당성분석은 같은 의미로 사용되기도 하나 논리적인 순서로 보면 사업타당성분석을 통하여 그 결과가 긍정적이면 실행계획, 즉 사업계획을 추진하게 된다고 하겠다.

### (2) 사업타당성분석의 필요성

사업타당성분석은 특정사업을 시작하기 이전에 사업의 시장성, 기술성, 수익 및 경제성 들을 평가하여 사업의 성공여부를 미리 판단해 볼 수 있는 체계적인 보고서 작성을 위한 분석이다. 투자자나 운영자는 그 사업에 대한 감(感)이나 위협요소를 미리 인지하여 실제 사업 실행 시 창업기간도 단축할 수 있고 시행착오도 최소화시킬 수 있어 결과적으로 창업비용도 줄이고 시행자의 경영능력도 향상 시킬 수 있어 궁극적으로는 사업의 성공 가능성을 더 높이는 역할도 한다.

이외에도 외부투자유치 용도로 활용되어질 수 있다. 사업타당성분석은 사업자가 직접 하는 경우도 있지만 좀 더 객관적인 결과를 얻기 위하여 외부전문용역기관에 의뢰하여 전문적이고 체계적인 결과를 얻는 것이 일반적이다.

사업타당성분석은 사업의 성공여부에 대한 평가도 중요하지만, 그 외에 창업자가 계획사업을 수행할 수 있는 능력, 재능, 적성 등에 대한 분석도 이루어져야 한다. 또한 환경적 요인이나 여건이 사업을 수행 하는데 유리하도록 형성되어 있는가, 사업에 필요한 자금을 문제없이 조달할 수 있는가 하는 것 등도 중요한 평가 대상이 된다. 사업타당성 분석은 성공적인 사업을 하는데 요구되는 모든 조건들을 객관적으로 분석하고 평가함으로써 주관적 판단에 의한 잘못된 결정을 내리지 않도록 하는 역할을 한다. 사업 타당성 분석을 통해 얻을 수 있는 효과는 다음과 같다.

① 계획하고 있는 사업에 대한 객관적이고 체계적인 타당성 검토는 사업의 성공률을 높일 수 있다.

② 사업의 전반적인 사항을 미리 파악함으로써 사업추진에 따른 문제점과 제약요소 파악으로 창업기간을 줄이고 효율적인 업무를 수행할 수 있다.

③ 계획사업 사항인 기술성, 시장성, 수익성, 자금수지계획 등을 자세히 분석함으로써 사업에 대한 미비점을 깨닫고 미리 철저한 준비를 통해 사업성공의 틀을 마련 할 수 있다.

④ 창업자의 경영능력 향상 및 사업에 대한 지식습득 등으로 불확실성에 대한 사전대응을 가능하게 한다.

## 2. 사업타당성분석의 구성요소

사업타당성분석을 위해 검토해야 할 항목은 사업타당성 검토 목적에 따라 약간의 차이가 있으며 어떤 목적으로 사업타당성분석을 하느냐에 따라 사업성 평가 요소 및 그 가중치가 달라질 수 있다.

### (1) 창업자의 계획사업 수행능력 및 적합성

사업의 성패는 기업가로서의 적성과 자질, 창업자의 계획사업 수행능력 및 해당 업종에 대한 적합도에 달려 있다. 개인이든 기업이든 계획된 일의 성공과 실패는 그 일을 추진하는 주체 내지는 참여인력의 인적요인에 의해 좌우된다고 해도 과언이 아니다. 특히 신규 창업의 경우에는 창업자의 새로운 계획사업 수행능력과 앞으로 경영하고자 하는 업종에 대한 경험·지식 및 관련성이 필요불가결한 요소가 아닐 수 없다. 따라서 사업타당성을 검토할 때는 먼저 창업자의 계획사업의 수행능력과 해당 업종에 창업자가 적합한가를 분석해 보아야 한다.

그러나 문제는 계획한 사업의 수행 능력과 그 사업에 창업자가 과연 적합한가의 판정을 누가 할 것이냐 하는 것이다. 자기 자신을 가장 잘 아는 사람이 바로 본인인 동시에 자기 자신을 객관적으로 평가할 수 없는 것이 바로 자기 자신이다. 사업이란 혼자서 하는 것이 아니고, 거래처와 상호간의 이해관계가 얽혀 있기 때문에 창업자 혼자만의 생각으로 사업참여를 결정해서는 안 된다. 따라서 창업자 자신은 물론 현재 자기를 가장 잘 알고 있는 직장의 동료나 상사 등의 의견도 중요하며 전문 컨설턴트 등과 충분한 검토를 거쳐 평가하는 것이 가장 합리적인 자기평가방법인 것이다.

### (2) 시장성 분석

시장에 뛰어들어 경쟁상품과 견주어 소비자로부터 인정을 받을 때 비로소 매출이 늘어나고 시장범위도 확대되어 간다. 그러나 처음 생산하여 시장에 내놓았을 때 대부분의 제품은 비교적 소비자에게 생소한 것이 보통이며 품질이 확인되기 전까지는 판매가 결코 쉽지 않다. 따라서 사업 성공의 관건이 바로 시장성과 판로확보이기 때문에 시장성 분석이 무엇보다 중요하다. 시장성 분석 요소는 ① 국내외 수급동향 및 중장기 수급전망, ② 시장 특성 및 구조(시장의 위치, 수송방법, 유통경로 및 조직, 거래조건 등), ③ 동업자 또는 유사제품과의 경쟁상태 및 향후 경쟁제품의 출현 가능성, ④ 국내외 가격구조 및 가격동향 ⑤ 목표시장 선정 및 판매전략, ⑥ 수출인 경우 해외시장 분석에 의한 수출가능량 산정 등이다.

판매량을 추정하기 위하여 기본적으로 다음과 같은 자료를 수집·분석한다.

① 수요분석 : 주요고객, 예상소비량, 소비총액 등

② 공급분석 : 기존기업의 공급능력, 기존제품의 가격, 품질, 판매전략 등

③ 거래수요의 분석 : 생산품에 대한 미래수요를 추정

④ 시장점유율 추정 : 수요·공급·경쟁자의 위치와 구상하고 있는 사업의 판매계획 등을 고려하여 계획한 상품의 시장점유율을 추정한다.

## (3) 기술적 타당성 분석

기술적 타당성이란 제품의 생산과 관련되는 제 요소, 즉 제품이 원만하게 생산될 수 있는지를 분석하는 요소이다. 제품에 대한 특성, 화학적 반응, 기계적 기능, 생산시스템, 공정 등 생산제품에 대한 철저한 조사·분석과 더불어 공장입지, 시설계획 및 생산시설 규모, 생산능력 및 조업도, 원재료 조달 및 제품 1단위에 대한 원재료 소요량 산정, 기술 및 기능 인력 확보, 예상불량률 및 개선 가능성 등을 종합적으로 분석하여야 한다. 흔히 특허나 실용신안 등 공업소유권에 의한 창업의 경우에는 이론과 실제와의 격차가 어느 정도인지, 또 예상되는 불량률 및 하자 발생의 가능성은 없는지를 세밀하게 검토하여야 한다. 아무리 훌륭한 제품이라도 소비자를 위해 상품화되지 않으면 그 사업은 성공할 수 없는 것이다. 기술적 타당성 분석은 사업계획의 기술적 타당성과 원가추정을 위한 기초자료를 제공하고, 사업에 영향을 미치는 여러 가지 요인을 고려하여 기술적 대안을 비교·검토하는 단계이다. 특히 외식업의 기술적 타당성은 연구개발된 메뉴를 생산할 수 있는 생산기술/기능과 생산기계의 적정성을 언급할 수 있다. 기술적 타당성 분석에서는 이용할 기술과 공정을 검토하여 다음과 같은 내용을 포함된다.

① 제품의 물리적·기계적·화학적 특성에 관련된 사항

② 제조공정에 대한 사항

③ 수요량을 생산할 수 있는 생산일정 및 공장규모의 결정

④ 구입할 기계의 규격 및 공급가격, 구매일정, 대금지불방식, 설비의 성능, 예비부속품의 조달가능성 등을 고려하여 기계를 선정

⑤ 기계와 장비설치를 위한 원자재, 건물, 대지와 위치, 동력과 용수, 일정, 인력투자비 추정

⑥ 기계의 장·단점을 충분히 비교·검토한 자료 및 기계의 배치(Lay Out)

⑦ 이용되는 기술로부터 예상되는 폐기품의 종류, 양, 처리방식 및 처리비용

### (4) 재무타당성 분석

아무리 제품이 성공적으로 생산되어 적정량이 판매되더라도 소요자금이 적기에 조달되지 못한다든가 적정 수익을 제대로 실현하지 못한다면 그 사업은 성공가능성이 없는 것이다. 수익성 검토요소는 대부분이 향후전망을 현재적 관점에서 분석하는 것이기 때문에 이의 근거자료가 되는 추정손익계산서, 추정대차대조표, 자금수지예상표 등 추정재무제표 작성이 핵심과제가 된다.

또한 계획사업의 위험도도 분석해야 하는데 예측 가능한 기업환경 변수를 적용하여 계획사업에 결정적인 영향을 미치는 변수가 어떤 것이며, 어느 정도 계획사업에 영향을 미치는지를 분석하고 이에 대한 대응책을 모색하여야 한다.

가장 중요한 자금조달 및 운용분석 시에는 먼저 사업에 필요한 총소요자금의 적정한 규모 산정과 더불어 조달가능성의 위험 분석과 함께 추정하고, 이들 자료를 중심으로 자금조달 및 운용계획서를 작성하여야 한다. 자금조달 및 운용계획서는 단기적 측면과 장기적 측면, 그리고 특정시설에 소요되는 자금으로 구분하여 누락되는 항목이 없도록 주의해야 하며, 검토되어야 할 내용은 다음과 같다.

① 총사업비의 명세, 초기 자본소요액 및 사업에 관련된 현금수지 분석
② 손익계산서, 대차대조표, 현금수지분석표에 기초를 둔 재무예측
③ 재무예측을 뒷받침하는 보조 자료로서 판매대금의 회수기간, 재고수준, 구매제품 및 제 경비 지불기간, 생산원가의 항목 및 비용, 판매 및 관리비 등
④ 수익에 관한 재무분석을 하기 위해 투자수익률, 손익분기점, 적정생산량 및 가격분석 등
⑤ 차입계획 뿐만 아니라, 차입금 상환 재원 및 차입금 상환 능력에 대해서도 분석해야 한다.

### (5) 성장가능성 및 위험요소 분석

사업타당성 분석에서 검토되어야 할 또 다른 측면은 계획사업의 장기적 성장가능성의 분석이다. 성장성 분석 시에는 기업성패에 중대한 영향을 미치는 기업 환경 요소 중 기업경영에 치명적 영향을 미칠 가능성이 있는 위험 요소에는 어떤 것이 있으며, 이들 위험요소에 대한 정확한 대응전략의 수립이 가능한지의 여부와 장기적으로 성장 가능성이 어느 정도인지를 분석하여야 한다.

### (6) 분석결과 종합

이와 같은 타당성분석의 결과를 토대로 사업계획서를 작성하게 된다. SWOT분석을 통하여 종합적으로 사업의 타당성을 분석할 수도 있다. 이 SWOT분석은 기업의 내적인 강점(Strength)및 약점(Weakness)과 외적인 환경의 기회(Opportunity)및 위협(Threat)을 의미하는 복합어로서 기업의 내외 환경요인을 기업의 경영전략과 연결시켜 분석하는 방법이다.

## 제2절 사업계획서의 작성

### 1. 사업계획서의 내용

사업계획서는 계획하고 있는 사업이 어떤 방향으로 나아가고 있고 어떻게 목표에 도달할 수 있는지에 대해 설득력 있게 설명하는 문서이다. 사업계획서는 사업을 시작하기 전에 이런저런 준비사항들을 생각해 보는 것을 보다 체계적으로 정리하고 체크할 수 있게 자신의 조건에 따라 만든 것이다. 이러한 체계적인 사업계획서의 작성은 사업에 대한 추진력도 생기게 되고 생활하나의 목적을 향해 집중될 수도 있다. 이는 사업을 지속시키고 성장시키려는 사업주의 의지와 미래에 대한 확신을 보여주는 자기 자신에 대한 또한 다른 사람들을 설득시킬 수 있는 자료가 되는 것이다. 이 때문에 조그마한 사업을 한다 해도 여러 가지 신경을 써야할 부분이 많은데 초기에는 이러한 복합적인 프로젝트(추진사항)를 단순화하여 정리할 수 있는 한 개의 표 또는 문서화로 많은 업무를 수행할 수 있게 하기 위해 자신의 취향에 맞는 형식으로 작성할 필요가 있다. 특히 자금조달을 위한 기본요건이다.

사업계획서를 작성하는 데 있어서 정해진 절차와 양식이 존재하는 것은 아니다. 다만 금융기관의 대출이나 정부의 정책자금을 지원받기 위해 제출하는 사업계획서는 정해진 양식에 의거 작성하는 경우도 있다.

잘 작성된 사업계획서는 작성자가 계획사업을 완벽하게 이해하고 있으며 그에 상응하는 열정과 진지함으로 사업을 성공적으로 추진할 수 있다는 메시지를 담고 있다. 사업계획서를 작성하기 전에 사업계획준비서를 작성해 보는 것도 창업성공확률을 향상시키는데 도움이 된다.

사업계획준비서는 남에게 보여주어 설득하기 위한 것이 아니라 자신의 체계적으로 준비하기 위해 필요한 것이므로 형식에 구애될 필요는 없다. 단지 각 항목별로 해야 하는 일을 정하고 언제까지 이것을 실행할 것이라는 목표를 세워 달성여부를 체크하면 되는 것이다. 사업계획서는 확실한 근거와 함께 사실에 접근하여야 하고, 첫 장에서 마지막 부분까지 그 내용이나 수치에 있어서 일관성을 유지해야 한다. 또한 사용용도 즉 경영관리, 금융지원, 사업승인 등에 따라 그 목적에 적합하도록 작성이 필요하다. 사업계획서는 사업자금의 원천이 되고 투자가들이 자신의 자금을 제공하는 것이므로, 사업계획서의 계산에 실수가 있어서는 안 된다. 사업계획서란 사업을 개시하기 전에 영위하고자 하는 사업의 내용, 사업에 필요한 소요자료, 경영방식, 수익성, 사업추진일정 등을 일목요연하게 표현한 기록서이다. 프랜차이즈 외식창업을 할 경우 대부분의 과정이 생략된다.

사업계획서는 기본적으로 다음과 같은 내용을 포함하고 있어야 한다.

### (1) 사업개요(Executive Summary)

사업계획서의 개요에서는 전체 내용을 기술한 뒤 핵심적 사항과 수치 등을 한두 문장으로 요약한다.

1) 계획사업의 핵심내용과 그 가치를 집약해서 설명한다. 추진하려는 사업이 왜 존재해야 하고 누가 어떻게 실행하며, 그렇게 함으로써 사업을 성공시킬 수 있다는 것을 분명하고 설득력 있게 기술해야 한다.

2) 이 부분은 작성자가 계획사업을 완전히 이해하고 그것의 핵심내용을 축약하는 부분이므로 사업계획서의 다른 부분이 완성된 후에 작성하는 것이 바람직하다.

### (2) 사업내용(Product/Service)

#### 1) 사업목적/이념

계획사업의 개념에 대해 설명한다. 사업목적과 경영이념을 설명한다.

#### 2) 제품과 서비스

제품과 서비스의 독특성을 강조하고, 이들이 기존의 제품과 서비스와의 차별성을 설명한다.

#### 3) 사업전망

시장진입 및 성장전략을 설명한다. 제품과 서비스의 혁신성, 시기적인 이점 등 사업의 성공변수를 제시하고 성장목표와 전략을 설명한다.

### (3) 시장조사와 분석(Market Analysis)

사업계획서 작성에서 시장조사와 분석은 가장 어려운 부분인 동시에 가장 중요한 부분의 하나이다. 시장조사와 분석을 잘 하려면 충분한 시간을 갖고 시장과 관련된 다양한 자료를 면밀하게 분석할 필요가 있다.

사업계획의 다른 부분들은 시장조사와 분석에 크게 의존한다. 이를테면 예상 매출액 수준은 운영계획, 마케팅계획, 재무계획 등에 직접적으로 영향을 미친다. 그러므로 이 장은 사업계획의 다른 부분에 앞서 작성하는 것이 바람직하다.

#### 1) 고객조사

제품과 서비스에 대한 고객이 누구이고 누가 될 것인지에 대해 논의한다. 고객에 대한 접근 난이도, 고객의 규모, 구매결정까지 걸리는 시간 등을 알아본다.

#### 2) 시장규모

전체 시장의 규모를 추정하고 앞으로의 추이를 전망한다.

#### 3) 경쟁자분석

경쟁자의 강점과 약점에 대해 평가한다. 경쟁자를 분석함으로써 얻을 수 있는 이익은 새로운 혹은 개선된 제품과 서비스를 개발할 수 있으며 상대적으로 우월한 위치를 확보할 수 있다는 것이다.

#### 4) 시장점유율 및 매출 예측

제품과 서비스의 시장규모와 전망, 고객, 경쟁자와 그들의 매출 추이에 기초해서 시장점유율과 매출액을 추정한다.

### (4) 마케팅 계획(Marketing Plan)

표적시장의 가격 체계와 유통경로하에서 특별한 마케팅 철학과 전략을 제시한다. 잠재고객이 누구이며 그들과 어떻게 접촉하고 어떻게 판매에 연결시킬 것인지에 대해 논의한다.

1) 외식기업의 상품(product)이라고 할 수 있는 메뉴에 대한 계획을 서술해야 한다. 창업자는 창업 목적 달성을 위한 콘셉트에 적합한 메뉴를 구성해 고객의 만족감을 줄 수 있어야 한다.

2) 메뉴 가격(price)에 대한 계획이다. 가격은 창업하려는 외식기업의 적정한 이익을 창출하며 고객이 이를 합리적인 가격으로 인식해 지불할 의사가 있어야 한다. 따라서 매우 신중하게 객관적인 수치와 고객의 심리적인 요소를 감안해 계획해야 한다.

3) 입지(place)에 대한 계획이다. 일반 제조업에서는 유통이라는 요소로 파악되지만 비분리성이라는 외식기업의 특성으로 인해 고객들이 소비를 위해 찾아오기 쉬운 곳인지에 대한 판단을 해야 한다. 정확한 입지 및 상권분석은 창업기업의 매출을 가늠할 수 있는 역할을 하기 때문에 매우 중요하다.

4) 촉진(promotion) 전략의 구상이다. 창업에 대한 고객 홍보 및 선호도를 높이기 위해 실행하는 모든 커뮤니케이션 활동을 말한다. 특히 외식기업의 창업 촉진활동은 서비스의 무형성을 전제로 이루어지기 때문에 서비스의 소비를 통해 얻을 수 있는 고객의 혜택이나 결과를 강조하는 촉진활동을 계획해야 한다. 제품이나 서비스가 잠재고객의 관심을 불러일으킬 수 있는 방법을 제시한다. 트위터, 블로그, SNS, 매체 광고, 다이렉트 메일링, 텔레마케팅, 카탈로그, 판촉, 인쇄물, 광고 대행사의 활용 등에 대한 계획을 세운다.

5) 서비스의 전달 과정(process)에 대한 계획이다. 이는 서비스의 효율성을 높이고 고객 만족을 증대하기 위한 서비스 생산 및 전달 시스템 설계로 설명할 수 있다. 즉, 서비스 접점관리를 통해 서비스 품질을 향상시켜야 한다.

6) 물리적 증거(physical evidence)에 대한 계획이다. 물리적 증거란 실내온도, 조명, 소음, 공간배치, 고객편의 시설 등을 말한다. 특히 고객과 종업원들의 인지적·정서적·심리적 반응을 일으키며 결과적으로 외적 행동에 영향을 미치는 요소로 최근 메뉴에 대한 평준화와 인적 서비스의 무형성을 극복하기 위한 방안으로 매우 중요한 요소이다.

7) 사업계획서에 기술한 마케팅 믹스는 사람(people)의 계획이다. 성공한 외식기업들이 그러하듯 구상된 창업 콘셉트에 적합한 인적 자원을 확보, 채용, 배치, 교육훈련 등에 대한 계획을 사업계획서에 명시해야 한다.

### (5) 자금계획(Financial Plan)

필요한 자금의 규모와 주식제공 등 자금조달방안, 보증·담보계획, 차입금 상환계획, 투자자의 기대수익률, 자금의 운용방안 등을 기술한다.

#### 1) 필요자금 산출

계획사업에 필요한 자금의 규모를 확정한다.

#### 2) 자금조달방법

소요자금에서 자기자본을 제외한 자금에 대한 조달 계획을 세운다.

### (6) 수지계획(Financial Projection)

수지계획은 추정 재무제표의 작성을 통해서 계획사업의 향후 재무상태와 경영성과 등을 제시하는 것이다. 이 같은 수지계획의 목적은 계획사업의 잠재력을 보여주고 구체적으로 소요자금의 규모와 그 타당성을 제시하기 위한 것이다.

1) 수지계획에는 사업계획서의 각 부문계획에 기초하여 추정 손익계산서, 추정 대차대조표, 추정 현금흐름표 분석이 포함되어야 한다.

2) 추정 손익계산서는 수익과 비용의 측면에서 계획사업의 경영성과를 파악하는데 사용되며 계획사업의 자본구조를 보여주는 추정 대차대조표는 부채항목을 통해서 자금조달계획을 세우는데 유용하게 사용된다. 현금의 유입과 유출을 예측하는 추정 현금흐름표는 계획사업에서의 현금의 운용과정을 보여준다.

### (7) 사업추진 일정계획(Implementation Schedule)

인·허가 절차와 자금조달절차 등을 감안하여 사업추진일정을 수립단계별로 기술한다.

1) 사업추진 일정표는 사업을 시작하고 그 목적으로 실현하는데 필요한 주요 업무의 추진상황을 보여주는 표이다.

2) 사업추진일정표에는 업종선정, 시장조사와 분석, 입지선정, 자금마련, 개업준비, 오픈 등의 전체 사업계획을 구성하는 세부사항을 언제부터 언제까지 추진할 것인지를 상세하게 열거해 놓아야 한다.

## 2. 사업계획준비서의 내용

사업계획준비서는 남에게 보여주어 설득하기 위한 것이 아니라 자신의 체계적으로 준비하기 위해 필요한 것이므로 형식에 구애될 필요는 없다. 단지 각 항목별로 해야 하는 일을 정하고 언제까지 이것을 실행할 것이라는 목표를 세워 달성여부를 체크하면 되는 것이다. 사업계획서는 확실한 근거와 함께 사실에 접근하여야 하고, 첫 장에서 마지막 부분까지 그 내용이나 수치에 있어서 일관성을 유지해야 한다. 또한 사용용도 즉 경영관리, 금융지원, 사업승인 등에 따라 그 목적에 적합하도록 작성하는 것이 필요하다. 사업계획준비서는 업종과 조건에 따라 약간의 차이는 있겠지만, 소규모 점포사업을 계획하는 사람에게 기본적으로 꼭 필요한 내용을 정리하면 다음과 같다.

**표 5-1** 사업준비계획 리스트

| 항목 | 준비내용 | 실 행 내 용 | 일 정 |
|---|---|---|---|
| 주변 여건 조성 | 가족 동의 | 특히 배우자나 부모의 동의 | 사업결단 직후 |
| | 보증인 확보 | 금융기관 이용을 위한 준비 | 창업 이전 |
| 업종 선택과 입지 선정 계획 | 업종별 사업전망 검토작업 | 자료수집 및 검토<br>주변접촉대상자 설정, 업종별 운영점포 답사 | 각 항목별 세부일정 수립 |
| | 입지선정을 위한 준비작업 | 입지에 대한 안목, 입지에 따른 예상자금규모, 사업희망지역 설정 | 각 항목별 세부일정 수립 |
| 자금 확보 계획 수립 | 예상필요자금 (예상금액의1.5배) | 실사를 통한 자금확정임대료, 고정비, 시설비, 운영자금, 예비비 등 | 업종결정 직후 |
| | 부족자금 확보계획 수립 | 금융기관 활용계획 수립, 계 등 자금적립방법 검토, 주변 사채활용 검토 | 가게 터 계약 이전 |
| 사업 운영 능력 향상 계획 | 업종에 따른 사업 노하우 향상 | 요령, 기술, 자격증, 주의점등 도움을 줄 대상자 접촉 | 업종결정 이후부터 세부일정 수립 |
| | 기타 개인사업 경영에 필요한 상식 | 세금, 수표, 어음, 상식, 교양, 부기 등 입출금 관리요령, 인력확보 대상자 설정 | 창업이전까지 세부일정수립 |

# 제 6 장 자금계획과 사업 인·허가관리

## 제1절 자금계획과 지식재산권 등록

### 1. 자금계획

#### (1) 자금계획 구분

소요자금계획은 Hard Ware측면의 창업 전 창업자금과 Soft Ware측면의 창업 후 운영자금으로 나누어진다.

##### 1) 창업 시 소요자금

개업준비자금으로는 점포 개점비, 사업분석 조사비, 개점행사비, 종사원 선발 및 교육비 등이다. 고정자본으로는 점포확보 비용, 점포 인테리어 비용, 집기 등 시설, 기자재 비용 체인점가맹 시 가맹비 등이 있다.

##### 2) 개점 후 운영자금

개점 후 점포운영자금으로는 월임대표, 식재료, 및 재고비용, 직원인건비, 광고홍보비, 제세공과금, 접대비 등이 필요하다.

## (2) 창업자금 조달방법과 기본설계

자기자금 비율이 최소한 70~80% 이상은 되어야 하는데 차입금이 너무 높으면 고생해서 번 수익금이 이자로 지출되어 의욕이 상실될 우려와 재투자가 어렵다. 창업자금지원제도를 활용해야 하는데 무리하게 사채나 카드, 마이너스 통장들을 해서는 안 된다. 자금부족 시에는 같은 생각을 하고 있는 동업자를 구해 동업을 해도 무방한데 상호 불신 없이 투명한 운영이 전제가 되어야 한다.

개점 후 일정기간이 지나야 일정수준의 매상고를 달성할 수 있으므로 일정 수준 달성 시까지 버티어나가는 기술터득도 필요하다. 예비창업자는 절대로 기대매출의 환상을 가지고 자금계획을 세워서는 안 된다. 만약의 경우를 대비하여 개업 후 최소한 2~3개월분 식재료 구입비 정도는 확보되어 있어야 하는데 초기에 영업이 활성화되면 문제가 없겠지만 그렇지 않을 경우 주변에 있는 사람들이 멀어질 수도 있으므로 꼭 필요하다. 가족의 생계비나 자녀의 학비도 확보가 필요하다. 전기 등 공과금 지급을 지연할 경우 전기, 수돗물의 공급이 중단되므로 지연시켜서는 안 되며 또 최소한 직원의 인건비는 해결 할 수 있어야 한다.

### 1) 창업자금 조달방법

창업자는 필요한 자금규모에 따른 자금조달 방법의 선택과 자금조달방법에 따라 소요되는 비용의 차이를 고려해야 한다.

창업의 첫걸음은 자금확보 방법을 터득하는 것이 중요하다. 진액 자기자본을 투자한다면 아무런 문제가 없겠지만, 창업자금이 부족하다면 정부가 지원하는 값싼 자금을 시중은행보다 낮은 금리로 대출 받는 것도 지혜로운 창업방법이 된다.

고실업에 따른 창업열기의 고조로 금융기관들이 다양한 대출상품을 내놓고 있을 뿐만 아니라 정부 지방자치단체들도 자금지원에 나서고 있기 때문이다. 그러나 자금을 마련하기에 앞서 사업수행에 따른 현금 흐름과 수익구조를 꼼꼼히 따져봐야 한다. 여유자금이 많지 않은 창업일수록 보수적인 자금조달이 필요하다. 어떤 자금이 많지 않은 창업일수록 보수적인 자금조달이 필요하다.

어떤 자금이든지간에 우리나라의 금융현장에 있어서는 대출제도보다 오히려 담보가 문제되는 경우가 많다. 담보문제만 해결된다면 어느 은행에 가든지 어느 정도는 어렵지 않게 대출 받을 수 있게 되어가고 있다. 최근 각 금융기관들이 예금유치를 위해 각종 대출 제도에서 복잡한 절차를 간소화하고 있는 추세이며, 인감과 인감 증명서도 필요없이 서명으로만 대출이 되기도 한다. 이런 현상은 앞으로도 지속될 것으로 예상된다. 따라서 창업을 하려고 하는 경우 현재 거래하고 있는 은행에 찾아가서 대출상담을 해보면 담보 범위 내에서 종전보다는 쉽게 대출을 받을 수 있다.

① 시중은행을 이용한 운영자금조달

예비창업자는 창업을 위해 적금대출제도를 활용하는 지혜가 필요하다. 대부분의 시중은행들은 고객으로부터 적금을 가입받고 일정 회차 이상 월불입금을 입금한 경우 정해진 내부 규정에 따라서 통상 계약고 범위 내에서 담보 또는 신용으로 자금지원을 해주고 있다. 따라서 창업예비자들은 필요할 때 시중은행의 대출창구를 통해 적금대출의 가능성도 타진해볼 필요가 있으며, 이러한 적금대출에 대비하여 사전에 창업자금 준비를 일정한 목표하에서 해두는 것도 자금조달의 지혜가 될 수 있다.

② 정부 정책자금과 지원 프로그램을 통한 조달

IMF경제위기 이후부터 생겨난 중산층과 서민층, 실직자, 여성가장들의 일자리나 창업을 도와주기 위해각종 지원책과 저리의 정책자금을 대출해주고 있는데, 이러한 제도를 잘 활용하는 것도 효과적인 자금 마련대책이 될 것이다. 어떤 종류의 자금이 나에게 알맞은 자금인지 매스컴이나 인터넷 검색을 통하여 평소 정보를 수집하는 것이 바람직하다.

소상공인지원센터에서 음식점과 식자재 도·소매유통업의 소상공인에게 창업자금을 대출하는데, 소상공인은 이들의 업에 종사하고 있는 상시 종업원이 5인 이하 사업장을 말한다. 제조업은 10인 미만 사업자를 말한다.

예를 들어, 중소기업청의 창업지원프로그램을 창업정책자금 중심으로 살펴보면,

- 소상공인 창업정책자금 무상지원 : 창업진흥원(창업넷)
- 소상공인 창업정책자금 융자지원 : 소상공인진흥원(소상공인지원센터)
- 중소기업 창업정책자금 융자지원 : 중소기업진흥공단(*청년창업사관학교는 무상지원임)

### 2) 창업자금의 기본설계

① 중장기 계획과 단기 계획을 동시에 수립

사업자금조달은 중장기 계획과 단기계획을 세워 추진하는 것이 합리적이다. 하나의 기업을 창업해서 그 사업을 정상궤도에 올리기까지는 창업자의 정열과 고충이 필요하고, 수많은 시행착오와 실패의 위험도 항상 도사리고 있다. 준비가 완료되어 본격적인 사업이 가능하리라 생각했던 창업이 절차에서부터 개업까지 여러 가지 장애로

말미암아 지연되는 경우는 얼마든지 있으며 또한 예상했던 매출보다 부진하여 곤혹을 치르고 업종변경을 시도해야 하는 경우도 얼마든지 있을 수 있다.

이와 같은 관점에서 장기적인 자금계획을 세우지 않고 즉흥적으로 창업에 도전하다 보면 사업을 정상 궤도에 올리기도 전에 여러 가지 장애에 부딪혀 본격적인 사업은 해보지도 못하고 실패하게 된다. 따라서 사업자금도 중장기 계획과 단기 계획을 세워 추진하는 것이 사업실패를 줄이는 지름길이다.

② 사업자금 운용계획과 수립절차 및 고려사항

사업자금 운용계획을 수립하는 제1단계는 총소요자금 규모에 따라 자금계획을 수립하는 것이다. 창업단계에서 총소요자금 사정은 여러 측면에서 정확한 산정이 현실적으로 어려운 것이 사실이다. 여러 가지 시설에 따른 견적서의 부정확, 점포구입에서 오는 소요자금 차이뿐 만 아니라, 예측하지 못한 여러 상황에 따라 추가로 자금이 소요되는 경우가 많다. 따라서 자금 계획을 수립할 때는 총소요자금을 최대한 정확히 산정하되, 소요자금의 불확실성 및 소요자금 산출상의 누락분등을 감안하여 총소요자금의 1.5배 정도를 미리 확보한 후 사업을 시작하는 것이 좋다.

총소요자금의 1.5배는 실제 사업을 추진하다 보면 창업과정에서 불확실성 또는 불예측성 요인이 많을 뿐만 아니라, 창업 소요기간의 연장에 따른 가산분, 즉 창업 초기 1~2년 또는 2~3년간의 소요자금 산정만으로는 창업이 본 궤도에 오를 수 없는 경우도 허다하기 때문에 어느 정도의 여유자금을 갖고 사업을 시작해야 한다는 의미이다.

개업준비 지연, 그리고 매출액 증가에 따른 추가 운전자금 소요 등의 이유로 창업 초기 약 1~2년간 소요될 총자금을 정확히 산정할 수 없다는 제약점 때문에 이들 요소를 충분히 감안함으로써 창업절차상 부족자금을 사전에 준비하자는데 큰 뜻이 있는 것이다.

③ 규모를 줄이고 창업자금에 맞게 창업하라

총소요자금 대비 자금계획이 수립되면 창업자의 자금 조달 능력을 검토하여야 한다. 자금 조달 능력은 경영자의 인적자원, 금융기관 인맥, 담보력, 신용력 등의 총체적 개념이며, 조달 형태에 따라 자기자본과 차입금 등 타인 자본으로 구분해 볼 수 있다. 자금조달 능력은 자금 조달에 따른 위험정도에 따라 구분해 볼 수 있으며 창업자의 실정에 맞춰 그 조달범위를 결정하여야 하는 것이다. 자금조달 능력의 적정성 평가는 자금조달 능력이 예상자금 조달계획액수에 이르지 못하면 사업규모를 줄이지 않으면 안 된다.

사업규모는 보수성에 입각하여 자금 조달 능력의 1.5배 정도로 축소하여 결정하는 것이 현명하다. 자금조달계획이 아무리 정확하게 산정되었다 하더라도 사업을 하다 보면 추가로 자금이 소요 되는 경우가 반드시 생길 수밖에 없기 때문에 안정적 경영을 도모하기 위해 사업규모를 1.5배 정도 축소 조정하는 것이 필요하다.

### (3) 창업자금지원제도의 활용

돈을 빌리는 방법은 다양하나 그중 정부에서 지원하는 자금을 빌리는 것이 가장 유리하다. 그러나 정부 정책자금이나 지원의 경우 항상 다음의 사항을 유의해야 한다. 정부에서는 중산층과 서민층, 실직자, 장애인, 여성가장들의 일자리나 창업을 돕기 위해 각종 지원책과 저리의 정책자금을 대출해주고 있는데, 이러한 제도를 잘 활용하는 것도 효과적인 자금 마련 대책이 될 것이다. 어떤 종류의 지원정책이나 지원자금이 있으며 이용 가능한지 살펴보고 매스컴이나 인터넷 검색을 통해 평소 정보를 수집하는 것이 필요하다.

자영업 창업에 관련된 부서는 주로 중소기업청, 정통부, 노동부, 지방자치단체 등으로 많은 지원 정책들이 쏟아져 나오고 있다. 이러한 제도를 활용하는데 있어서는 항상 사업계획서나 신청서류를 갖추어야 하는데, 예비창업자가 이용하기 어렵다는 것은 바로 서류작성의 어려움 때문이다. 대출을 신청하기 이전에 반드시 담당자와 상담을 거친 후 도움을 받아 신청하는 지혜가 필요하다. 정부정책자금을 이용하는 예비창업자들의 마음가짐으로는 지원이라는 용어의 해석 때문에 무상지원으로 오해하기 쉽다. 정부정책지원 자금은 무상지원의 눈먼 돈이 아니라 저리로 대출 받을 수 있도록 보증을 해주는 자금이라는 인식이 필요하다. 빌린 돈이니 만큼 대출금을 변제할 수 있는 자금 상환계획까지 세워 두어야 한다.

## 2. 지식재산권 등록

### (1) 외식관련사업의 지식재산권 등록의 중요성

지식재산권은 나만이 누릴 수 있는 독점권이다. 외식관련 사업에서 필수적인 특허등록은 제도적인 권리를 개인이 독점하게 되는 부분으로 사업의 안정성을 얻을 수 있다.

특허등록은 유사한 부분까지도 보장받기 때문에 모방 및 침해에 대한 최선의 대책이 될 수 있다. 외식관련 사업의 특허에는 음식특허등록, 디자인출원 등록과 특허청 상표등록이 있다.

## (2) 음식특허의 등록방법

음식특허는 일반적인 아이디어 발명 보다 특허등록이 어렵다. 음식특허도 다른 특허등록방법과 같지만 어떤 내용을 음식특허로 낼 것인가가 중요하다. 기존에 있는 음식일지라도 조리법과 식재료의 특성과 차별성을 인정받을 수 있으면 음식에 대한 특허등록은 가능하다.

음식특허 등록은 레시피 보호뿐만 아니라 최근에는 사업브랜드 이미지와 마케팅 분야, 사업 확장 및 투자자 모집 등의 요소로 특허등록이 유용하게 활용되고 있다.

특허등록 절차를 살펴보면 다음과 같다.

### 1) 기존 등록 특허 검색

키프리스(www.kipris.or.kr)

### 2) 특허 출원 절차

① 특허청 민원실 방문(본청은 대전 정부청사에 있음)

② 온라인(특허로 www.patent.go.kr) 통하여 진행

- 특허(법률)사무소 의뢰(대리인 비용 소요)－출원 명세서 작성(변리사)
- 변리사회 무료변리 신청가능(http://www.kpaa.or.kr/kpaa/main/main.do)

### 3) 지적재산권의 종류(권리기간)

- 특허 (20년), 실용신안 (10년) : 기술(기능성 향상) 대상
  * 실용신안은 특허 보다 구성이 간단하고 기술수준이 조금 낮은 것을 대상으로 한다. 권리행사는 동일하다.
- 디자인 (20년): 물품의 모양과 형상
- 상표 (10년, 갱신가능): 상품이나 서비스업의 이름이나 로고 등

## (3) 식자재유통업과 식품제조사업의 특허

외식업체들은 상표, 로고, 캐릭터 등이 있는데, 이런 상표들처럼 식자재유통업과 식품제조 사업에서도 상표를 하나 등록하여 특정 모양의 식품을 만들어 제작, 판매할 수 있다. 이를 위해서는 특허청에 상표등록과 디자인 등록을 해야 한다.

상표디자인은 자체 제작도 가능하지만 제작업체에 간단한 캐릭터, 상표이름이 포함된 상표제작을 의뢰해서 만들 수도 있다. 상표는 브랜드라고 할 수 있고, 디자인은

물품의 외관이라고 할 수 있다.

상표나 디자인을 등록하는 경우 출원인으로 기재된 사람(추후 등록 후에는 권리자로 된다)이 해당 권리를 가지게 된다. 상표출원을 하려면 등록받고자 하는 상표를 출원서 양식에 첨부하여 제출하면 된다. 이 때 지정 상품 또는 지정 서비스업을 기재하여야 한다. 이후에 특허청에서 심사를 하여 특허 여부를 결정한다.

## 제2절 사업 인·허가관리와 사업자등록

창업의 업종 및 업태가 결정되면, 보통 점포를 구하고 필요한 시설을 한 후에 세무서에 사업자등록을 해야 한다.

사업자등록시 인·허가를 필요로 하는 사업이나 일정 수준의 자격을 갖춰야 하는 사업의 경우, 사업자등록을 위한 인·허가사항에 대해 각종 법령을 통해 여러 가지 사회정책적 목적에서 규정한 사항 등을 반드시 점검해야 한다.

특히 인·허가업종의 경우 업종마다 담당 행정기관이 다르기 때문에 해당사업의 인·허가기관을 잘 파악하고, 인·허가요건 및 구비서류 등을 잘 준비해서 신청을 해야 한다. 단순히 서류와 자격조건을 말한다면 해당구청 위생과/세무서 민원실에 문의하면 확인할 수 있으며, 현재 국내법상으로 음식점은 조리사자격의무조항이 의무적으로 적용되고 있지 않아서 누구나 음식점창업이 가능하다.

예비창업자의 법률적인 행위 즉, 서류와 행적적인 것을 알아보면 다음과 같다. 사업장을 오픈하고 영업을 하려면 관할 세무서에 가서 사업자 등록증이 필요하다. 카페, 음식점등 외식업을 창업할 때 사업자등록을 하기 전에 해야 할 일들이 있다.

### 1) 건강진단 결과서 발급받기(구, 보건증)

- 외식업을 창업하려면 보건증을 발급 받아야 한다.
- 건강진단결과서(보건증) 발급 방법은 해당 관할구청 보건서 방문해서 보건서에 비치되어 있는 '민원신청서'를 작성하고 신분증과 함께 수수료를 내면, 간단한 검사 한 두 가지 받으면 된다. 보건증 발급은 한 5일안에 발급된다.

### 2) 위생교육을 받기

- 영업신고를 하기 전에 6시간 교육은 꼭 받아야 한다.
- 위생교육은 전국 각 지역별 해당 장소
- 준비물 : 신분증, 반명함 사진, 교육비

### 3) 영업신고 하기

- 관할 구청 위생과를 찾아가서 영업신고를 해야 영업신고증이 나온다.
- 준비물은 신분증, 임대차계약서, 보건증, 위생교육수료증, 도장(필요에 따라 건축물 관리대장이 필요)

### 4) 사업자 등록증을 발급 받기.

- 영업신고증이 나왔으면 세무서에 가서 영업신고증, 임대차계약서, 신분증 등을 지참하고 관할 세무서에 방문 하면 사업자등록 신청이 접수 된다. 상황에 따라 바로 나오기도 하고, 몇 일 걸리기도 한다.

### 5) 포스설치 및 카드사 신청하기

식당에서의 신용카드 사용이 일반화되고 2005년1월1일부터 현금영수증제도가 본격적으로 시행되고 있다. 공급대가가 2,400만원 이상인 경우 의무적으로 가입 설치해야 하며 신용카드 조회기 미설치 식당은 세무조사까지 받을 수 있으므로 해당 식당은 반드시 설치해야 한다. 이에 따라 외식업사업자들은 카드매출과 현금영수증의 발급 등으로 매출액이 거의 노출되고 있다. 금전등록기 및 카드 조회기는 기기판매회사에 문의하면 세무서 등록절차와 은행 수속절차를 쉽게 알 수 있다.

금전등록기 등록신청은 기계번호, 설치예정일, 영업개시 예정일, 영업허가 및 사업자 등록번호 등 간단한 필요사항만 기재하면 되며 수속시간이 경과하면 바로 사용할 수 있다.

카드조회기는 사업자등록증 사본, 영업허가증 사본, 대표자 주민등록등본(법인인 경우에는 법인등기부등본), 대표자 주민등록증 앞뒷면 복사본을 준비하여 희망하는 거래은행에 신청하면 된다. 따라서 중요한 인·허가사항은 어디까지나 영업허가 신청 절차이다.

# 1. 음식점 각종 인·허가사항

## (1) 식품접객업(일반 음식점) 영업허가/신고제

식당업 영업허가는 식품위생법과 그 시행령, 그리고 시행규칙의 정한 바에 따라 취득할 수 있다.

### 1) 영업허가 신청시 필요서류

① 신청서(별지양식)

② 위생교육필증(한국외식업중앙회 중앙교육원 및 각 지원) : 각 시도 지회분원에서 교육필증교부(반드시 대표자가 교육을 이수하여야 하며 대리교육은 안 된다). 조리사 및 영양사 자격증 소지자는 교육을 받지 않아도 된다. 교육시간은 4시간이다. 참고로 위생교육수료증은 2년 갱신이다.

③ 건강진단증(대표자 또는 점포책임자). 참고로 보건증은 1년 갱신이다.

④ 신원증명서(대표자, 법인인 경우는 법인등기부등본)

⑤ 건축물 관리대장등본(시·군·구)

⑥ 도시계획확인원(시·읍·면·구청)

⑦ 신청서양식에 첨부된 영업설비개요에는 점포평면도(자체작성)

### 2) 처리절차

영업신고(허가) 처리절차는 시, 군, 구의 민원실(위생계)이나 식품위생과를 방문하여 문의 후 서류작성과 관계서류를 구비하여 여유있게 오픈 5일전 정도에 신청하면 담당직원이 서류 검토 후 점포입지나 서류상의 하자가 없으면 바로 신고증을 교부하고 있으며 이 때 부터 영업을 하여도 무방하다.

이러한 제반서류는 미리미리 준비하여 두었다가 개점 10일 전까지는 신청하여 허가증을 발급받아 개점에 지장이 없도록 한다.

## (2) 식품접객업의 업종별 시설기준

**표 6-1** 식품 접객업의 업종별 시설기준

| 구 분 | 시 설 기 준 |
|---|---|
| 휴게음식점 영업과 일반음식점 영업 | 1) 일반음식점에 객실을 두는 경우 객실에는 촉광조절장치 및 잠금장치를 설치할 수 없다.<br>2) 휴게음식점에는 객실을 둘 수 없으며, 휴게음식점의 객석에 칸막이(이동식 또는 고정식)를 설치하고자 할 때에는 칸막이 밑 부분으로부터 0.5미터이하 부분 및 1.5미터 이상 윗부분은 공간으로 남겨두어야 하고, 측면은 2면 이상을 완전 차단하지 안하며, 다른 객석에서 내부가 서로 보이는 구조이어야 한다.<br>3) 기차, 자동차, 선박, 여객기를 이용하는 경우 다음 시설을 갖추어야 한다.<br>• 1일간 영업시간에 사용할 수 있는 충분한 양의 물을 저장할 수 있는 내구성이 있는 식수탱크<br>• 1일간 영업시간에 발생할 수 있는 음식찌꺼기 등을 처리하기에 충분한 크기의 오물통 및 폐수탱크<br>4) 섬보 내에서 공언을 개실할 수 있다 |
| 단란주점 영업 | 1) 노래 소리 등이 영업장소의 바깥으로 들리지 아니하도록 생활소음기준인 45데시벨 이하를 유지 할 수 있는 방음장치를 하여야 한다.<br>2) 영업장내에 객식이나 칸막이를 설치하여서는 안된다.<br>3) 손님이 노래를 할 수 있도록 하기 위한 음향 및 반주시설은 다음의 것에 한 한다.<br>• 미이그 장치·자동 반주장치·반주용악기<br>• 지막용 영상장치<br>(노래와 관계없는 퇴폐, 음란화면시설을 하지 아니한 것에 한 한다.)<br>4) 우주볼(싸인볼) 등 특수조명시설을 설치하여서는 안되며 객석조도는 30룩스 이상이어야 한다.<br>5) 네온싸인 간판을 설치하여서는 안 된다. |
| 유흥주점 영업 | 1) 영업장소의 내부로부터 노래 소리 등이외부에 드리지 아니하도록 방음장치를 하여야 한다.<br>2) 객실에는 잠금 장치나 촉광 조절장치를 할 수 없다.<br>3) 유흥주점영업의 영업장소에는 유흥종사자의 공연을 위한 공연장(무대)과 특수조명 시설을 설치할 수 있다. |

### (3) 외식사업관련 기타 인·허가 사항

1) 보건증(건강진단증)

2) 식품접객업영업관련 행위제한 법규 : 식품위생법, 품속 영업법, 미성년자 보호법, 공중 위생법, 근로기준법, 청소년보호법, 주류판매업(주세법) 등에 행위제한을 받고 있다.

3) 소방검열

4) 신용카드 사용신청 및 카드조회기 사용신청 : 카드조회기를 구입할 때에는 먼저 내 식당의 규모를 파악해서 규모가 큰 경우에는 판매사원과 잘 협의를 하면 1개월 정도 무료로 설치를 했다가 일정사용 횟수이상만 되면 무료로 그냥 사용할 수 있으므로 무조건 살 필요성은 없다.

5) 간판허가

6) 가건물 사용신청 : 현재 가건물 대부분은 불법에 해당되며 가건물사용신청은 관할 동사무소에서 하고 있으므로 건물주에게 허가를 요구해야 한다.

## 2. 사업자등록 절차

사업자등록을 받으려면 사업을 개시한 날로부터 20일 안에 관할 세무서 민원 봉사실에 인·허가 사항, 사업자 등록 신청서 (관할 세무서 비치) 및 사무실(소호인 경우 일반 가정집도 가능) 등의 임대 계약서를 갖춰 신고하면 된다. 창업 후 20일이 지나지 않는 시점에서도 가능하지만 가능한 창업전 사업자 등록을 마치는 것이 바람직하다.

또 사업장이 여러 개인 경우 각 사업장별로 해야 한다. 대개 부가가치세법에 따라 사업자등록을 하는 것이 일반적이며 소득세법과 법인세법(법인인 경우)은 자동으로 처리된다. 신청 후 7일 이내에 사업자 등록증을 교부 받게 되지만 관할 세무서는 7일간 연장해 조사한 사실에 따라 결정할 수 도 있다.

특히 사업자등록신청서를 작성할 때 일반과세자(연간 매출액이 4천 8백만원 이상인 사업자)와 간이사업자(연간 매출액이 4천 8백만원 미만인 개인사업자) 적용여부는 사업자등록신청서에 기재하면 된다. 참고로 과세사업과 면세사업을 겸업할 때는 부가가치세 과세사업자로 등록하면 된다.

사업자 등록을 하지 않은 경우 사업 개시일의 부가가치세 예정신고기간 (1기 : 사업 개시일~3월 31일, 2기 : 사업개시일~9월 31일)이 경과한 경우 당해 과세 기간의 부가가치세 공급가액의 1%(법인은 2%)에 해당하는 가산세를 물어야 한다. 또 당연히 공제 받는 사업자등록전의 매입 세액도 공제 받을 수 없어 부담액이 대단히 커지고 50만원 이하의 벌금이나 과태료도 물게 된다.

사업자등록 신청서 기재 사항에 있어서 업태 및 종목의 구분은 향후 부가가치세 신고 및 종합소득신고시 세액의 결정에 영향을 줄 수 있으므로 본인이 영위하는 사업이 어떤 업종, 어떤 종목에 속하는지를 면밀히 검토하는 것이 바람직하다.

### (1) 사업자등록 신청시 구비서류

1) 사업자등록신청서 1부(관할세무서 납세서비스 센터에 비치)

2) 임대차계약서 1부(사업장을 임차한 경우)

3) 사업허가증 사본 1부(허가를 받아야 하는 사업의 경우)

4) 2인 이상이 공동으로 사업을 하는 경우에는 공동사업 사실을 증명할 수 있는 서류(동업계약서 등)

### (2) 사업자등록신청서 작성시 유의사항

1) 본인의 사업에 맞는 유형을 판단하여 사업자등록을 신청하여야 한다.

2) 부가가치세 과세사업과 면세사업을 겸업할 때는 부가가치세 과세사업자로 등록한다.

3) 주류 판매와 관련된 등록이나 신고는 별도로 하지 않아도 된다.

유흥음식업소, 식품잡화점 등 주류 판매를 해야 하는 사업자가 사업자등록신청서에 주류 판매사실을 기재하여 사업자등록증을 교부받은 경우에는 주류 판매신고를 별도로 하지 않아도 된다.

4) 사업자등록번호를 한번 부여 받으면 특별한 경우를 제외하고는 부여 받은 번호를 평생 사용한다.

### (3) 사업자등록을 하지 않는 경우의 불이익

1) 미등록 가산세로 매출액의 1%(간이과세자는 0.5%)를 부담하게 된다.

2) 구입한 상품에 대한 세금계산서를 교부받을 수 없어 구입시 부담한 부가가치세를 공제 받지 못하게 된다.

### (4) 사업자등록 정정신고가 필요한 경우

사업을 하다가 상호를 바꾸거나 업종을 변경하는 경우에는 지체없이 관할세무서에 정정신고를 하여야 한다.

① 상호를 변경하는 때

② 사업의 종류를 변경하거나 새로운 사업의 종류를 추가하는 때

③ 사업장을 이전하는 때 (이전 후의 관할세무서)

④ 상속으로 인하여 사업자의 명의가 변경되는 때

⑤ 공동사업자의 구성원 또는 출자지분이 변경되는 때

### (5) 폐업하는 경우의 세무처리 절차

사업을 폐업하면 지체없이 폐업신고서 1부를 작성하여 사업자등록증과 함께 관할세무서에 제출하여야 한다.

## 3. 폐업신고

### (1) 폐업방법

식당을 폐업하면 사업자등록증을 가지고 세무서에 가서 폐업신고를 하면 된다. 폐업일로 부터 25일 이내 부가가치세신고와 납부세액을 납부하면 된다.

최근 식당이 많이 창업되는 것과 비례해서 문을 닫는 업소들도 많다. 식당의 실패 확률이 높은 이유는 그만큼 높은 위험 요인과 그 외 돌발적인 실패 요소들의 많기 때문이다.

식당의 운영은 하루 이틀에 끝나는 것이 아니다. 진정한 수익을 창출하기 위해서는 1년, 2년 간혹 그 것보다 긴 기간이 필요하기 때문이다.

가족 운영 식당의 경우 상대적으로 낮은 인건비의 이점으로 초기에 타 업소보다 수익률이 높은 경우가 있다. 공금 횡령이나 시설의 멸실 위험 또한 낮다. 체인점의 경우에는 검증된 운영 노하우가 있고 본사의 지원 덕분에 운영상 유리하다. 그러나 가족 운영이건 체인점이건 영구적인 수익률은 누구도 장담할 수 없다.

미국의 조사기관은 식당의 실패율을 90%까지 산정한 경우도 있지만 이는 너무 극단적인 결과라고 할 수 있고 통상적으로 볼 때 3년 운영에 약 60%를 못 미치는 정도

의 실패율인 경우가 많다. 창업한 후 1년 안에 실패하는 업소가 26% 정도로 제일 많으며 그 다음이 2년 안에 실패한 업소가 19%, 영업 3년 안에 업소 실패율이 13%정도라고 한다.

이러한 실패율은 역설적으로 3년 이상 실패하지 않을 확률이 40% 정도 될 수 있다는 것을 뜻한다. 무조건 창업만 고집하지 않고 3년 이상 된 업소를 인수하여 운영한다면 실패할 확률은 많이 감소시킬 수 있다.

그런데 식당 폐업의 이유가 금전적인 면보다 업주의 인간관계나 개인 사정에 의한 것이 많다는 점이 특이하다. 이는 곧 외식업 자체의 운영 문제 이외의 문제가 많다는 것을 의미한다.

### (2) 폐업점포 정리전략

경기침체가 깊어지면서 문을 닫는 가게들이 급증하고 있다. 폐업자에겐 점포나 식당을 정리하면서 어떻게 하면 투자 손실을 최대한 줄이느냐가 최대 관심사다.

이런 틈새시장을 노리고 망한 업체의 뒤처리를 도와주는 '폐업(廢業) 컨설팅 역할은. 가게 빚을 잘못 정리하면 한 푼도 못 건지고 자산을 모두 날리는 것을 감소시켜준다. 폐업 컨설팅은 폐업자가 최대한 자산을 많이 남겨 새로운 창업으로 재기할 수 있도록 도와주는 일을 한다.

폐업 컨설팅은 지난 2000년부터 등장하기 시작했다. IMF 외환위기 직후 우후죽순처럼 생겨났다가 시장에서 퇴출되고 있는 폐업자들을 대상으로 생겨난 신종 업종이다.

따라서 폐업 컨설팅은 점포를 정리하려는 자영업자에게 손실을 최소화하는 노하우를 알려주는 게 핵심이다. 우선, 점포 정리 기간을 최대한 앞당기라는 것이다. 가게 적자가 하루하루 쌓여가는 상황에선 점포를 빨리 정리해야 손실 증가를 막을 수 있기 때문이다.

또 점포를 처리할 때는 간판과 내부조명, 상품의 진열 위치를 바꿔서 가게 분위기를 산뜻하게 보이도록 꾸며야 인수자의 관심을 끌 수 있다.

에어컨, 진열대, 책상과 같은 시설물을 팔 때는 같은 업종의 신규 사업자와 직거래할 경우 유리한 가격을 받을 수 있다. 중고상(商)을 이용하는 방법도 있다. 음식점·노래방·PC방·일반 사무실 등 업종별로 다양한 중고상들이 있는데, 컨설팅 업체 등에서 소개받을 수 있다. 옷, 신발, 캔음료와 같은 재고 물품은 빨리 처분해 현금화하고 싶으면 전문 처리업자(일명 '땡처리 업자')에게 팔수도 있다.

그동안 거래해온 업체에게 받을 돈도 잘 챙겨야 한다. 그리고 점포 정리는 가급적 조용히 처리하는 게 낫다. 이 밖에 종업원의 퇴직, 사업자 폐업 신고와 부가세 신고 등을 상담해 주거나 대신 처리하는 것도 폐업 컨설팅업체가 맡아준다. 사업을 시작했다가 실패했을 땐 30% 정도만 건져도 다행이지만 2~3개월 전부터 폐업을 잘 준비하면 사업초기 투자금의 80~90%는 확보할 수 있다.

### (3) 휴·폐업절차

사업을 하다가 잠시 휴업을 하는 경우에는 휴업신고서를 작성하여 사업자등록증과 함께 사업장 관할세무서에 제출해야 하며, 사업을 폐업하면 지체없이 폐업신고서(세무서 납세서비스센터에 비치) 1부를 작성하여 사업자등록증과 함께 사업장 관할세무서에 제출해야 한다. 이때에는 부가가치세 확정신고서에 폐업년월일 및 사유를 적고 신고서와 함께 사업자등록증을 제출하면 따로 폐업신고서를 작성하지 않아도 폐업신고를 한 것으로 간주된다.

# 제 7 장 입지·상권분석과 점포개발관리

## 제1절 입지·상권의 분석

### 1. 입지·상권분석의 개념과 목적

#### (1) 입지·상권분석의 개념

식당창업을 위하여 점포 후보지를 선택하고 그 후보지 안에 있는 점포를 신정하여 상권조사 입지분석을 하는데 상권(trade area)이란 대지나 점포가 미치는 영향권으로 거래의 범위를 말하는 것이다.

즉 고객이 음식을 먹거나 내점 할 수 있는 지리적인 범위를 의미하여 점포가 장사를 하는데 우리점포의 고객이 될 수 있는 한정적인 지역범위를 말한다.

상권은 고객이 흡입되는 지역에 따라 1차, 2차, 3차 상권으로 나뉜다.

1차 상권은 핵심상권으로 전체 고객의 65~70%, 2차 상권은 전체 고객의 25~30%, 3차 상권은 전체 고객의 5~10%를 차지하는 지역이다.

입지(location)란 대지나 점포가 소재하고 있는 위치적인 조건으로 접객장소가 되겠다. 이 상권조사나 입지분석에는 그 목적이 자기가 희망하는 업종 또는 업태가 가장 활성화 될 수 있는 장소를 선택하기 위한 것이며 입지와 상권조사를 통해서 자기 점포의 영업이 잘 될 것인지 또 매출은 어느 정도가 될지 예측하기 위한 기초자료가 된다.

**그림 7-1** 상권의 분류

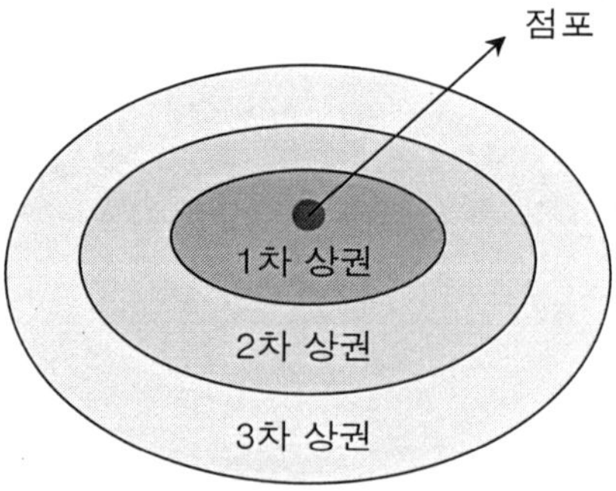


다시 말해 점포운영 및 채산성이 무엇보다도 중요하므로 개점입지는 업종 업태별 특성을 감안하여 독립형 건물과 복합형 건물로 구별할 수 있고 건물층별 고객흡인력을 그리고 상주하는 인구와 유동인구로 어느 정도 구분하여 통행량을 조사한다. 사람이 모이는 장소와 분산지로의 특성파악과 고객흐름이 유동성인지 아니면 정체성인지도 조사하여야 한다.

### (2) 입지·상권분석의 목적

상권과 입지 조사 분석의 목적은 다음과 같이 해야 한다. 입지선정이 전략이라면 상권분석은 전술에 해당된다. 따라서 입지선정이나 상권분석 모두가 긴 안목으로 판단해야 한다.

지역별 상권의 특성을 총체적으로 이해할 수 있도록 해야 하며, 창업하고자 하는 입지(점포)에서 매출목표를 위한 기초 자료를 얻어야 있다. 입점예정 상권내의 업종·업태별 분포현황을 파악함으로서 장·단점분석과 위협요인을 극복할 수 있고 기회요인을 최대한 활용할 수 있는가 등의 경쟁력을 분석하고 그에 따라서 경쟁관련 식당현황에 따른 차별화 전략 수립도 세울 수 있어야 하며 내 입지(점포)가 확보할 상권의 범위도 파악 할 수 있어야 한다.

또 현재의 여건과 앞으로의 발전가능성을 분석할 수 있고 현재 상권 내에서 가장 잘 되고 있는 식당과 인기 있는 메뉴와 형성되고 있는 가격대를 조사하여 창업점포의 메뉴구성에 참고로 활용하는 등 기초 자료가 반드시 되어야만 상권조사 입지분석의 필요성을 충족시켜 줄 수 있다. 여기에서 상권의 크기는 창업하고자하는 식당의 업종·업태규모, 메뉴, 가격대, 배달여부, 기타 서비스, 입지조건, 교통사정 등에 의해서 규정되며 원칙적으로 상권은 중심지에 형성되는 것이라고 하나 실제로는 자연조건이나 교통사정에 따라 달라지며 상권은 인위적으로 형성되는 것이 아니라 자연적인 흐름에 의하여 형성이 된다.

### (3) 입지·상권분석 절차

일반적인 입지·상권분석방법은 다음과 같다.

초보자로서 상권조사를 하려면 쉽지가 않은데 먼저 준비물(조사지역선정, 카메라, 지도 등)을 준비하고 상권내의 지역정보수집(인터넷, 주류 및 식자재납품업체, 거주민이나 행상 등)을 하면서 지도를 작성(교통표시, 아파트세대수, 집객력, 음식점, 유동인구 등)하고 후보아이템을 선정한다. 그리고 이 후보아이템이 입점가능한 1~2곳의 입지장소를 선정하고 나서 그 입지장소의 예상매출액을 조사분석, 출점여부를 결정하면 되는데 직접 발로 뛰는 것이 가장 정확하게 파악할 수 있으며 [그림 7-2]를 이용하면 도움이 될 것이다.

## 2. 입지조사와 선정

입지분석은 그 목적이 자기가 희망하는 업종 또는 업태가 가장 활성화될 수 있는 장소를 선택하기 위한 것이며, 입지조사를 통해서 자기 점포의 영업이 잘 될 것인지, 또 매출은 어느 정도가 될 것인지 예측하기 위한 기초자료가 되기도 한다. 입지(location)란 대지나 점포가 소재하고 있는 위치적인 조건으로 접객장소이다.

점포운영 및 채산성이 무엇보다도 중요하므로 개점입지는 업종·특성을 감안하여 독립형 건물과 복합형 건물로 구별할 수 있고, 건물 층별, 고객흡입정도, 그리고 상주하는 인구와 유동인구 등으로 어느 정도 구분하여 통행량을 조사한다. 또한 사람이 모이는 장소인지 분산지인지, 고객흐름이 유동성인지 아니면 정체성인지 등도 조사하여야 한다.

주변 상권조사는 변화가 또는 중심상가, 금융가나 오피스가, 주택가나 아파트단지, 학원가, 대로변입지, 유원지입지 등의 입지적 분류를 통하여 분명한 타겟을 고려하여야 하고, 유사 혹은 동종업종·업태에 대한 메뉴가격대, 객단가, 매출, 고객층을 세분화하여 시장분석을 해 나가야 한다. 이런 내용들은 시간대별, 요일별(평일, 토요일, 공휴일), 날씨별, 연령층별 등을 상권 반경 내에서 직접 조사한 다음, 분석, 진단, 평가를 통해서 메뉴 및 가격대 등을 입시 전략에 반영해야 한다.

**그림 7-2** 입지·상권분석의 FLOW

※ 업종선정

**1. 물건정보수집**

출점전제조건
- 출점지역 선정
- 법적용도 제한
- 점포비용 전제
- 점포층별 전제
- 점포면적

- 정보루트활용
  (신문, 잡지, 생활정보지, 광고,
  인터넷검색 등)
- 희망상권내 직접 점포임대 체크
- MAN TO MAN 수집
  (지역부동산 중개인, 건축주, 납품업자)

**2. 후보점포조사**

점포현장조사
- 전면길이, 점포형태, 도면
- 전용면적, 기둥위치, 노후도
- 천정높이, 주차시설, 소유주
- 전기용량, 층별위치, 환기시설
- 건물전체의 업종구성, 가스,
  수도, 정화조용량, 소방설비 등

공부서류조사
- 토지, 건물등기부등본
  (소유주, 근저당여부)
- 건축물 관리대장
  (노후, 용도, 주차장)
- 도시계획확인원(차후변경 등)
- 건축허가서(신축건물의 경우)

**3. 입지조사**

지리적 위치조사
- 지형, 지세, 부분입지
- 시계성, 접근성
- 구매동선, 생활동선
- 교통시설, 보행도로
- 교통수단별 접근성

공기능적 위치조사
- 지역의 주요기능 파악
  – 주기능, 부기능
- 야간인구 유발기능
- 대형 집객기능

**4. 상권조사, 분석**

점포현장조사
- 인구, 세대수, 주거형태
- 고정상권, 유동상권 파악
- 주간상권, 야간상권 파악
- 경쟁점, 상권수준, 주변환경
- 통행량/ 질을 시간대 분석
- 상권확대 전망

공부서류조사
- 상권범위설정
- 실질상권/1차/2차 상권설정
- 실질상권 규모 추정
- 상권 외식지출 추정

**4. 사업타당성 분석**

투자, 손익분석
- 투자규모(고정투자 운영비)
- 비용예측(고정비, 변동비)
- 매출예측
- 손익 및 투자수익성

매출예측
- 월 소비 지출예측
- 상권 흡인율
- 일 고객수 추정
- 객단가 예측
- 유사점포 사례대입
- 일, 월, 년 매출예상

### (1) 입지조사의 목적

신규창업을 위하여 점포후보지를 선택하고 그 후보지 안에 있는 점포를 선정한다. 따라서 보통의 경우 입지와 대상건물을 함께 조사하는 것이 일반적인 조사형태이다. 왜냐하면 이미 어떤 업종을 운영할 것인가를 결정했으니까 이제는 그에 가장 적합한 위치와 건물을 선택하는 것이 포인트가 된다.

그러면 입지조사는 왜 해야 하는가? 그 목적을 명확히 해야 한다. 그 목적은 여러 각도에서 검토되어야 한다. 외식업의 경험유무와 관계없이 자기가 희망하는 업종이 가장 활성화될 수 있는 장소의 선택이기 때문에 막연한 조사가 아닌 분명한 목적을 갖고 입지조사를 해야 한다. 그러나 일반적으로 입지조사, 상권조사, 현지조사 등을 실시하면서도 구체적 목적이 명확하지 않고 단지 해야 한다는 고정관념에 사로잡혀 입지조사를 하는 경우는 피해야 한다.

입지조사의 목적은 다음과 같다.

① 나의 점포의 명확한 판매목표를 산출하기 위한 기초 자료를 수집하기 위하여
② 자기 점포가 확보한 상권의 범위를 파악하기 위하여
③ 자기가 생각하는 상권의 범위 내에 어떤 유명점포가 있으며 자기와 경쟁할 점포를 조사하여 개점 시에 그 점포에 대한 대응책을 마련하기 위하여
④ 현재의 시장 혹은 장래의 발전가능성을 확인하기 위하여
⑤ 현재의 상권에서 가장 인기 있는 메뉴가 무엇이고 그 가격대는 어떻게 형성되어 있는지를 조사하여 자기점포의 메뉴구성에 참고하기 위하여

입지조사의 기본목적은 이러한 내용을 종합하여 결과적으로 자기점포의 영업이 잘 될 것인지, 매상고는 얼마나 달성할 수 있을 것인지를 예측하기 위한 기초 자료의 확보인 것이다.

입지조사 주요내용을 살펴보면 다음과 같다.

#### 1) 입지조사의 주안점

- 경쟁점포를 철저히 조사한다.
- 점포의 홍보가능성을 조사한다.
- 상권의 변화 가능성에 유의한다.
- 주변지역 기능을 조사한다(주거지역, 상업지역, 공장, 빌딩가, 유흥가, 시장, 숙박시설, 관공서, 학교 등). : 일반 음식점영업은 학교보건법 규정의 정화규역

내에 금지행위는 아니지만, 가무, 유흥행위등은 제한을 받게 된다. 절대정화구역인 학교출입문에서 직선거리 50m 이내는 휴게음식이나 일반음식점 외에는 영업허가가 어렵고, 학교 경계선으로 직선거리 200m 지역중 절대정화구역을 제외한 곳은 상대정화구역으로 이곳에 유흥이나 단란주점 등을 창업할 경우는 학교환경위생정화위원회의의 심의를 통과해야만 허가가 가능하다.

- 모든 상권조사는 현장조사에 근거한다.

### 2) 피해야 할 입지

- 건물주가 현재 유사한 업종에 종사하는 경우는 피한다.
- 임대료가 싸거나 권리금이 없는 경우는 조심한다.
- 요란한 광고로 분양을 하는 대형 빌딩, 특수목적의 상가는 피한다.
- 주인이 자주 바뀌는 점포는 문제가 있다.
- 주변에 식당이 없는 경우 들어가지 않는다.
- 병원, 주유소, 경사진 곳, 지하실 등의 입지는 좋은 입지가 아니다.
- 창업초보자는 신도시나 신축건물의 함정을 피한다.
- 같은 업종의 큰 점포가 있는 곳에 작은 점포로 창업하는 경우를 피한다.
- 점포 맞은편에 건물이 없는 곳은 매출이 부진하다.
- 모든 조건이 맞는 점포입지 선택은 현실적으로 어렵고 비용 또한 만만치 않을 것이다. 그러므로 투자금액에 맞추어 악조건인 점포를 피하는 것이 오히려 현명한 점포 선택 요령이다.

### 3) 점포 입지의 변화가능성 및 영향력

- 점포 예정지 인근 지역에 지하상가 또는 지하철공사, 공사예정시기 여부
- 학교, 대기업, 대형공장의 이동여부
- 점포 예정지에 백화점, 쇼핑센터, 대형 패밀리레스토랑 등의 입점 가능성 여부
- 도로 확장 가능성 여부
- 특수영업 점포나 유흥가가 형성될 지역(나이트클럽, 카바레, 디스코장, 적선지대 등)
- 경쟁 예상점포 또는 유사점포의 분포도와 기타 돌출변수 조사

### 4) 입지탐색

입지란 계획사업의 점포가 위치한 곳이 사업하기에 얼마나 좋은 환경과 조건을 갖

추고 있는지를 의미하는 위치적 조건이라고 말한다. 즉 입지는 계획사업의 특성과 규모에 따라 조건이 달라지게 된다.

장사는 목이다. 입지선정이 사업 성공의 70~80%를 점한다고 할 수 있다. 점포의 입지는 소비자가 점포에 직접 찾아오지 않으면 상품을 팔 수 없으므로 상권 내에 소비 대상인구가 많고, 장래에도 인구가 증가할 것이 예상되는 곳을 선택해야 한다.

또한 소득수준 및 소비성향이 높고, 구매력이 왕성한 연령층의 거주자, 즉 계획업종 및 업체에 적합한 소비자가 다수 존재하는 곳이어야 한다.

도로, 지하철, 버스 등의 교통체계를 비롯해 다수의 소비자를 유인할 수 있는 시설이 주변에 존재하고, 기존 상권이 형성되어 있는 곳이 경험이 적은 창업자에게는 유리하다.

입지 탐색사항은 다음과 같다.

① 입지가 가지는 잠재력이 있는 구매력이 존재하는가.

② 계획업종에 적합한 소비자가 얼마나 존재하는가.

③ 예상고객의 소비성향과 시간대별 유입 수는.

④ 관공서, 은행 등의 편의시설이 얼마나 존재하는가.

⑤ 지하철, 버스 등 교통이 편리하고, 환승이 가능한가.

⑥ 주변 입지의 변화와 확대 가능성은.

⑦ 주변의 권리금의 형성은.

⑧ 주변의 경쟁점포와 출연 가능성은.

## (2) 입지선정조건

### 1) 입지선정의 중요성

외식사업의 성공에 영향을 미치는 여러 가지 요인 중에서 가장 중요한 것은 점포의 입지이다. 아무리 사업가가 유능하다 할지라도 점포의 입지가 나쁘면 그 능력을 충분히 발휘하기 어렵고, 입지가 좋으면 비효율적인 경영으로 인하여 발생되는 문제점들을 극복할 수 있게 된다. 입지에 대한 의사결정은 장기적 고정투자의 성격을 가지고, 치명적 손실을 감수하지 않는 한 단기적 이전이 불가능하며, 매출액의 상한과 비용의 하한을 근본적으로 결정짓는 요인이 되고 있다.

소자본사업에 있어 입지가 차지하는 비중이 70~80%에 달할 정도로 좋은 자리에서 장사를 하는 것이 중요하다.

### 2) 외식메뉴와 입지

① 저가형 메뉴를 선정하면 고객접근의 용이성을 고려한 장소를 물색해야 한다. 사람들이 버스정류장이나 지하철 등 대중교통을 이용하는 단거리 골목길이 오히려 우회하는 대로변보다 좋다.

② 고급 음식점인 일식, 한식집, 전문요리점이라면 도로가 넓고, 주차공간이 널찍한 시외 유원지도 좋다(동종업종이 몰려 있는 곳이 유리하다).

③ 음식점은 업소가 통행로변 1층에 있는 것이 유리하다. : 일반적인 건물의 층별 가치평가는 1층을 100% 기준시, 2층 75%, 3층 이상은 50%, 최상층은 120%로 볼 수 있다.

④ 유동인구도 퇴근인구가 오는 쪽이 유리하다.

⑤ 초보일수록 권리금이 있는 가게를 선택하라.

⑥ 외식행위는 식당이 많이 모인 곳으로 몰려드는 소비자 심리를 파악해야 한다.

⑦ 김밥전문점은 유동인구와 배후지 인구가 많은 사무실가, 대학가, 도심지가 좋다.

⑧ 라면 전문점은 시장통, 학교앞, 역세권주변, 사무실 빌딩가가 좋다.

⑨ 요리주점은 대학가 주변이 성황을 이룰 수 있고, 신세대 유동인구가 많은 곳이 좋다.

⑩ 업종, 업태에 따라서 이면도로나 2층이 좋을 수도 있다.

### 3) 입지등급에 따른 특성

① 1급지의 특성 : 시내 중심가, 대규모단지, 대규모상가의 입구, 대로변 버스 정류장 근처, 사거리 주변 등이다.

② 2급지의 특성 : 유동인구를 일부만 흡수하며 배후지에 거주하는 주민을 흡수하는 것은 1급지와 같다. 따라서 2급지는 유동인구를 상대로 하는 판매업보다 품질로 승부하는 음식점등이 적합하다.

③ 3급지의 특성 : 1,2급지에서 벗어나 수익성이 떨어지지만 틈새시장을 노려 경쟁을 피하고 시설비가 적게 드는 업종을 택하는 것이 좋을 것이다.

### 4) 입지에 따른 업종형태선택

① 군집형 입지업종

– 전문군집형 입지업종 : 서로 비슷한 업종의 점포끼리 군을 이룰 때 장사가 잘 되는 업종을 말하며 유동인구가 주고객이고 인지도가 높다(예: 먹자 골목, 가

구 골목 등).

- 복합군집형 입지업종 : 상이한 성격을 가진 여러 업종의 점포가 복합적으로 운집하여 있는 중심지 상권을 말한다.

② 업무보완형 입지업종 : 업무를 보완하는 업종끼리 함께 군을 이루고 있을 때 장사가 잘 되는 업종을 말한다(예: 세무서와 세무사 사무실, 법원과 변호사, 법무사 사무실, 인쇄소와 카피라이터나 광고사, 문구점과 서점, 술집과 노래방 등).

③ 의존형 입지업종 : 기관 또는 특정업체의 종사자와 이용자들을 대상으로 영업활동을 하는 업종을 말한다(예: 학교 주변의 서점이나 문구점, 관공서 주변의 식당가 등).

④ 지역밀착형 입지업종 : 인근 주거 지역에 위치해야만 장사가 잘되는 업종을 말한다(예: 외식배달업, 슈퍼, 세탁소 등).

### 5) 입지선정시 고려사항

창업 준비 단계에서 점포 고르기만큼이나 중요한 작업은 없다. 대부분 사람들이 "자신에게 맞는 업종이 무엇일까"하는 업종 선정에만 고심하는 경우가 많은데 점포 고르기 역시 상당한 비중을 둬야 할 부분이다. 점포창업은 입지산업이라는 말이 있을 정도로 점포 위치가 영업에 지대한 영향을 끼치기 때문이다. 업종과 입지는 서로 맞아 떨어져야 하는 상관관계가 있지만, 특히 입지는 업종을 뛰어넘어 매출액을 결정하는 요소인 셈이다.

점포창업의 성공에 영향을 미치는 여러 가지 요인 중에서 가장 중요한 것은 물론 입지선정이다. 점포의 위치가 좋으면 다소 비효율적인 경영을 하더라도 별 문제가 없으나 점포위치가 나쁘면 아무리 유능한 사업가일지라도 그 능력을 발휘할 수 없게 된다. 실제로 예비창업자가 입지를 선정하는데 있어 창업자금에 알맞고 목 좋은 입지를 선정하는 것은 쉽지 않다. 목이 좋은 곳은 그만큼 임대료와 권리금이 비쌀 뿐만 아니라 가게를 내놓는 경우도 드물기 때문이다.점포의 입지를 결정할 때는 계획하고 있는 입지가 창업할 업종 및 업태와의 적합성 여부를 먼저 확인하고 새로운 점포가 창업자 자신의 능력에 적합한가를 사전에 확인한다.

- 점포보증금 및 권리금, 점포 임대기간 연장 가능성과 임대료 인상률, 창업자의 거주지와의 통근거리 등이 확인 대상이다.
- 일반적으로 인접한 경쟁업체보다는 규모가 조금이라도 큰 것이 신설점포에 대한 소비자의 관심을 끌기에 유리하다. 취급 상품을 눈에 잘 보이는 곳에 보기

좋게 진열하고, 판매할 수 있는 정도로 주변의 여타 점포에 비해 규모면에서 경쟁력이 있어야 한다.

– 제반 고려 사항을 검토한 결과 새 점포 후보지를 확정하게 되면 계약에 앞서 점포의 상태와 소유주의 의도를 파악하는 것이 중요하다.

특히 건물주에 대한 평판을 알아보는 것도 매우 중요한 과제다. 건물주도 사업의 성패에 결정적인 작용을 하기 때문에 이점도 살펴봐야 한다.

소비자 입장에서 점포를 보면 소비자들은 가능하면 가깝고 손쉬운 곳에서 자신이 필요한 상품을 구입하는 경향을 보이고 있다. 입지선정시 고려사항을 살펴보면 다음과 같다.

① 행정적, 공법적 입지조건 : 인·허가 및 신고조건, 도시계획 및 개발여부, 건축허가 및 용도, 점포 권리 문제 등

② 상주인구조사 : 먼저 상권 내 거주세대, 인구수를 파악하고 고객으로 흡수가 가능한 연령을 파악하고 그 숫자를 체크한다.

③ 유동인구조사 : 유동인구의 파악은 계절별, 월별, 요일별, 시간대별로 나누어 분석하고 성별, 연령, 소득, 학력 수준, 소비성향 등을 분석한다.

④ 경쟁업체, 보완업체 현황 및 실태 분석

⑤ 접근성, 흡인성, 가시성 분석 : 점포입지는 고객들이 얼마나 쉽게 찾고 편하게 올 수 있는가 하는 사항도 중요(대중교통이나 시설물의 접근이 용이, 주차조건이나 도로의 원활한 소통 등)

⑥ 주민, 고객의 이동동선 구조파악 : 점포의 입지를 선택할 때 고객대상들이 어디로 움직이고 통행량이 많은 곳을 선택하는 것이 사업에 유리하다.

⑦ 도로구조 및 주차시설여부 분석 : 점포 앞의 도로 폭, 차선, 주차시설은 어느 정도 확보할 수 있는 지를 파악하여야 한다.

⑧ 관공서, 대형시설건물, 지하철역, 버스터미널 등의 시설물 분석

⑨ 주변상권의 변화가능성 파악, 상권주기단계 파악 사회변화추세, 도시계획여부, 관공서나 금융기관, 대형시설 등의 등장 및 이전에 따른 상권의 변화 가능성을 예측하여야 한다.

⑩ 상권에 따른 전반적인 업체의 평균매출액, 당기순이익 파악

⑪ 점포와 집과의 거리 : 점포는 될 수 있는 대로 집과 가까운 곳에 위치해야지만 영업이나 가사 일에 여유를 가질 수 있다.

⑫ 권리금과 사업성

### (3) 입지유형의 특성

**표 7-1** 입지유형의 특성

<table>
<tr><th rowspan="2">입지유형</th><th colspan="2">입지특성</th></tr>
<tr><th>주요고객층</th><th>입지·지역주민특성</th></tr>
<tr><td>역전상가 유형</td><td>• 열차이용객중심<br>• 퇴근길 회사원<br>• 상가종업원<br>• 쇼핑객<br>• 주변거주자<br>• 도시형·지방형에 따라 고객층에 차이<br>• 평균적으로 왕래인구가 많다.<br>• 도시형은 시간절약이 적은 손님이 많다.<br>• 다양한 고객층(단, 배후지 상황에 따라 고객층이 달라짐)</td><td>• 유동성이 강함.<br>• 활동적임.<br>• 레저성 지향적임.<br>• 근대성 지향적임.</td></tr>
<tr><td>주택가 유형</td><td>• 주변거주자 상공업종사자중심<br>• 공휴일 가족고객<br>• 퇴근길의 샐러리맨, 학생<br>• 고정고객화의 성향이 강하다.<br>• 주변의 단체를 고정 고객화</td><td>• 가족중심주의형<br>• 화목형<br>• 마음에 와 닿는 서비스 선호<br>• 보수적 성향<br>• 공휴일중심의 영업<br>• 온순형</td></tr>
<tr><td>학교주변 유형</td><td>• 학생이 중심<br>• 내황객<br>• 주간이용이 많다.<br>• 야간이용이 적다.</td><td>• 방학기간이 있다.<br>• 시간에 크게 구애받지 않는 고객<br>• 자기주장과 도시적 감각에 대한 동경<br>• 우정에 대한 욕구<br>• 동료연대의식<br>• 행동지향<br>• 연구지향</td></tr>
<tr><td>다운타운 (번화가) 유형</td><td>• 고객층이 다양하다.<br>• 유동인구가 많다.<br>• 시간제약을 적게 받는 고객이 많다.</td><td>• 어떤 업태이건 적당하다.<br>• 야간영업지향<br>• 레저지향<br>• 시간제약이 적은 고객을 확보할 필요가 있다.</td></tr>
<tr><td>교외·간선도로 주변유형</td><td>• 승용차 보유고객<br>• 근처 주민·상가종업원<br>• 특별한 이용목적을 가진 고객<br>• 고정고객화가 가능</td><td>• 행동성이 강하다.<br>• 레저지향성<br>• 의식이 선진적이다.</td></tr>
<tr><td>관광지 유형</td><td>• 여행자<br>• 관광지거주자<br>• 단체객을 처리한다.</td><td>• 성수기·비수기에 다른 극단적 차이<br>• 레저성향이 강하다.<br>• 활동성이 강하다.<br>• 징서직 성향</td></tr>
</table>

### (4) 입지평가 체크리스트

| 구 분 | 항 목 | 점검 사항 | 점검 내용 | 비 고 |
|---|---|---|---|---|
| 상권잠재력 | 공공시설 | | | |
| | 주거빌딩 | | | |
| | 등록 학생수 | | | |
| | 신규 개설은행 | | | |
| | 지역 신문의 광고 | | | |
| | 소매 매출액 | | | |
| | 매출 세금영수액 | | | |
| 접 근 성 | 공공 교통수단 | | | |
| | 주차시설 | | | |
| | 장기추세 | | | |
| 성장잠재력 | 시장패턴 | | | |
| | 시장변화 | | | |
| | 시장잠재력 | | | |
| | 시설추세 | | | |
| | 토지 이용패턴 | | | |
| | 소매 용지이용 추세 | | | |
| | 소매입지 추세 | | | |
| | 소득추세 | | | |
| 사업 차단 | 입지패턴 | | | |
| | 상권간의 경쟁 | | | |
| 유인 잠재력 | 인접한 경쟁점 | | | |
| 경쟁적 위험 조사 | 일정거리 내 경쟁점 | | | |
| | 잠재 경쟁입지 | | | |
| 입지 경제성 | 비용분석 | | | |
| | 회수분석 | | | |
| | 입지효율 | | | |
| | 자연적 묘사 | | | |

## 3. 상권분석

창업하고자 하는 입지(점포)에서 매출목표를 산출하기 위한 기초 자료를 얻기 위한 상권·입지조사 분석은 지역별 상권의 특성을 총체적으로 이해할 수 있도록 해야 하며, 입점예정 상권내의 업종·업태별 분포현황을 파악해야 한다. 이를 기초로 장·

단점을 분석하고 위협 및 기회요인을 최대한 극복, 활용하여 경쟁식당과의 차별화 전략도 세울 수 있어야 하며, 내 입지(점포)가 확보할 상권의 범위도 파악 할 수 있어야 한다. 또 현재의 여건과 앞으로의 발전가능성, 현재 상권 내에서 가장 잘 되고 있는 식당과 인기있는 메뉴, 형성되고 있는 가격대를 조사하여 창업점포의 메뉴구성에 참고로 활용할 수 있어야 한다.

이때, 상권의 크기는 창업하고자 하는 식당의 업종·업태의 규모, 메뉴, 가격대, 배달여부, 기타 서비스, 입지조건, 교통사정 등에 의하여 규정된다. 원칙적으로 상권은 중심지에 형성되는 것이라고 하나, 실제로는 자연조건이나 교통사정에 따라 달라지며 상권은 인위적으로 형성되는 것이 아니라 자연적인 흐름에 의하여 형성이 된다.

### (1) 상권의 형태 및 특징

상권(trade area)이란 고객이 흡인되는 지리적 범위 즉 상가 및 점포를 이용하고 있거나 이용할 가능성이 있는 소비자가 위치하고 있는 범위를 말한다.

#### 1) 거리에 따른 상권의 형대

상권의 설정은 특정 점포가 고객을 끌어들이는 지리적 범위가 어느 정도인가를 파악하는 것을 말하며, 매출구성비의 의존도가 높은 정도에 따라서 일반적으로 1차, 2차, 3차 상권으로 구분된다.

**표 7-2** 상권의 구분

| | 1차 상권 | 2차 상권 | 3차 상권 |
|---|---|---|---|
| 개별점포 | 점포매출 또는 고객수의 65~70% 정도 이상을 점유하는 고객의 거주범위로 도보로 10분 이내의 소상권 | 1차 상권 외곽지역으로 매출 또는 고객수의 25~30% 정도 이상을 점유하는 고객의 거주 범위 | 2차 상권 외곽지역으로 매출 또는 고객수의 5~10% 정도 이상을 점유하는 고객의 거주 범위 |
| 공동점포 | 상권 내 소비수요의 30% 이상을 흡수하고 있는 지역 | 상권 내 소비수요의 10% 이상을 흡수하고 있는 지역 | 상권 내 소비수요의 50% 이상을 흡수하고 있는 지역 |
| 패스트푸드 | 500m | 1,000m | 1,500m |
| 패밀리 레스토랑 | 1,000m | 1,500m | 3,500m |
| 캐주얼 레스토랑 | 1,500m | 2,500m | 5,000m |

① 1차 상권 : 사업장 이용고객의 65~70%를 포함하는 범위를 말하며 점포에서 반경 약 500미터 이내의 지점을 말한다.

② 2차 상권 : 사업장 이용고객의 25~30%를 포함하는 범위를 말하며 점포에서 반경 약1킬로미터 이내의 지점을 말한다.

③ 3차 상권 : 1,2차 상권 이외의 고객을 포함하는 범위를 말한다.

### 2) 상권의 변화 및 이동원인

① 변화하는 상권은 도입기, 성장기, 성숙기, 쇠퇴기 등으로 변하며 새로운 상권이 등장하기도 한다.

② 대형업체의 등장 대형 할인점, 백화점등의 등장 등

③ 관공서, 대규모 회사의 등장 및 이전

④ 교통수단의 변화 지하철의 등장, 버스터미널의 형성 및 이전, 버스정류장이전 등

⑤ 소득수준 증가에 의한 소비경향 변화로 상권이동

⑥ 소득수준의 증가로 고급품의 소비촉진과 1차산업상품의 소비감소 등 재래시장의 상권위축, 편리성 강조→중심상권의 많은 업종들이 주거지형 상권으로 이동

### 3) 일반적으로 좋은 상권과 조심해야 할 상권

① 일반적으로 좋은 상권

- 퇴근하는 방향의 상권
- 적절한 권리금이 있는 상권
- 전체가 번영하는 상권
- 유동인구의 창출이 가능한 상권
- 주차시설이 가능한 상권
- 역세권 이용이 가능한 상권

② 조심해야 할 상권 및 점포

- 주인이 자주 바뀌는 점포
- 점포 임대료가 유난히 싼 점포
- 언덕에 있는 상권 및 점포
- 상대적으로 대형 업소가 있는 점포
- 주인이나 점포임대인의 유사업종에 종사하는 상권

### (2) 상권분석 단계

상권분석은 왜 해야 할까? 상권분석을 함으로써 실패율을 낮출 수 있기 때문이다. 많은 재산을 들여 시작하는 창업인데, 실패율은 어떻게든 줄이고, 성공률은 높여야 한다. 상권분석은 그렇게 하기 위해 꼭 필요한 과정이다. 그렇다면 상권분석은 어떻게 해야 할까? 상권분석을 쉽고 체계적으로 하기 위해서는 단계를 설정해 이행하는 것이 좋다.

#### 1) 1단계, 상권분석 항목을 설정한다.

상권분석 항목은 크게 세 가지로 나눌 수 있다. 첫째, 상권형태, 둘째 점포형태, 셋째 유동인구다. 상권형태의 세부항목은 세대수, 소득수준, 교통시설, 건물분포, 건물규모, 대형집객시설, 상가와 유흥시설, 경쟁점포 등이다. 점포형태의 세부항목은 점포규모, 점포의 가시성, 접근성, 주차가 얼마나 가능한가, 주 통행로와의 거리 등이다. 마지막으로 유동인구는 주요시간대를 정해 시간대별로 파악한다. 음식점이라면 점심, 저녁시간 전후를 집중해서 조사한다.

#### 2) 2단계, 정확도가 높은 기초자료를 확보한다.

해당지역 관공서에 찾아가서 상권 내 인구통계자료와 상권 관련 통계자료를 조사해 보고, 해당 상권에 대한 정보도 인터넷으로 조사해 본다. 무료 혹은 유료로 이용할 수 있는 상권정보 제공 사이트도 적극적으로 활용한다. 소상공인지원진흥센터에서 운영하는 소상공인종합정보시스템 사이트에 들어가면 국내 600개 상권의 상권특성, 현황, 경쟁업종 분포, 인구밀집도 등 47개 항목 조사 내용을 확인할 수 있다.

#### 3) 3단계, 확보한 자료를 직접 다니며 확인한다.

상권분석을 제대로 하기 위해 표본점포, 경쟁점포를 정하고 경쟁점포들의 매출액, 이용률 등도 조사한다. 관련 데이터가 있다면 그간 조사한 것을 바탕으로 총 투자비용에 대한 투자타당성을 검토하면 상권분석이 마무리 된다.

많은 점포운영자들이 또 간과하는 것은 상권분석을 창업할 때로 끝내버리는 것이다. 상권분석은 점포를 운영하는 데도 꼭 필요한 정보다. 상권은 끊임없이 변하기 때문에 3개월 혹은 6개월 단위로 주기를 정해 상권분석을 하고, 점포운영에 반영하는 등 꾸준한 노력이 필요하다. 창업 후 기대보다 매출이 저조하다면 상권분석을 다시하고, 다시 점포운영 방향을 잡아보는 것이 좋다. 상권 분석에 있어서는 유동인구가 많고 업종이 몰려 있는 곳을 중심으로 분석을 하며 어떤 업종이 많이 포진되어 있느냐가 바로 소비수준을 판가름하는 잣대이다. 물론 좋은 상권이라고 영업이 다 잘되는 것은 아니며 개개인의 사업능력에 따라 매출의 판도가 달라진다. 소자본 창업에 있어 입지의 의미는 사업이 잘 될 수 있는 환경을 갖추는 일이다.

### (3) 상권분석의 조사내용

① 상권지도 작성
② 상주인구, 유동인구, 사무실 종업원 수 조사
③ 경쟁업체, 보완업체 현황 및 실태 분석
④ 접근성, 흡인성, 가시성, 연출성 분석
⑤ 주민, 고객의 이동 동선구조 파악
⑥ 도로구조 및 주차시설여부 분석
⑦ 관공서, 대형시설건물, 지하철역, 버스터미널 등의 시설물 분석
⑧ 주변상권의 변화가능성 파악, 상권주기단계 파악
⑨ 상권에 따른 전반적인 업체의 평균매출액, 당기순이익 파악

**표 7-3** 입지조사·상권분석을 위한 참고자료

| 조사의 종류 | 내 용 | 참고자료 |
|---|---|---|
| 상권조사 | 소매점포 또는 접객요소 등 고객을 흡입하는 지역표지를 위한 자료 | 「광역지도」<br>「지번도」 |
| 상권인구,<br>거주자특성 조사 | 상권인구(총수, 남녀별, 연령별), 세대수(총수, 세대별), 산업별 취업인구, 학력, 인구동태(자연증감, 사회증감), 거주형태, 거주수준, 학생수, 진학률 | 「각행정통계연보」<br>「인구동태조사」<br>「주택통계조사」<br>「학교기본조사」 |
| 구매력,<br>소비성향 조사 | 상권세대별 소득, 가계지출 | 「도시가계연보」<br>「사회생활기본조사」 |
| 교통,<br>통행량 조사 | 도로상황, 교통운행상황, 주요 역의 승강객수, 차량통행량 | 「교통연감」<br>「지하철공사」<br>「경찰서」<br>「시·구청 교통과」 |
| 상점,<br>경쟁점 조사 | 상권의 점포 수, 매출, 면적, 직원 수, 대형점 위치, 주차장, 면적, 영업시간, 외식업 통계, 현장방문조사 등 | 「지역경제총람」<br>「유통업체연감」<br>음식업 각 지부, 시청이나 구청위생과 |
| 각종지역정보 조사 | 시가지의 형성, 도시계획상황, 도시개발상황, 각종 행정지도의 내용, 도시계획상의 규제 내용 등 | 「도시기본계획」<br>「행정백서」 |
| 주택현황 | 주거지의 주택소유 현황 | 부동산이나 주택공사 |
| 법령조사 | 건축법, 소방법, 위생법 등의 내용 | 각종 법령집 |

# 제2절 점포개발관리

## 1. 점포개발조사의 의의

점포개발을 행할 때 일반창업자의 경우는 조직력과 시스템이 없기 때문에 매체를 활용하는게 현실적으로 조사기간과 비용을 줄일 수 있다. 이에 앞서 상권선정, 입지선정, 점포유형선정, 상권의 범위와 권역을 조사해 두면 매체를 활용하는데 좀 더 효율적으로 집중화해서 기간을 단축하고 원하는 조건을 현실적으로 반영하여 활용할 수 있다. 또한 본인이 알아야 매체를 활용하여 얻는 정보를 판단하고 최종 선택을 잘 할 수 있으며 그에 따른 결과책임 또한 활용업체가 지는 것이 아닌 본인이 감수해야 할 성공과 실패의 의무와 권리사항이 될 것이다.

점포는 영업을 실행하는 장소로서 주방과 홀 그리고 부속시설로 구성된다. 식당업을 창업하기 위해서는 자기가 선택하려는 업종과 업태에 가장 알맞은 규모의 건물을 임차하기 위하여 나름대로 건물에 대한 정보수집이 필요하다. 물건조사시 주소와 사용현황(상호, 현업종, 계약기간, 계약만료일), 영업상태, 매물로 내놓은 사유 등을 조사한다. 점포개발을 행할 때 해당상권의 점포매물의 정보를 얻기 위해서는 크게 2단계로 나눠 조사한다.

### (1) 1단계(점포현장조사)

전용면적, 점포의 길이(전면*측면), 점포의 모양(정사각, 직사각, 삼각, 기타), 내부구조(기둥의 위치와 크기), 점포방향, 천저의 높이, 층의 위치, 환기시설, 장비 반입구, 창문의 위치와 크기, 주차시설 유무, 전기용량, 출입구 위치, 출입계단의 상태, 건물 및 영업시설의 노후상태, 건물전체의 업종구성, 건물의 전체규모, 배송차량의 진입여부를 조사한다.

### (2) 2단계(공공서류조사)

등기부등본(토지/건물)으로 소유권은 대지소유권자와 계약자가 동일한가, 건축물 소유권자와 계약자가 동일한 가 채무관계는 근저당설정, 전세권설정, 가압류설정이 되어 있는지 금액은 어느 정도인지를 조사하며 건축물관리대장으로 점포용도, 건물용도(근린생활시설, 판매시설),건물노후도(신/구 구별, 등급ABCD급), 건물규모(지하/지상 면적), 도시계획(무허가 사용분 유무)을 조사한다. 도시계획확인원으로 용도의 적합성, 도로정비(주차)등의 문제여부, 미관(간판설치)등의 문제 여부, 소방관련 이상유무, 재개발, 재건축 등의 진행 사항, 기타를 조사한다.

## 2. 점포개발 체크포인트

입지를 답사해 보고 특성을 구체적으로 파악한 뒤 가부를 결정하면 실행에 옮기게 되는데, 외식사업을 추진하는 업계에서는 점포개발이라고 한다. 점포개발은 입지·상권분석이 끝난 후 실제적인 점포개발계획을 수립한다. 점포개발을 하기 위해 다음의 사항을 조사한다.

### (1) 입지특성조사

#### 1) 입지특성조사의 4단계

① 1단계는 시계성조사(점포의 전면이나 간판이 시야에 들어오는 정도)로 어떤 모양(코너는 몇 칸, 몇 m이고 전면는 몇 칸, 몇 m)인가 오목형 입지인가, 볼록형 입지인가 시계성 장애요인(주변 간판상태, 전면가로수, 조경벽, 주변건물, 기타)은 어떤가를 조사한다.

② 2단계는 접근성조사로 유동인구 대형 유발지역 or 주동선에서 점포에 이르는 거리(30~50m, 20~30초 내 도보거리)조사하며 점포출입의 용이성으로 출입구와 문의 형태, 출입구 위치, 층수, 경사도, 퇴근방향, 일조권, 계단 등을 조사하며 상권의 접근 용이성으로 보행도로(도보고려)의 여건인 건널목, 지하도/육교, 도로 폭 : m인가와 차량통행여부, 교통도로(승용차, 대중교통 고려)의 여건 정류장, 주차장, 노변주차여부, 좌회전여부, U턴 여부, 교통신호체계, 도로축방향, 도로차선 : 편도 차선(폭 m) 등을 조사한다.

③ 3단계는 홍보성조사로 점포위치(자체), 전면길이, 건물의 집객력, 간판위치, 크기, 형태(전면, 측면, 돌출, 기타), 건물전체의 규모, 주변 유동인구의 규모 등을 조사한다.

④ 4단계는 흡인성조사로 생활동선, 입지 발전전망도로신설, 전철역신설, 횡단보도신설, 교량신설 등을 조사하며 도로상황(보행도로냐, 교통도로냐), 지형, 지세, 코너여부, 교통시설, 구매형태(동선)등으로 조사한다.

#### 2) 입지기능성 조사

통행인구 유발기능, 집객기능을 조사하는데, 지역의 주요기능을 파악하는데 주거지역인지, 상업유흥지역인지, 공장지역인지를 조사하며, 부속기능으로 광역인지, 협역인지, 빌딩가인지, 유흥가인지, 시장인지를 조사하며, 기능별 집적도로 숙박시설이 있는지, 관공서가 있는지, 학교나 학원이 있는지를 조사하며 대형집객시설로 공공시설(버스정류장, 시장, 쇼핑센터, 금융기관, 관공서, 대형빌딩, 경찰서), 학교(학원), 레저시설(호텔, 극장, 전시장, 공원, 운동장, 스포츠시설), 병의원 등과의 거리, 위치 시간, 규모 및 주 이용자들을 자세히 조사하며 야간인구 유발기능으로 숙박기능(호텔, 유흥가), 장시간 영업 or 업무(경찰서, PC방 등), 이벤트(극장, 콘서트 홀) 등을 조사한다.

#### 3) 입지환경조사

해당 점포 앞을 통과하는 통행량 및 통행인의 質 조사, 통행자의 도로이용 목적(통행목적), 통행인구 조사(성별, 연령별, 시간대별, 직업별), 통행량조사(년 월 일 요일 날씨 : 온도)를 하며 보행자(점포 중심)조사는 세부적으로 시간대별로 어린이, 주부, 청소년, 직장인, 중년이상 등으로 구분해 조사하며 통행자의 이용경로 및 거리(구간)를 조사한다.

### (2) 점포입지 분석

점포의 입지를 크게 나눈다면 다운타운 시내에서 할 것인가, 아니면 도시외곽에서 할 것인가 먼저 결정되어야 한다. 시내라면 대중교통을 이용하는 불특정 다수의 많은 잠재고객을 생각하며, 시외라면 자동차를 가지고 쉽게 접근할 수 있는 이용이 편리한 곳을 선택하게 될 것이다.

패밀리 레스토랑(FR)을 도시외곽에서 하든 역전이나 시내에서 다른 스타일의 식당을 하든, 그 입지에 대한 특성을 먼저 이해하는 것이 반드시 필요하다. 무엇을 해야 팔릴 것인지 고객의 입장에서 냉정하게 판단해야 한다.

입지의 특성을 표현하는 말은 다운타운 외에 번화가, 역전 상점가, 사무실 밀집지역, 주택가, 단지, 길가(간선도로나 생활도로), 라는 표현을 사용한다.

#### 1) 입지의 특성

번화가는 그 지역으로 얼마나 많은 사람(잠재고객)이 다니는지, 지역전체에 어느 정도 사람들이 모였다 헤어지는지를 파악한다. 역전이라고 할지라도 배후에 얼마나 많은 주택 단지가 있는지 주위에 집객 가능성을 살펴 본 후 시작하되, 중요한 것은 사람들이 많이 다니는 곳보다는 사람들이 많이 머무는 곳을 선택하는 것이 핵심이다.

사무실가(街)는 주간 유동인구와 평일은 많지만, 야간인구 공휴일은 그다지 없는 실정이다. 주택가는 주택의 형성시기가 신흥주택가와 구분되고, 新흥주택가는 자동차 생활을 전제로 하며 단지는 중·고층아파트가 비교적 모여 있다. 도로는 간선도로 왕복2차선을 말하며 차량이 많이 다니지 않고, 사람과 차가 엉켜서 다니는 곳이 좋으며 생활도로는 1차선 편도를 이야기한다.

고객이 올 수 있는 지리적 범위를 입지라고 하며 1차 상권, 2차 상권 등으로 나누기도 하지만 생활환경과는 다른 의미로서 소비자의 외식필요성에 따라 질과 양 등의 흐름을 파악하는 것으로 보면 된다. 입지의 범위가 정해지면 외식기준에 따라 계획하고 입지 특성에 따라 어떠한 모양으로 할 것인지 작성한다.

다음은 점포 개발계획에 착수한다. 도시외곽의 독립형이라면 가족이나 단체모임 식당으로서 자동차에 따라 來店(내점)을 예상하므로 주차장이 있어야 한다. 객석이 100석 정도라면 주방과 나누어 분배하고, 차량은 40~50대 정도 주차하기 위해서는 400평은 되어야 한다.

### 2) 매상예측

실제 개점하였을 때의 매출계획을 세우는 것이다. 기본은 배후인구(주택, 사무실, 학교, 공장 등 세밀하게), 전면도로의 통행차량 수(시간대별, 차종별, 통행 방향 등), 경쟁점포 등의 분포상황 등의 필수정보획득이다.

이러한 정보수집의 정리 분석은 대단히 큰 노력을 필요로 하는 작업이다. 오늘날은 컴퓨터로서 지도정보 시스템이 잘 되어 있으므로 점포 개발 기초작업은 쉽게 할 수 있다.

여러 가지 정보를 토대로 예상매출을 잡는 것은 그 물건의 취득비용, 임대료, 점포투자 등의 산출근거로서 종업원 채용, 식자재 조달, 개점 후의 운영계획 기초가 된다. 이상과 같이 후보물건을 봐두고 그 지주나 소유자에게 임대 등의 조건을 교섭하여 개점 후의 매출계획까지 작성하고 도시개발 계획 등의 확인을 하는 것이 점포 개발이다.

### 3) 입지는 항상 변화한다.

좋은 입지가 있으나 배후인구도 얼마 되지 않고 사업을 하기에는 너무 빠른 것 같아 개점을 주저하는 경우도 있다. 이때는 장래 배후인구증가가 확실히 예정되어 있다면

**그림 7-3** 점포개발 흐름도

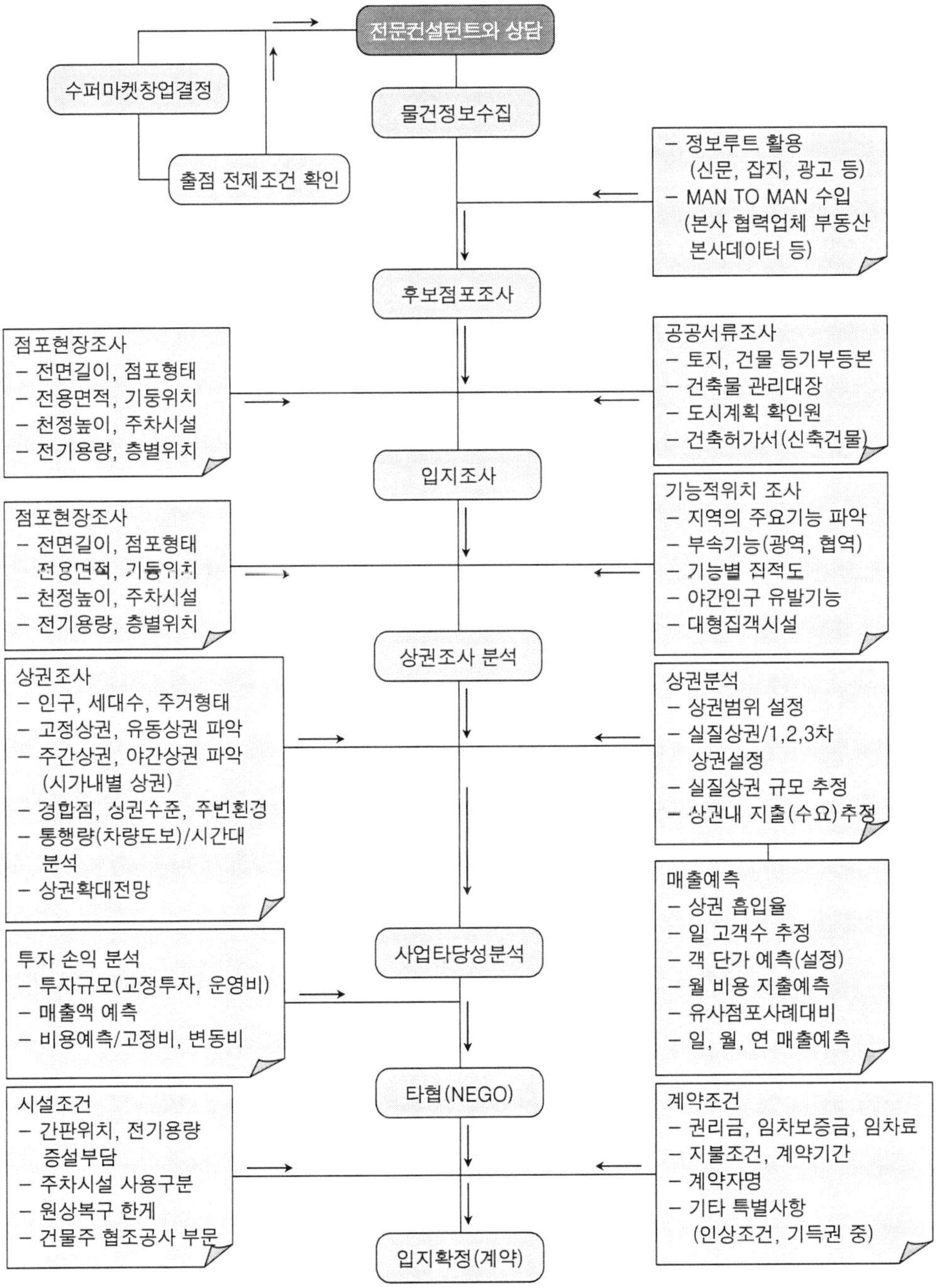

복합점포를 꾸며 내점율을 높여 영업하는 방법도 있다. 편의점, 경양식, 중식, 쇠고기, 돼지고기 정육점 등 서로 다른 업종을 선별하고 조합을 형성하여 복합점포를 꾸민다면, 이것도 훌륭한 외식기업의 개발전략이다. 물론 같은 부지에 공용주차장으로서 같이 사용한다.

사람마다 사는 생활도 다르고 시대에 따라 다르듯이 점포개발의 발상과· 수법도 다양하고 많다. 이러한 변화와 함께 입지조건도 항상 변화하며 새로운 모델의 아이템이 계속 탄생하는 것을 입지창출이라고 한다.

### (3) 점포계약시 유의사항

창업자의 어려움 중의 하나가 바로 점포계약과 관련한 사항이다.

점포임대 계약은 창업을 성공으로 이끄는 첫 단계임을 주지할 필요가 있다. 점포임대 계약이 꼭 짚고 넘어가야 할 사항을 점검해본다.

1) 우선은 점포가 영업에 적합한 곳인지를 조사한다. 건물의 노후상태와 출입문의 방향, 통행인구, 주차장의 유무, 주변 점포와 비교해 임대료가 적정 수준인지, 업종이 자주 바뀌거나 주인이 자주 바뀌는 지를 충분히 살펴보는 것이 좋다. 외식창업의 준비자세로는 처음 창업하는 경우에는 자금이 있더라도 크게 하는 것보다 작게 시작해서 경험과 노하우를 축적한 다음 규모를 점차 키워나가야 한다.

2) 다음은 법적으로 문제가 없는 건물인지도 살펴봐야 한다. 부동산 등기부등본 확인을 통해 부동산 소유주, 근저당권, 가등기 및 가압류 등의 설정 여부를 확인한다. 임대점포의 정확한 주소와 함께 관할 등기소에서 등기부등본(토지, 건물)을 확인해야 한다. 이 확인은 등기부등본, 부지증명, 토지대장, 건물대장, 도시계획확인원 등을 떼어 봄으로써 이루어진다. 또한 소유자와 임대인간의 임차관계를 확실하게 확인해두는 것이 좋다. 상가나 점포에 법률상의 문제가 있다면 손해 보는 것은 결국 임차인 자신이다. 상가건물을 자신의 눈으로 확인했다고 안심하거나, 그 점포의 소유자라고 주장하는 사람이 있다고 해도 실제로 그러한지 믿을 수는 없다. 벌률관계는 눈에 보이는 것이 아니므로 반드시 관련 서류를 떼어 보아 실수 없는 창업의 길을 밟도록 해야 한다. 한마디로 계약시에는 임대하려는 상가나 점포에 대한 권리관계는 어떠한지, 계약금을 받아가려는 사람이 진짜로 실소유자인지 확인절차를 밟지 않으면 안 된다.

3) 건물주의 신용상태조사 : 규모가 크고 작고간에 상관없이 계약은 매매하려는 물건에 대한 매도인의 의도를 알아보는 데서부터 시작한다. 매도자가 정보가 어두운

임차인을 일시적인 눈속임으로 속여 권리금을 높여 받으려 한다거나 악의를 가지고 가로채려는 경우도 있기 때문이다. 주인의 의도를 파악할 때에는 주인과 비슷한 이해관계를 가지고 있는 사람들은 피해야 한다. 주위 환경에 대해 잘 알고 있는 관련자, 점포에 대해 잘 알 수 있는 제3자, 정보지 등을 통해 얻는 정보가 더 객관성이 있기 때문이다. 기존의 주인이 장사가 잘 되지 않아 점포를 내놓는 경우에는 여러 형태가 있다.

4) 도시계획확인원과 건축물대장 : 점포를 구할 때는 등기부등본상 소유권과 근저당 유무 및 관할구청에서 발급하는 건축물대장, 도시계획확인원 등을 발급받아 해당 점포의 용도나 개발계획을 확인한다. 간혹 대상 건물이 사무실이나 주거용도로 되어 있는 건물들도 있다. 이 경우 임차인이 해당 건물에서 영업을 하려면 건물임차인은 건물주에게 건물 임차목적을 분명하게 밝히고 건물의 인·허가상에 문제가 없는지도 파악해두어야 한다. 가령 일반음식점을 창업하려 할 때 정화조의 용량부족을 이유로 허가가 안되는 경우가 있다. 이럴 때에는 건축물 자체의 하자이므로 건물주에게 해결을 요구해야 한다.

일반 음식점영업은 학교보건법 규정의 정화구역 내에 금지행위는 아니지만 가무, 유흥행위 등은 제한을 받게 된다. 절대정화구역인 학교출입문에서 직선거리 50m 이내는 휴게음식점이나 일반음식점 외에는 영업허가가 어렵고, 학교 경계선으로 직선거리 200m 지역 중 절대정화구역을 제외 한 곳은 상대정화구역으로 이곳에 유흥주점이나 단란주점 등을 창업할 경우는 학교 환경위생정화위원회 심의를 통과해야만 허가가 가능하다. 임차건물의 위치조건과 구조적인 하자가 없는지 임차목적에 관계되는 사항을 점검하여야 한다.

도시계획이나 업종 제한 지역 등의 함정이 도사리고 있는 경우도 있기 때문이다. 그러므로 점포를 얻고 계약을 할 때에 등기부등본으로 실소유자를 확인하는 동시에 자신이 얻으려는 상가가 도로와 같은 공공용지에 포함된 것은 아닌지, 재개발지역으로서 수년 내에 헐릴 지역은 아닌지를 반드시 확인해야 실패의 위험을 면할 수 있다. 이런 사항을 확인할 수 있는 것이 도시계획확인원이다. 상가소재지에 있는 시, 군, 구청에 가면 서류를 떼어볼 수 있다. 도시계획확인원을 열람함으로써 자신이 입주하려는 곳의 상권의 변화를 예측할 수 있는 긍정적인 측면도 있다. 예를 들어, 머지않은 장래에 역세권이 형성될 전망이라면 현재는 좋은 상권이 아니더라도 곧 훌륭한 상권이 형성될 것임을 짐작할 수 있다.

제 3 부

# 전략적 외식·식자재유통 경영관리

# 제 8 장 외식메뉴관리와 식자재유통상품계획

## 제1절 외식메뉴 및 식자재관리

### 1. 외식메뉴의 개념과 종류

#### (1) 메뉴의 개념

현대사업의 하나인 식음료사업을 볼 때 차림표는 단순한 가격과 품명, 그리고 구매조건의 제시에만 그치고 있는 것이 아니라 고객과 기업체를 연결하는 친근감을 주는 판매촉진의 매체로서 역할을 다하고 있으므로 현재 메뉴에 대해 세계 곳곳에서 꾸준한 연구가 계속되고 있다.

메뉴가 사용되기 시작한 것은 '1498년경 프랑스 어느 귀족의 아이디어'에서 그 후 1541년 프랑스에서 앙리 8세 때 '브랑위그'라고 하는 공작이 향연을 베풀 때 요리에 관한 내용과 순서 등을 메모하여 자기 식탁 위에 올리고 차례로 나오는 요리를 즐기고 있었는데, 이 메모가 '정찬의 요리표' 즉, 정식 식사의 메뉴로 사용하게 되었다.

메뉴는 레스토랑을 가장 잘 표현하는 대표적인 기능을 하고 있고, 판매상품의 여러 가지 정보를 가장 잘 알리는 수단으로 레스토랑은 메뉴에 의해서 평가된다고 말할 수 있다. 메뉴에 대한 전문가는 특정 레스토랑의 메뉴를 통하여 한 번도 가보지 않은 레스토랑의 전체적인 개념을 읽을 수 있다고 한다. 이와 같이 메뉴는 레스토랑에서 제공하는 식료와 음료를 기록하여 고객에게 알리는 단순한 역할을 수행하는 수단이상의 역할을 하고 있다. 외식사업의 메뉴관리는 상품관리와 깊은 관계가 있다.

### (2) 메뉴의 유형과 종류

#### (1) 메뉴제공 유형에 따른 분류

① 정식

한끼분의 식사전체로 구성되며, 미각, 영양, 분량의 균형을 도모하는 식단을 말한다. 최근 들어, 고급 레스토랑에서는 그다지 인기가 없으나 중저가형의 레스토랑에서는 많이 이용되고 있으며, 핵심은 메인 아이템이다. 특징은 제공되는 상품 수가 제한되며, 가격통제가 쉽고, 저렴하게, 고객의 취향에 따라 상품변경이 안되는 단점이 있다.

② 일품요리

고객이 스스로 자기의 기호에 맞는 음식을 식성대로 한 가지씩 선택하여 먹을 수 있는 음식으로 현재 대부분 식당에서 사용하고 있는 메뉴이다.

③ 특별요리메뉴

특선요리, 특별요리(오늘의 특선요리) 또는 오늘의 요리, 주방장이 추천하는 요리 등으로 불리는 이 특별메뉴는 당일 시장에서 사들인 신선한 재료를 가지고 고객의 기호성에 맞추어 양질의 재료와 저렴한 가격으로 고객에게 서비스하는 음식을 말하는데 정식요리와 일품요리의 장점만을 혼합시킨 메뉴이다. 그 장점은 다음과 같다.

- 매일매일 준비된 메뉴(음식)를 고객에게 빠르게 제공할 수가 있다.
- 재료의 사용에 있어 저장재료를 낭비하지 않고 사용할 수가 있다.
- 고객의 메뉴선택을 쉽게 해주는 역할을 한다.
- 매출액 증가에 기여한다는 점이다.

#### 4) 뷔페

음식메뉴가 다양하게 구성되어 일정액을 지불하고 구성되어 제공되는 전체요리를 고루 먹을 수 있는 장점이 있다.

#### 2) 메뉴의 종류

① 간판메뉴(대표)

차별화, 개성화하여 고객에게 어필하는 수단으로 자기 점포만이 갖고 있는 개발메뉴로 특히 Take out이 많은 점포는 이용률을 높이기 위해 필요하다.

② 판촉전략 메뉴

코스트가 낮으며 조리를 간편하게 할 수 있고 주방의 능력과 객석수를 고려하여 판촉전략(할인쿠폰, 전단지, DM, 식사권(시식 또는 상품권 등)을 전개할 수 있는 메뉴이다.

③ 런치타임 메뉴

회전율을 높이고 고객의 부담을 덜어주기 위해 중식시간에만 판매하는 한정메뉴이다.

④ 티 타임 메뉴

가볍게 할 수 있는 간식음료로 여성고객이 많은 헬스클럽이나 스포츠 시설주변에 한정되어 판매되는 메뉴이다.

⑤ 계절메뉴

계절의 미각을 자극시키기 위해 개발된 1~2가지 메뉴이다.

⑥ 디너메뉴

일과 후 가족이나 회사동료 또는 회식용으로 이용할 수 있는 메뉴로 단품보다는 10~15%정도 할인된 코스메뉴가 좋으며, 이때 전략적인 차원에서 음료나 디저트를 최대한 배려하여 후미를 장식해야 한다.

## 2. 메뉴관리전략

### (1) 메뉴관리의 의의

메뉴는 식단 또는 차림표이며 레스토랑의 이미지, 판매수단으로서 식당의 이익과 직결되어 고객의 마음을 사로잡는 수단이 되며 그 레스토랑의 승패를 결정짓는 가장 중요한 요소 중의 하나이다. 또한 메뉴의 종류에 따라 주방의 설비와 배치가 결정되며 각종 설비관리 및 조리방법들이 크게 달라진다. 각 영업장의 이미지를 대변하며 경쟁적 우위의 수단이 될 수도 있고 고객의 수요에 영향을 주기 위한 수단으로써의 역할을 한다.

외식산업시장에서의 경쟁은 메뉴간의 경쟁으로 현저하게 나타난다. 소비자들을 만족시키기 위해서 소비자들의 소리에 귀를 기울여야 하고, 변화하는 시장의 요구를 지속적으로 수용해 나가야 한다.

**그림 8-1** 메뉴의 기능

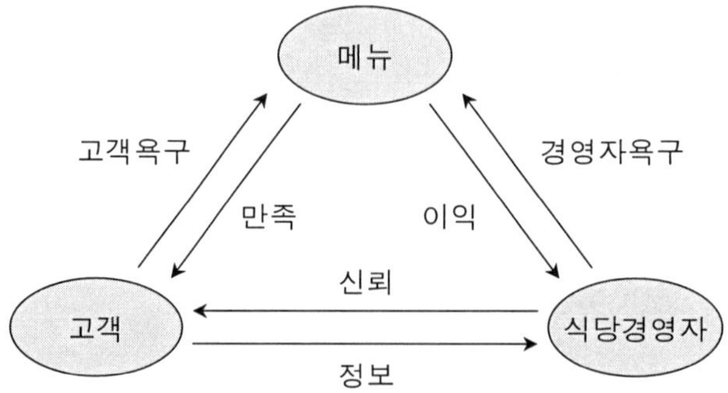


### (2) 메뉴 계획시 고려 사항

메뉴의 계획은 고객의 욕구와 조직의 목표를 진단한 후에 관리자와 고객의 측면에서 환경적 요소를 고려해야만 고객을 지속적으로 유치하고 매출에 기여하는 성공적인 메뉴가 계획될 수 있다. 또한 메뉴의 계획은 메뉴라는 단일적인 계획에서 끝나는 것이 아니라 그 메뉴에 맞는 디자인, 시설, 장비선택 등의 모든 활동이 복합적으로 이루어져야 한다.

따라서 메뉴를 계획할 때는 고객의 욕구에 근거하여 취향 및 선호도에 따라 목표시장을 선정하고, 입지성, 시장성, 경제성, 식자재 수급 상황, 판매 가격 결정, 고객층 조사, 메뉴의 조화, 예산, 품질 기준 설정 등을 바탕으로 계획을 하여야 한다. 최근 패밀리 레스토랑의 수가 증가하고 다양한 외식사업체가 등장하면서 동업종끼리의 경쟁이 날로 심각해지고 있다.

이런 시기에 경쟁우위를 차지해 살아남기 위한 방법은 메뉴를 분석하고 변화하고 앞서가는 메뉴를 개발하여 차별성을 확보해야 할 것이다.

오늘날의 메뉴는 양보다는 질을, 그리고 미보다는 기능적인 면을 중요시하는 추세이다. 이러한 점을 고려할 때 아이템의 수를 제한하는 것이 관리와 마케팅적인 측면에서도 유리하다는 주장이 우세하다. 그럼에도 메뉴계획자들은 다양성의 미명아래 아이템의 수를 고집한다. 그러나 아이템의 수와 다양성은 다른 차원에서 고려되어야 한다.

메뉴상에 제공되는 아이템의 수에 관계없이 고객이 선호하는 아이템의 수는 각 그룹에 4~5개 아이템으로 제한되어 있다. 대부분의 메뉴계획자들이 아이템의 수를 제한하는 것이 다양성을 제한하는 것으로 생각하고 있으나 아이템의 수를 제한하는 것이 다양성을 제한한다는 뜻은 아니다.

### 1) 정확한 고객층의 메뉴개발

메뉴를 개발할 때 메뉴개발자는 외식사업체가 지향하는 정확한 표적고객에 맞추어 그 고객층에 맞는 메뉴를 개발하여야 한다. 즉 신세대를 대상으로 영업을 하는 업체에서 30대나 40대가 좋아하는 음식을 개발하여 판매하는 형태나 40대 고객을 지향하는 외식사업체에서 신세대들이 좋아하는 음식을 개발하여 판매하는 것은 곤란하다.

### 2) 마케팅을 고려한 메뉴개발

메뉴 마케팅을 고려하여 메뉴를 개발하여야 한다. 최근 여러 업체들은 메뉴도 마케팅의 한 수단이라고 느끼고 있기 때문이다. 따라서 메뉴개발자는 고객의 욕구를 잘 인지하는 직원 및 영업 담당자와 협의를 하여 메뉴를 개발하는 것이 좋다.

### 3) 이벤트 메뉴개발

이벤트(Event)화 할 수 있는 메뉴를 개발하는 것이 중요하다. 고객에게 음식의 조리과정을 보여 수어 고객으로 하여금 기다리는 시간의 지루함을 달래고 재미를 주는 이벤트 메뉴는 이제 메뉴 개발의 필수적인 것중 하나이다. 고객의 수준이 향상되고 양적인 면보다 질적인 면을 중요시하는 고객이 점차 증가함으로 이제는 단순히 주방에서 조리하여 서비스하는 메뉴보다는 고객의 앞에서 조리 또는 고객이 직접조리를 하는 이벤트적인 메뉴 개발이 필요하다. 고객의 앞에서 직접 조리를 하면 시각적인 맛을 더하여 고객으로 하여금 시각적 맛의 효과를 더할 수 있으며 조리되는 시간에 지루함을 잊는 시간이 되고 위생에 관한 안전함을 느끼게 된다.

### 4) 재고관리를 고려하여 개발

같은 재료를 사용한 메뉴가 다양하게 개발되어지고 있어 식자재 재고를 현저하게 줄일 뿐만 아니라 경영에도 큰 영향을 줄 수 있다. 새로운 메뉴 개발 이전까지 원재료 구매가 지속적으로 조달이 어려운 원재료가 있는가를 정확히 파악하는 것도 중요하다. 최소의 원재료를 재고로 할 수 있고 재고가 줄어든 만큼의 재원을 다른 곳에 활용할 수 있는 이점이 있다.

### 5) 기획메뉴상품개발

어떤 상품을 주력 상품으로 판매할 것인가에 중점을 두고 메뉴개발이 이루어져야 한다. 기획메뉴상품은 개발된 메뉴에서 판매를 촉진하기 위하여 전략상 만든 메뉴이므로 두 가지 이상이 혼합된 메뉴를 상품으로 만드는 것이 유리하다. 또한 가격측면에서는 저렴하게 하여야 하고 기획 메뉴에 있어서 새로운 종류의 기획메뉴가 개발되었다면 그 중 가장 판매에 역점을 두어야 할 메뉴를 메뉴북(Menu Book)의 가운데에 위치하게 하는 것이 좋다.

#### 6) 건강메뉴개발

화학약품을 사용한 원재료나 유전자 변형의 원재료가 많이 있다. 그러므로 고객은 외식사업체를 찾을 때에도 항상 의심을 가지고 메뉴를 주문하는 경우가 많다. 따라서 메뉴 개발자는 청정한 원재료를 사용한 메뉴 개발에 중점적인 역점을 두어야 한다.

#### 7) 식이요법 메뉴개발

현대인은 다양한 질병과 너무 많은 영양을 섭취하여 비만에 상당한 관심을 가지고 있다. 따라서 외식사업체에서는 저칼로리 또는 다이어트 메뉴를 한 가지 이상 개발하여 고객의 욕구에 부응하는 것이 좋다. 따라서 이러한 메뉴는 영양학적으로 입증을 시킬 수 있어야 한다.

#### 8) 주방 설비를 고려하는 메뉴개발

주방의 조리기구나 조리기계의 가격이 너무 높아 주방설비를 제대로 갖추지 않고 경영하는 업체들이 많다. 설비를 고려하지 않은 메뉴를 개발하여 음식의 맛을 떨어뜨리고 고객을 무시하는 경향이 있으므로 메뉴를 개발하기 전에 주방설비를 고려하여 조리시 정확한 음식의 맛이 나타나도록 해야 한다.

#### 9) 메뉴 북

현재의 상당수 음식점에서는 메뉴 북(Menu Book)을 단지 고객이 음식을 시키는 한 부분으로만 생각하여 다른 외식사업체에서 사용하는 것을 모방하는 경우가 많다. 메뉴 북은 개발된 메뉴에 부가가치를 높이는 중요한 요소가 되기 때문에 메뉴 개발자는 개발하기 전에 어떠한 메뉴 북을 사용할 것인가를 생각하고 도안하는 것도 메뉴의 부가가치를 높이는 중요한 요인이라 할 수 있다.

### (3) 메뉴분석방법

외식산업에 있어서 메뉴분석방법은 다양하다. 많은 사람들이 권하는 최선책은 가장 고객에게 인기도 있으면서 가장 수익성이 높을 메뉴를 골라내는 분석 방법이다.

그러나 업체별 메뉴의 성격이 틀리고 외식사업체는 주위 환경의 다수 요인의 영향을 크게 받기 때문에 동일한 분석방법을 적용하기가 쉽지 않다.

### 1) 메뉴 ABC분석

일반적으로 패스트푸드 레스토랑에서 사용하는 방법으로 메뉴 아이템의 20%가 전체 아이템의 80%를 차지한다는 법칙을 적용한 방법이다. 이 방법은 메뉴부분만 분석하여 고객에게 인기 있는 메뉴가 무엇인지 찾아내고 그 인기를 유지하기 위해 사용된다.

### 2) SWOT분석

이것은 기업의 외부적인 위협요소와 기회요소 그리고 내부적인 강점과 약점을 분석하는 방법으로 모든 외식사업체중 프랜차이즈형 외식사업체에서 사용한다.

### 3) 밀러의 분석

가장 낮은 원가 메뉴와 가장 높은 매출양의 메뉴들이 가장 좋은 영업성과를 가져온다는 접근방법으로 각 파트별로 메뉴를 구성하고 있는 전체코스, 스프, 주요리, 샐러드, 후식으로 메뉴가 구성된 고급 레스토랑이나 패밀리 레스토랑, 고급 한정식, 고급 일식당 등에서 사용된다.

### 4) 메뉴엔지니어링을 통한 수익성과 인기성 메뉴분석

메뉴엔시니어링은 업소에서 판매하고 있는 메뉴품목을 일정기간을 정하여 그 메뉴의 인기도와 수익성을 분석하는 방법이다. 전체 매출액에 대한 각각 메뉴들의 상대적 비중을 나타내주기 때문에 일품요리를 하는 외식사업체나 단품메뉴들로 구성되어 있는 업체, 패밀리레스토랑, 호텔에서 운영하는 레스토랑 등에서 사용될 수 있다.

### 5) 파베식의 분석

판매량에 따라 낮은 식재료원가율과 높은 공헌 이익을 내는 메뉴가 가장 좋은 메뉴이다. 총수익과 식재료비율을 고려한 방법이기 때문에 김밥전문점, 돈까스전문점, 우동전문점, 피자전문점 등 단품메뉴를 취급하는 업체에서 이용된다.

### 6) 메뉴스코어링 분석

메뉴 가격의 변화, 인기도, 원가, 이익 공헌도 등이 판매에 미치는 영향을 측정하는 방법으로 불특정 다수를 고객으로 하는 역주변의 외식사업체들과 최고의 상권을 자랑하는 특급지역에서 영업하는 외식사업체에서 이용된다.

#### 7) 헤이스와 허프만의 분석

순수익을 기준으로 메뉴에 대한 수익성을 분석하고 식재료 원가뿐만 아니라 고정비와 변동비를 고려하여 손익계산서를 만들어 순이익이 높은 메뉴에 기준을 둔다. 그렇기 때문에 뷔페레스토랑과 출장을 자주하는 외식사업체, 샐러드바를 중심으로 하는 업체에서 사용된다.

### (4) 메뉴관리전략

메뉴를 정할 때에는 전략이 있어야 한다.

전략은 상권을 충분히 파악하고 고객의 성향을 분석하면 가능하다.

주고객의 외식성향, 경제력, 미각수준, 연령, 이용 동기를 분석해서 거기에 맞추어 주는 부분을 가져야 한다. 부분적으로는 이렇게 주고도 남나 할 정도의 서비스 메뉴도 있어야 하고, 이집에는 이게 제일이야 하는 간판메뉴, 실속파를 위한 세트메뉴, 고객을 유인할 수 있는 전략메뉴를 준비해야 한다.

독창적인 메뉴가 없이 다른 집을 그대로 모방하여 운영하는 경우 고객이 자기점포를 찾아올 이유가 없게 되어 초기에는 영업이 어느 정도 될지 몰라도 얼마 가지 않아서 어려움을 겪게 되는 경우가 많다.

적절한 메뉴관리전략은 다음과 같이 요약해 볼 수 있다.

#### 1) 시장상황과 흐름에 관한 대응전략

사업경험이 없는 사람은 보통 유행을 따라 그 시기에 인기있는 아이템으로 몰려들게 된다. 즉, 사업경험이 없는 사람들은 우선 시장 내에서 유망한 아이템을 찾는다. 그리고 자신의 능력에 맞는 점포를 구하게 된다. 하지만 이들은 점포입지에 관하여서는 그다지 조사를 하지 않고 그 지역에서 우선 자신이 하고자하는 아이템의 점포가 있는지 없는지를 보고 점포를 열게 된다. 그 지역 내에서 자신이 하고자하는 점포가 없다는 것은 그곳의 입지가 좋지 않아서 자신이 하고자하는 아이템 점포가 망할 수도 있다는 점을 감안하여야 한다. 우선 어느 규모정도의 인구가 살고 있는지, 영업시간에 사람이 몰려드는지, 소비형태 및 소득수준은 어느 정도인지, 고객흡인시설이 있는지 등을 먼저 정확하게 파악하여야 한다.

### 2) 음식아이템 선정전략

주변상권의 업종분포를 조사해 보고 전체 업종 중 음식업이 차지하는 비중이 50%가 넘는 지역일 때 비로소 점포계약을 해야 한다. 만약 음식점이 차지하는 비중이 50%가 안되는데 계약을 했다면 판매업이나 서비스업으로 전환을 고려해 보아야 한다. 음식업이 잘되려면 그 지역의 업종분포에서 음식점이 차지하는 비중이 50%를 넘어야하고 판매업이 잘되려면 60%가 넘어야 한다. 음식점과 판매업은 일정지역에 많이 몰려 있어야 장사가 잘된다. 즉, 주변 상권에 음식업이 많다는 것은 그만큼 유동인구나 거주하고 있는 인구의 밀집도가 높다는 뜻이다. 점포를 정하였으면 그 다음은 세밀하게 업종분포를 조사해서 어떠한 아이템으로 장사를 할 것인지 정해야한다.

### 3) 메뉴 선정전략

메뉴를 선정하기 위해서는 여러 가지 조건을 생각해 보아야한다.

우선 자신이 좋아하는 메뉴를 선정해보고, 이것이 자신만의 독립점인지 아니면 기업의 도움을 받아서 하는 프랜차이즈인가를 고려해야한다. 그리고 메뉴의 브랜드화, 즉 자신의 점포만의 특색있는 요리를 만든다. 가격은 경쟁업소와 비교하여서 적정수준에서 결정한다.

이러한 점을 고려하였다면 그 지역의 특색에 맞는지 다시 한번 생각해 보아야한다. 예를 들면, 점심시간에 손님이 많이 모이는 곳에 입지를 하였다면 점심식사 메뉴로 든든하면서도 빨리 제공되는 요리여야 한다. 직장인들의 점심시간은 1시간이다. 이 시간 안에 직장인들은 점심도 먹고 잠깐의 티타임도 즐기며 휴식을 취하고 싶어한다. 그런데 메뉴는 코스요리에 시간은 1시간이상 소요되는 메뉴라면 잘못된 메뉴선정이다. 늦어도 10~15분 내에 제공되는 음식이여야 하며, 시간이 많이 걸리는 요리라면 세트메뉴를 개발하여 미리 준비를 해두고 손님이 몰려드는 시간에 빠르게 서비스할 수 있게끔 준비되어야 한다. 그리고 가장 중요한 것은 재료의 원가이다. 원가를 너무 줄이게 되면 식재료의 부실로 음식맛 까지 좌우하게 되어 손님을 실망시키게 된다. 하지만 손님을 만족시키기 위해 원가를 너무 높게 잡는다면 손님은 많아지겠지만 매출은 저조하게 된다.

이를 해결하기 위해서는 적정한 원가의 배분이 중요할 것이고 비싼 재료가 들어가는 잘 나가지 않는 메뉴가 있다면 과감하게 그 메뉴는 삭제하여야 한다.

### 4) 유행업종 타개전략

유행업종이 될 가능성 때문에 하고 싶은 사업을 포기할 필요는 없다. 아직까지는 전문점을 선호하는 것이 소비자의 추세이다. 하고 싶은 업종이 시장성이 없는 경우, 즉 수요량이 약하다고 판단되거나 아이템 자체가 신선할 경우는 점포의 외형은 전문점으로 노출을 시켜 신뢰감을 심어주고, 업종 자체의 낮은 시장성을 극복하기 위해서 점포내부에서는 또 다른 연계품목을 함께 판매하는 전략을 세우면 매출부진의 어려움을 극복해 나갈 수 있다. 예를 들어 하고 싶은 업종이 계절음식이기 때문에 가동시간이 짧아 제철이 아닌 경우의 어려움이 있을 때에는 이러한 한계를 극복하게 해주는 다른 업종과 함께 판매하는 방법도 고려할 수 있다.

### 5) 유망업종 선정전략

소득과 메뉴는 중요한 함수관계를 이루고 있다. 소득감소가 이루어지면 가장 먼저 소비를 줄이는 부분이 외식비 지출이다. 즉 외식비 지출감소에 따른 적절한 대응전략을 마련하여 소득과 메뉴선정을 연동지어 개발하여야 한다. 불경기의 메뉴와 호황기의 메뉴를 달리하여 시장동향에 맞게 하여서 메뉴가 수요자중심으로 변해야한다. 지금까지의 유망업태선정에서도 불경기 때는 저가 중심의 업태가 성공을 하고, 호경기 때는 중·고가 메뉴가 더 많이 판매되는 것을 알 수 있다.

그리고 우선 검증받지 않은 도입기 업종은 피해야한다. 도입기 업종이라고 해서 모두 유행업종이 되는 것은 아니다. 또한 도입기 업종이 유망업종이 될 가능성은 매우 낮다. 검증의 기준과 방법은 여러 가지가 있으나, 일반적으로는 창업전문가들의 공통된 견해, 해당업종에 대한 공통분모를 찾아보면 가장 객관적인 검증방법이 된다. 그리고 계절업종이나 방학을 타는 업종은 심사숙고하여야 한다. 계절에 치우친 아이템은 유행 업종이 될 가능성이 크기 때문이다.

## (5) 메뉴가격 결정방법

외식업체에서 가격결정방법은 기본적으로 관리자가 알고 있는 수요나 원가, 경쟁 중 하나의 변수만을 고려해 의사결정을 한다. 이외 가격결정을 할 때 다음 사항을 고려한다.

① 식재료 원가 비율을 고려한 가격결정 : 보통 30~40%선에서 형성되지만, 면류는 10~20% 수준이고, F/F점은 33~40% 정도, 생고기전문점 같은 고기류는 35~45% 정도임.

② 음식의 노하우가 독특하거나 그 노하우가 상대적으로 희소성을 고려하여 결정되는 가격 : 이때 가격을 높게 책정해도 무방하지만 확산되면서 가격이 내려가는 추세
③ 점포가 위치한 해당상권 소득수준과 고객층 그리고 경쟁점과 영업전략을 고려한 가격결정 : 충분하게 분석 후 가격결정을 해야 한다.
④ 비용에 목표이익을 합한 가격정책과 단체급식과 같이 최저 기본 객단가를 설정해서 하는 방법도 있다. 식당경영에 있어서 가격인상, 가격인하 시 적당한 사유와 명분이 있어야 한다.

### (6) 다양한 히트메뉴개발 기법

① 시각, 청각, 촉각, 후각, 미각 등 오감을 부각시킬 수 있는 메뉴개발
② 고객이 직접 참여할 수 있는 놀이 욕구를 충족시킬 수 있는 메뉴개발
③ 바쁜 날에는 판매메뉴 품목 수를 제한하고 특별한 날에는 특별메뉴를 개발
④ 질보다 양에서 히트메뉴개발
⑤ 벤치마킹을 하여 아이디어를 개량하여 메뉴개발
⑥ 유명식당을 많이 견학하여 경험이 축적되고 정열적인 의욕만 있으면 개발이 가능
⑦ 조리 관련 서적, 신문, 잡지, CATV, 인터넷 검색 등을 통한 스크랩과 정보수집으로 가능

### (7) 메뉴 북 제작목적과 기준

#### 1) 메뉴 북 제작목적

메뉴를 작성할 때 메뉴는 고객으로 하여금 제공될 음식을 효과적으로 정확하게 선택할 수 있도록 하는 구매수단인 동시에 식당의 주제를 반영한다는 것을 명심하여야 한다. 따라서 고객이 메뉴주문을 쉽게 할 수 있도록 도와주고, 또 그 식당에 대한 음식이 어떻게 나올까 하는 고객의 불안한 마음을 해소시켜 줄 수 있으며 고객이 쉽게 이용할 수 있게 해야 한다. 이에 따라 매출향상은 촉진시키고 번창하는 식당을 만들 수 있도록 시각적인 면을 최대한 고려해 도안하여 메뉴의 부가가치를 높이는 중요한 요인이 되는 판매촉진 수단이 되어야 한다.

### 2) 메뉴 북 제작기준

잘 디자인된 메뉴란 메뉴기획자가 의도한대로 설명, 레이아웃, 활자, 메뉴 북의 크기, 모양, 칼라 등이 그 식당의 전체적인 개념과 조화를 잘 이루어져야 하고 기능적으로는 메뉴의 역할을 잘 할 수 있도록 디자인 된 것을 말하는데 그 메뉴판을 만들기 위한 기본적인 사항들은 다음과 같다.

① 읽기 쉽고 보기 편하게 하기 위해서 소문자 형식으로 하고 사진이 없는 경우는 40종 메뉴 이내로 해야 하며, 사진이 있을 경우에는 최대 25종 메뉴 이내로 구성하는 것이 좋다.

② 12pt 아래의 글씨형태는 취하지 말 것이며, 12page가 넘지 않게 유의하여야 한다.

③ 고객의 시점에서 메뉴를 쉽게 선택할 수 있도록 구성해야 하며, 고객의 이용동기별로 구성하는 것이 좋다.

④ 고객들은 메뉴 북을 볼 때 상단부분에 시선을 집중시키고, 메뉴를 선택하는 경우가 많으며, 또 처음부터 보거나 마지막부터 보면서 원하는 메뉴가 나오면 메뉴 북 보기를 멈추는 경우가 많으므로 전략적인 메뉴는 앞부분이나 마지막 부분에 배치하는 것과 시선이 집중되는 중심에 배치하는 것이 전략적인 방법이다.

⑤ 지나치게 꽉 찬 메뉴기획은 좋지 않으므로 최소한 40% 정도의 여유공간을 두어야 한다.

⑥ 정찬 순(전채→스프→생선과 해산물→메인→샐러드→후식)으로 메뉴의 아이템을 배열시킨다.

⑦ 고객층에 맞추어 가격을 결정해야하는데 일반적으로 접대고객이 많은 경우는 고가→저가순서로, 직장인들이 많은 곳은 저가→고가 순서로 정해야 한다.

⑧ 메뉴 북은 창업시 좌석 수의 1.5배 정도 제작하면 무난하다.

⑨ 고객의 관심과 식욕을 돋을 수 있도록 잘 디자인되어야 하며, 점포 분위기와 어울리는 디자인과 색상을 선택했을 경우 내점한 고객에게 신선한 감각을 제공할 수 있어야 한다.

## 3. 식자재관리

### (1) 식자재관리의 목적과 활동

외식업소에 있어서 식자재 관리란 영업활동의 출발점으로서 영업활동에 필요한 식자재를 조금 더 효율적으로 관리할 수 있는 기술이다.

레스토랑에 있어서의 식자재 관리는 구매, 검수, 저장, 출고, 재고의 순으로 이루어지며, 여기서는 효율적인 관리는 식자재 구매로부터 출고까지의 전 과정에서 영업에 조금 더 유리하도록 관리해서 레스토랑의 수익에 일익을 담당하는 것이다.

외식업소에 따라 식자재의 원가율은 다양하지만 일반적으로 식자재 원가가 차지하는 비율은 30~40% 정도이다. 따라서 식자재를 알맞게 구매하여 최선의 상태를 유지하여 레스토랑의 이익창출에 기여하고, 소비되는 식자재의 효율적인 관리를 통해 식자재 품질의 향상을 기하며, 최상의 상품을 유지하는 것이 식자재 관리의 목적이다.

식자재 관리의 각 단계별 목적과 활동의 주요 내용을 살펴보면 다음과 같다.

#### 1) 구매관리

식음료에 있어서 구매관리란 적정한 품질, 수량, 시기, 가격, 장소, 공급원을 통해 확보, 구매해서 최적의 상태로 보관하였다가 이를 필요로 하는 주방과 주장에 그리고 그곳에서 필요로 하는 시간에 조달하여 상품인 메뉴제공을 원활하게 하는 과정으로 고객의 욕구에 부응하여 고객만족을 주며 이를 통한 원가절감, 신 메뉴개발이 지속적으로 이어져 식당영업을 활성화하는 것이다. 구매관리의 목적은 기존 규격명세서에 입각하여 최상의 상품을 최저가로 획득하려는데 그 목적이 있다.

#### 2) 검수관리

검수관리는 구매요청에 의해 주문되어 배달된 물품의 내용 즉 품질, 규격, 성능, 수량 등이 구매하려는 해당 리스트와 일치하는 가를 검사하고 수용하는데 따른 관리활동이다. 검수관리의 목적은 주문한 상품의 양과 질을 이미 견적된 가격으로 획득하려는데 그 목적이 있다. 이는 배달된 식자재의 품질, 수량, 구매명세서, 가격 등 제요소에 비추어 정확히 검수 및 평가를 통하여 그 물품을 받을 것인지 반품시킬 것인지를 결정하기 때문이다. 검수방법은 전수검수법과 발췌검수법이 있다.

#### 3) 저장관리

저장관리는 검수되어 입고된 식재료는 식당의 저장장소와 저장능력을 초과하지 않는 범위 내에서 식별과 위치의 확인이 용이하도록 분류하여 저장창고에 저장하고 잘 관리를 해야 한다. 저장관리의 목적은 적당한 양의 재고상품을 유지하고 신선도 유지와 파손에 의한 손실을 막으려는 데에 그 목적이 있다. 이를 위해 창고관리의 책임을 맡고 있는 저장관리인은 깨끗하고 적정온도를 유지하여 부패되기 전에 출고되어 사용할 수 있도록 주의해야한다. 따라서 저장시설에 대한 정기적인 점검과 관리를 통하여 정상적인 기능을 발휘하도록 하여야 한다.

### 4) 출고관리

출고란 생산활동으로 이어지는 최종단계로 저장하고 있는 창고로부터 입고되어 있던 식재료(육류, 공산품, 야채류, 소모품 등)가 인출되는 것을 말한다. 식자재 출고관리의 기본은 선입선출로 이는 식품의 품질과 고객의 안전에 중요할 뿐 아니라 냉장고나 저장실에서 손실되는 식자재량을 줄임으로서 원가관리와 재고관리를 체계적으로 할 수 있다.

출고관리의 목적은 식재료의 방출을 허가하고 그 지급서를 매일 매일 적절한 방법으로 밝히고 재고량 파악과 그 관리가 목적이다.

### 5) 재고관리

재고관리란 적정량의 식자재를 항상 보유함으로서 연속적인 생산을 촉진시키고 식자재의 유통량이나 가격의 변동에서 오는 불확실성에 대비하기 위한 관리기법이다.

특히 외식업체의 식자재관리는 식자재 저장관리 기간이 비교적 짧으며, 일정 기간 내에 판매되지 않으면 상품으로서의 가치가 없어지는 음식물을 취급하므로 보유량의 결정은 매우 중요하다.

**그림 8-2** 식음료 운영시스템

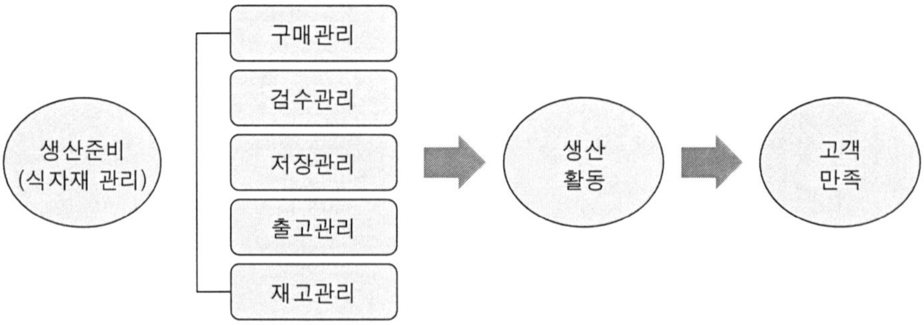

## (2) 식자재관리의 특성

### 1) 공급가격의 불안정

식자재의 많은 부분을 차지하고 있는 농수산물의 경우 날씨와 지역 여건에 따라서 생산이 불안정하고, 계절적인 요인에 따라서도 가격 및 공급량이 불안정한 특성을 가지고 있다.

### 2) 유통기간의 문제

식자재는 일정한 사용기간을 가지고 있다. 이런 식자재의 유통기한으로 인하여 적절한 재고량을 확보해서 과다보유에 의한 식자재의 낭비를 최소화하여야 한다.

### 3) 균일화, 규격화의 어려움

식자재의 모양, 품질, 특성 등의 다양성으로 인하여 다른 분야의 자재들처럼 규격화, 균일화하기 어렵다. 이는 결국 메뉴의 표준화에 어려움을 주는 가장 주된 요인이 된다.

## (3) 식자재의 분류

외식업소에서 사용하고 있는 식자재의 종류는 매우 다양하고 유사한 특성이 존재하기 때문에 식재료를 분류하여 보관하고 관리할 필요가 있다. 식자재는 크게 식료와 음료 자재로 분류하고 이를 다시 국산과 수입산으로 분류하는 게 일반적이다. 이것은 다시 육류, 가금류, 육가공품류, 생선류, 어패류, 유제품, 향신료, 야채류, 과일류, 잡품류 등으로 대분류하고 필요에 따라서 중분류, 소분류 한다.

음료의 경우에는 위스키, 진, 보드카, 브랜디, 리큐르, 와인, 에프리티프, 샴페인, 맥주, 주스류, 소프트 드링크로 분류한다.

**표 8-1** 일반적인 식자재의 분류

| 식자재의 구분 | | 내 용 |
|---|---|---|
| 축 산 물 | 육 류 | 쇠고기, 돼지고기, 가금류(닭, 오리, 칠면조 등), 기타(양고기) |
| | 유제품류 | 우유, 치즈, 버터, 요구르트 |
| | 육가공류 | 베이컨, 햄, 소시지 |
| 농 산 물 | 곡 류 | 쌀, 보리, 밀 등 |
| | 야채류 | 잎채소류(샐러리, 시금치 등), 뿌리채소류(당근, 감자, 우엉 등) |
| | 과일류 | 사과, 배, 포도, 오렌지 등 |
| 수 산 물 | 어 류 | 광어, 조기, 참치 등 |
| | 갑 각 류 | 게, 가재, 새우, 바닷가재 등 |
| | 패 류 | 조개, 석화(굴) |
| | 연 체 류 | 오징어, 문어 |
| | 해 조 류 | 김, 미역 |
| | 각종 동、식물성 기름 | 참기름, 들기름, 올리브유, 라드유 |
| 가공식품 | 일반가공품 | 옥수수 캔, 냉동만두, 건포도, 잼, 각종 소스, 토마토케첩 |
| | 조미료 | 소금, 후추, 다시다, 설탕 등 |
| 음 료 | 주 류 | 소주, 맥주, 와인, 양주 |
| | 음료수류 | 커피, 주스류, 콜라, 사이다 |
| 비식품류 | 종이 냅킨, 세제, 이쑤시개 등 | |

자료 : 김은주·박진우, 전게서, p.222.

## 제2절 식자재유통상품계획

상품계획(merchandising)은 소매기업의 목표 달성을 위하여 제품믹스(product mix: 소매기관들이 그들의 고객들에게 제공하고자 하는 모든 상품이나 서비스)를 개발, 확보, 관리하는 과정을 의미한다.

상품화계획 활동은 시장세분화과정 즉, 전체시장을 보다 작은 세분시장으로 나누고(segmentation), 목표달성에 유리한 목표고객을 선정하고(targeting), 경쟁업체와 차별성 있는 특성(differentiation)을 고객의 마음속에 자리를 잡을 수 있도록 하는(positioning) 것을 기본으로 다음의 내용을 포함한다.

① 생산 또는 판매할 상품에 관한 결정(상품의 기능·크기·디자인·포장 등의 제품계획)
② 그 상품의 생산량 또는 판매량
③ 생산시기 또는 판매시기
④ 가격에 관한 결정

오늘날의 유통업은 일방적으로 제조업체의 제품을 전달만 하는 기능적 역할에서 벗어나 질 좋은 제품을 소비자에게 안정적으로 값싸게 공급함으로써 수익을 창출하고 있다. 생산자와 소비자 간의 매개역할을 하는 도소매 유통업은 소비자가 필요로 하고 욕구를 충족할 수 있는 상품을 구비하고 공급해야 한다. 식자재유통업자가 판매하고자 하는 상품의 개념과 상품믹스전략을 살펴보면 다음과 같다.

## 1. 상품의 개념

상품에는 제품자체 뿐만 아니라 디자인, 포장, 서비스 등과 같은 요소들도 포함되어 있다. 기업은 표적시장의 소비자 욕구를 충족시킬 수 있는 제품을 만들어야 하고, 유통업자들은 이러한 차별화된 제품을 선별하여 공급해야 한다. 차별화된 제품은 단지 제품의 기능, 품질, 편익뿐만 아니라 가격, 포장, 디자인, 이미지, 서비스 등을 종합적으로 고려해야 한다.

## 2. 상품믹스전략

상품믹스(product mix)는 점포가 판매하는 모든 상품의 집합을 말한다. 최적의 상품믹스전략을 수립하기 위해서는 넓이, 길이, 깊이 등의 세 가지 기준을 고려해야 한다. 그리고 최적의 상품믹스 설계에 영향을 미치는 요인은 자금동원능력, 공간할당, 마진과 회전율, 소비자 특성 등이다. 또한 각각의 점포의 상권이 서로 다르듯이 모든 점포의 최적 상품믹스 또한 점포에 따라 다르게 구성해야 한다. 상품믹스(product mix) 결정은 소매상의 자금과 회전율에 대한 제약, 경쟁자와 소비자에 의해 야기되는 제약과 점포공간의 제약 등 여러 가지 제약조건들을 면밀하게 검토하고 결정해야 한다.

식자재유통업은 상품의 다양성과 전문성을 추구하는 정도에 따라 상품의 기획능력이 결정되고, 결과적으로 점포의 경영성과에 영향을 미치게 된다.

### (1) 넓이

제품믹스의 넓이(width)는 소매상이 점포 내에 가지고 있는 제품 계열, 즉 상품라인의 수를 말한다. 상품의 폭 또는 상품의 종류가 많다는 것을 의미하며, 해당 제품내의 다양한 브랜드 수를 말한다. 예를 들면, 오리온은 비스킷 계열, 캔디 계열, 껌 계열 등 다수의 과자 계열을 가지고 있다. 다양화의 개념이다.

### (2) 길이

제품믹스의 길이(length)는 전체 품목의 수를 말한다. 제품구색이라고도 불리며 해당 제품내의 브랜드 수를 말한다. 상품의 구색이란 상품 브랜드의 넓이와 깊이를 어느 정도 제대로 갖추었는지를 의미한다.

### (3) 깊이

제품믹스의 깊이(depth)는 각 품목의 변형들의 수로서 각 브랜드의 평균보유 단위를 말한다. 상품의 깊이는 각 브랜드 중 한가지의 단위에서 얼마나 깊이있는 상품이 있는지를 말한다. 예를 들면 슈퍼마켓이나 할인점은 다양한 용량과 용기형태의 우유를 판매하고 있지만 편의점은 가장 잘 팔리는 용량을 함유한 종이팩의 우유만을 한정해서 판매하는 것이다. 차별화의 개념이다.

# 제 9 장 가격결정관리

## 제1절 가격의 기본적 이해

### 1. 가격의 개념

일반적으로 상품을 구입하고 그 대가로 지불하는 화폐가치를 가격이라고 한다. 그러므로 소비자의 입장에서 보면 가격(price)이란 소비자가 제품이나 서비스를 획득 또는 사용을 통해 얻게 되는 가치에 대해 지불하는 대가라고 할 수 있다. 예를 들어 소비자가 화폐를 지불하고 외식상품을 구매하였다면, 그 소비자는 외식상품을 구매함으로써 얻을 수 있는 편리하고 자기만족에 대한 편익(benefit)이나 가치(value)에 대한 반대급부를 지불한 것이다.

마케팅에서는 주로 상품과 화폐의 교환을 중심으로 가격이라는 명칭을 사용하고 있는데 교환 당사자간에 가격이 결정되는 매커니즘에는 여러 가지가 있다.

첫째, 프랜차이즈 외식사업체들이 대량생산을 통해 다수의 소비자들에게 상품을 공급하는 구조에서 외식사업체가 시장상황에 따라 가격을 결정하고 모든 소비자들에게 동일한 가격으로 상품을 판매하는 방식이 가장 일반적이다.

둘째, 소비자와 외식사업체간에 이루어지는 거래에서는 서로간의 협상을 통해 가격이 결정되기도 한다. 소비자와 외식사업체들 간의 거래 또는 유통경로에서 이 방법으로 가격이 결정되는 것이 일반적이다. 이와 같은 가격 메커니즘 중에서 이떤 방식으로 결정되던지 교환당사자간에 상품의 가치를 나타내고 있으므로 사람들은 가격을 통해 상품의 가치를 판단한다. 일부의 소비자들은 상품의 가치를 가격에 비유해 구매하는 경향이 있다. 특히 '비싼 상품이 품질이 좋다거나 잘 모르는 상품일 경우 비싼 상품이 더 신뢰할 수 있다고 가격이 상품의 가치로 판단하는 기준으로 작용하기도 한다.

가격은 오늘날 국가경제, 소비자, 개별외식사업체 모두에 있어서 아주 중요하다. 이들 각각의 관점에서 가격의 중요성에 대해 살펴보기로 한다.

### (1) 경제적 측면

상품의 가격은 임금, 이자율, 이익 등에 영향을 미친다. 가격은 노동, 자본, 토지 등과 같은 생산요소의 할당에 영향을 미치므로 경제시스템을 규제하는 기본적 요소라 할 수 있다. 고임금의 노동력을 끌어들이고, 높은 이율은 자본을 끌어 들이게 된다. 자원의 분배기능을 하는 가격은 무엇이 생산되고, 생산된 재화와 서비스를 누가 획득하게 될지를 결정하게 된다.

### (2) 소비자 측면

소비자의 관점에서 보면 가격은 일종의 비용(cost)이다.

대부분의 소비자들은 상품의 구매시 가격에 다소 민감하게 되나 상표이미지, 점포위치, 서비스, 품질, 가치 등과 같은 다른 요인에도 관심을 갖게 된다. 또한 가격에 따라 상품의 품질에 관한 소비자의 지각이 달라진다. 일반적으로 가격이 높을수록 품질이 좋은 것으로 인식된다. '비싼 상품의 품질이 좋다'라든지 '어떤 상품이 좋은지 잘 모를 때는 비싼 상품을 사라' 등의 말 속에는 가격이 상품의 가치를 판단하는 기준이 된다는 뜻이 담겨있다.

많은 외식사업체들이 신상품을 개발하거나 기존상품의 개선을 통해 소비자들의 더 많은 가치요구에 대응한다. 이들은 가치를 상승시키기 위해 한두 개의 서비스를 추가하기도 하고, 일부 서비스를 제거하여 원가를 절감하고 가격을 인하하기도 한다.

### (3) 외식사업체 측면

가격은 외식사업체의 수익과 직결된다. 즉 이윤(profit)적 개념이다. 또한 외식사업체에서 볼 때 상품의 가격은 수익과 이익의 유일한 원천이지만 다른 한편으로는 소비자가 지불해야 할 상품구입의 대가이기 때문에 촉진의 한 수단이면서 동시에 경쟁도

구로서의 역할을 한다.

일부 외식사업체는 품질에 대한 소비자의 이미지를 높이기 위해 높은 가격을 사용하기도 한다. 이러한 방법은 품질을 중요하게 소비자에게 사용되는 것으로서 객관적인 기준으로 품질을 판단하기 어려운 제품 또는 서비스에 가장 잘 적용될 수 있는 방법이다. 고품질을 가장 효과적으로 알리기 위해서는 고가격이 광고메시지, 포장 등과 같은 다른 가시적인 마케팅믹스와 결합되어야 한다.

## 2. 가격결정의 의의

### (1) 가격결정의 목표

가격전략을 포함한 모든 마케팅활동은 목표를 달성할 수 있도록 만들어져야 한다. 따라서 마케팅관리자는 가격을 결정하기 위해 가격결정의 목표를 정해야 한다. 그러나 불행하게도 가격결정의 목표를 의식적으로 수립하는 외식사업체는 아직 드문 형편이다.

가격결정이 유용하기 위해서는 외식사업체전체의 목표 및 마케팅프로그램의 목표와 일관성이 있어야 한다. 외식사업체의 목표가 3년 이내에 현재의 투자수익률을 15%에서 20%로 향상시키는 것이라고 할 때 이 기간 동안의 주요 가격목표는 이를 달성하기 위한 것이 되어야 한다.

일반적으로 가격목표에는 이익지향목표, 판매지향목표, 현상유지목표 등이 있다.

#### 1) 이익지향목표

이익지향목표(profit based objectives)는 장단기에 걸쳐서 설정될 수 있는데 일반적으로 외식사업체가 취할 수 있는 이익지향목표는 아래의 두 가지이다.

① 목표수익달성

외식사업체는 목표수입(매출액이익률 또는 투자수익률)을 달성하기 위해서 상품의 가격을 매길 수 있다. 많은 외식사업체들은 1년 또는 계절적인 주기 등과 같은 짧은 기간 동안의 가격목표로 매출액이익률을 사용한다. 이들은 예상되는 운영비와 특정기간 동안의 희망이익을 합한 금액을 상품의 원가에 더하여 가격을 결정한다.

② 이익극대화

가능한 많은 이익을 남기기 위한 가격목표는 다른 목표들에 비해 논란의 소지가 많다. 이익극대화목표는 일부 사람들에게 부당이득, 고가격, 독점 등을 연상시켜 외식사업체이미지를 손상시킬 수 있다.

이익극대화목표가 장기적으로 추구된다면 외식사업체에게 아주 유용한 것일 수 있다. 하지만 그렇게 하기 위해 외식사업체는 단기적으로는 적정한 이익을 추구하거나 경우에 따라서는 손실을 감수해야 한다. 예를 들어 새로운 시장에 진입하거나 신상품을 출시하는 외식사업체는 고객확보를 위해 최초에는 낮은 가격을 매김으로써 최선을 다한다. 그리하여 이들 고객으로부터 반복구매가 이루어지면 결국 장기적으로 이익을 극대화할 수 있을 것이다.

### 2) 판매지향목표(sales based objectives)

외식사업체의 가격목표를 매출액에 두는 외식사업체도 있다. 이러한 외식사업체의 가격결정목표는 매출액을 증대시키는 것이거나 시장점유율을 유지 또는 향상시키는 것일 수 있다.

#### ① 매출액 증대

매출액을 증대시키려는 가격목표는 급속한 성장을 원하거나 다른 외식사업체의 시장진입을 저지하려는 외식사업체가 주로 사용하는 목표이다. 이러한 목표는 일정기간동안 매출액의 몇 퍼센트 증대 등과 같이 나타난다. 마케팅관리자는 가격할인이나 기타 공격적인 가격전략을 통해 매출액 증대를 추구할 수 있으며 때로는 단기적인 손실을 기꺼이 감수하려고 한다. 예를 들어 외식사업체들이 비수기의 매출을 증대시키기 위해 가격할인을 제공하기도 한다.

#### ② 시장점유율 유지 또는 향상

외식사업체들은 시장점유율을 유지하거나 향상시키는 것을 가격목표로 삼는 경우가 있다. 현재 대부분의 시장은 성숙기에 접어들었고 외식사업체는 잉여생산설비를 갖고 있다. 따라서 많은 외식사업체들은 조업도를 높여 규모의 경제를 달성하고 이익을 획득하기 위해 매출액을 늘릴 필요가 있다. 그런데 시장의 규모는 대개의 경우 크게 성장하지 않기 때문에 외식사업체는 시장점유율을 높여 매출액을 늘리려고 한다.

일부 외식사업체들은 자신의 시장점유율을 유지하는 데 목표를 두고 있다. 예를 들어 자신의 점유율을 유지하기 위해 이익을 줄이고 원가를 절감함으로써 판매가격을 낮추고 있다.

#### 3) 현상유지목표(status quo objectives)

가격안정 및 경쟁회피라는 두 가지의 밀접한 목표는 모든 가격목표 중에서 가장 방어적인 것이다. 이들은 외식사업체의 현재 지위를 유지하기 위한 것에 관심을 두고 있다.

이 접근법은 경쟁가격결정법(competitive pricing)으로 시장점유율이 낮은 회사가 시장선도 기업, 예를 들어 Burger King, Wendy's, Hardee's는 McDonald's의 가격변화를 따라 가는 것이다.

가격안정화는 상품이 표준화되어 있거나 하나의 외식사업체가 가격을 결정하는데 있어서 선도자로서의 역할을 행하는 산업에서 자주 이용하는 목표이다.

### (2) 가격결정에 영향을 미치는 요인

가격의 목표가 설정되면 가격결정의 가장 기본적인 정보인 상품의 기준가격(base price)에 대해 살펴볼 필요가 있다. 기준가격(정상가격 또는 표시가격)은 생산 또는 재판매 시점에서의 상품의 한 단위당 가격을 의미한다. 이러한 가격은 할인이나 선도가격 등과 같은 일시적 가격변화를 반영하지는 않는다.

신상품이나 기존상품 모두 가격결정에는 동일한 절차가 요구된다. 그러나 기존상품의 가격결정이 신상품의 가격결정에 비해 비교적 쉬운데 이는 시장에 의해서 정확한 가격 또는 가격범위가 정해져 있기 때문이다. 가격목표 이외에 가격결정에 영향을 미치는 요인들을 살펴보면 다음과 같다.

#### 1) 상품원가

상품의 가격결정에 있어서 원가는 반드시 고려되어야 할 요소로서 가격의 하한선을 결정한다. 외식사업체는 상품의 생산, 유통, 판매 등에 소요되는 비용을 충당하고, 투입한 노력과 위험에 비추어 적정이익이 보장되는 수준에서 가격을 결정하려 할 것이다. 상품의 총원가는 몇 가지 유형의 원가로 구성되어 있고 생산되는 상품의 수량이 변화함에 따라 다르게 나타난다.

#### 2) 추정수요

가격을 결정하기 위해 외식사업체는 상품의 총수요를 예측해야만 한다. 일반적으로 총수요의 예측은 신상품보다는 기존상품이 쉽다. 수요의 예측은 먼저 소비자들이 기대하는 가격이 존재하는가를 살펴보고 상이한 가격대에서 매출이 얼마나 발생할지를 추정해 보는 단계로 이루어진다.

상품의 기대가격은 소비자들이 의식적이건 무의식적이건, 상품에 대해 지불할 가치가 있다고 생각하는 가격을 의미한다. 기대가격은 특정가격으로 나타나는 것이 아니라 일반적으로 '2만원에서 3만원', '2만원 이하' 등과 같이 가격범위로 표시된다.

판매자들은 특정상품에 대해 소비자들이 수용할 수 있는 가격이 얼마인지를 측정하기 위해 경험있는 외식업 종사자를 활용하거나 소비자들 대상으로 직접 조사해 볼 수 있다.

#### 3) 경쟁자의 반응

경쟁은 기준가격에 큰 영향을 미친다. 신상품은 경쟁자가 등장하기 전까지만 그 특이성을 인정받을 수 있으며 잠재적인 경쟁자의 위협은 시장진입이 쉽거나 기대이익이 크다고 생각될 때 보다 크게 나타난다. 경쟁은 다음과 같은 경우에 나타날 수 있다.

① 유사한 상품

나이키운동화와 아디다스운동화, 유사한 브랜드의 통닭집 또는 패스트푸드

② 이용가능한 대체재

택배업체와 철도화물, 횟집과 일식집, 쇠고기와 돼지고기

③ 소비자의 한정된 예산을 확보하려는 상호 관련없는 상품

스테이크와 삼겹살이 대체재인 경우 경쟁자는 상품의 가격을 조정할 수 있다. 이 경우 외식사업체는 그들의 고객을 유지하기 위해 가격조정이 필요한지, 필요하다면 어떻게 해야 하는지를 결정해야 한다.

### (3) 가격결정방법

어떤 방식으로 가격을 매길 것인가는 특정한 기준에 따라 가격을 결정하는 기술적 과정에 관한 것으로 자사상품의 가격범위를 어느 정도로 할 것인가에 관한 문제이다.

#### 1) 원가가산법

원가가산법(cost plus pricing)은 간단하고 설명하기 쉬워서 외식사업체가 상품의 가격을 결정할 때 가장 많이 사용하는 방법으로 상품 한 단위의 가격을 단위당 원가와 단위당 희망이익을 더한 금액으로 매기는 방법이다.

원가가산법은 생산된 상품원가에 이익 폭(markup)이라고 하는 금액을 더한 것이다. 이익 폭은 점포운영비와 적정한 이익을 더한 금액을 커버할 수 있을 만큼 충분한

것으로 추정될 수 있다. 물론 가격결정을 하는 데 있어서는 고객의 기대를 고려해야만 한다.

전통적인 관점에서 본다면 원가는 가격의 중요한 결정요인이지만 유일한 것은 아니다. 원가는 외식사업체의 가격결정을 위한 최저수준이다. 만일 상품의 가격이 최저수준 이하로 장기간 유지된다면 외식사업체는 시장에서 철수해야 할 것이다.

### 2) 손익분기분석법

가격을 결정하는데 있어서 시장수요와 비용 모두를 고려하는 한 가지 방법은 손익분기점을 고려하는 손익분기분석법(break-even analysis)이다. 손익분기점은 특정 가격이 주어졌을 때 총수익과 총비용이 일치하는 지점의 생산량을 의미한다. 따라서 각각의 판매가격에 따라 상이한 손익분기점이 존재한다. 손익분기점을 초과하는 판매는 각 추가 단위마다 이익을 창출하게 되며, 손익분기점이상으로 매출이 늘어날수록 총이익 및 단위이익은 높아지게 된다. 손익분기점이하의 매출은 판매자의 손실을 의미한다.

손익분기분석에는 두 가지의 기본적인 가정이 내포되어 있다. 첫째는 총고정비가 일정하다는 것이고, 둘째는 단위당 변동비가 산출량에 관계없이 일정하다는 것이다. 그러나 실제로 고정비는 단기간에 변하지 않는다 할지라도 장기적으로 변화할 수 있으며 평균변동비도 대개는 변화가 심하다.

**그림 9-1** 손익분기점 분석

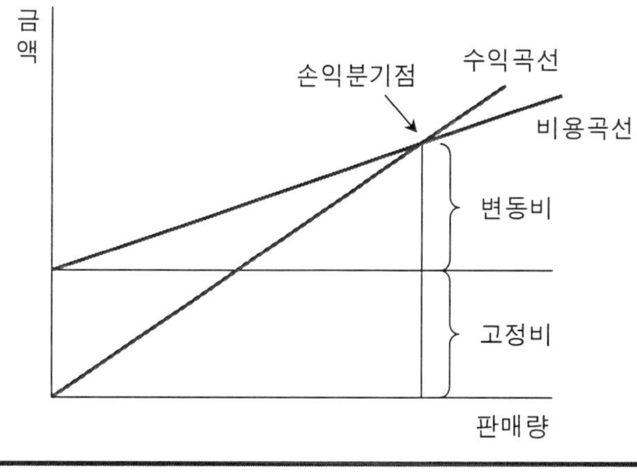

손익분기분석의 또 다른 약점은 외식사업체가 실제로 손익분기점의 수량만큼 팔 수 있는지 없는지는 설명해 주지 못한다는 점이다.

이러한 한계에도 불구하고 마케팅관리자는 가격결정 도구로서의 손익분기분석을 고려해야 한다. 이는 외식사업체가 단기적으로는 비교적 안정된 원가 및 수요구조를 가질 것이라고 보면 손익분기분석은 간단하면서도 유용한 가격결정법이 될 수 있기 때문이다.

## 제2절 가격결정전략

가격결정단계에서 대체적인 가격의 범위가 결정되고 나면 외식사업체는 이를 근거로 최종적으로 소비자에게 제시하는 가격을 결정해야 하는데 이를 위해 사용할 수 있는 전략에는 다음과 같은 것들이 있다.

### 1. 가격경쟁 대 비가격경쟁

마케팅프로그램을 작성할 때 마케팅관리자는 가격에 기초한 경쟁을 할 것인지 아니면 비가격경쟁을 할 것인지를 결정해야 한다. 이러한 선택은 외식사업체의 마케팅 프로그램에도 영향을 미친다.

#### (1) 가격경쟁

가격경쟁을 하는 외식사업체는 가능하면 상품의 가격을 내리는 대신 최소한의 서비스만 제공하려고 한다. 가격경쟁은 우리나라 뿐 만 아니라 세계 대부분의 나라에서 벌어지고 있는 현상이다. 많은 소비자들이 구매에 있어서 더 나은 가치를 추구하는 경향이 있기 때문에 많은 외식사업체들이 '가치에 기초한 가격결정'이라는 방법을 사용한다. 이는 상품의 가치를 높이기 위해 개발된 것으로 이를 위해 외식사업체는 비용의 삭감을 통해 동일한 편익을 더 낮은 가격에 제시하는 방안을 추구해 왔다. 가치는 또한 경쟁외식사업체에 비해 약간 높은 가격에 보다 나은 상품을 제시함으로써 향상될 수 있다.

### (2) 비가격경쟁

비가격 경쟁하에서 외식사업체는 마케팅프로그램의 가격외의 다른 측면을 강조함으로써 안정된 가격을 유지하고 시장에서의 자신의 위치를 개선하려고 시도한다. 물론 경쟁자의 가격이 고려되어야 하며 시간이 지남에 따라 가격변화가 발생할 수도 있다. 그럼에도 불구하고 비가격 경쟁하에서는 가격보다 다른 요소가 강조된다.

비가격 경쟁하에서는 판매자들이 상품차별화, 촉진활동, 기타 다른 방법을 사용해 수요를 변화시킨다.

비가격경쟁에서 최선의 방법은 자신들의 상품에 대한 강력한 상표자산을 구축하는 것이다. 이를 위한 두 가지 방법은 독창적인 상품을 개발하는 것과 신기하고 소구력있는 촉진 프로그램을 창출하는 것이다. 또한 일부 외식사업체는 다양하고 수준 높은 부가서비스를 제공하기도 한다.

## 2. 신상품의 시장진입전략

신상품을 개발해 시장에 진입하려고 할 때 마케팅관리자는 초기고가격(market skimming)전략을 사용할 것인지 아니면 시장침투가격(market penetration)전략을 사용할 것인지를 결정해야 한다.

### (1) 초기고가격전략

신상품에 대해 비교적 높은 초기가격을 설정하는 방법을 초기고가격설정방법이라고 한다. 이때의 가격은 대개 표적시장의 기대가격범위보다 높게 설정된다. 즉 상품의 가격은 가장 관심을 갖는 소비자들만이 신상품에 대해 지불할 수 있을 정도로 높게 매겨진다.

초기고가격전략은 다음과 같은 상황하에서 적합하다.

① 신상품이 소비자들이 열망하는 명백한 특성을 갖추고 있을 때

② 수요가 상당히 비탄력적일 때. 이러한 상황에서는 상품가격인하가 총수익 증대에 별다른 영향을 미치지 못한다.

③ 신상품이 진입장벽에 의해 경쟁으로부터 보호받고 있을 때

### (2) 시장침투가격전략

시장침투가격전략에서는 신상품에 대해 상대적으로 낮은 최초가격이 설정된다. 이때의 가격은 표적시장의 기대가격범위보다 낮다. 이 전략의 주된 목적은 대중시장에 신속히 침투하기 위한 것으로, 그렇게 함으로써 상당한 매출액을 올리고 높은 시장점유율을 창출할 수 있다. 동시에 다른 외식사업체로 하여금 경쟁상품을 도입할 의도를 갖지 못하도록 한다.

시장침투가격전략은 다음과 같은 상황에 가장 적합하다.

① 상품에 대한 대량수요가 존재할 때

② 수요가 아주 탄력적일 때

③ 규모의 경제에 의해 상당한 비용절감이 달성될 수 있을 때

④ 상품에 대한 치열한 경쟁이 이미 존재하거나 예상될 때

## 3. 할인 및 공제

할인 및 공제(discounts and allowances)는 기준가격에 감해 주는 것을 의미하는 것으로 이는 가격할인이나 무료상품 제공, 광고공제 등과 같은 다양한 형태로 나타날 수 있다. 할인과 공제는 외식사업체를 운영하는 데 있어서 일반적인 현상이다.

### (1) 수량할인

수량할인(quantity discounts)은 소비자들의 대량구매를 유도하기 위해 일정규모 이상을 구매할 경우 정가에서 일정금액을 감해 주는 것이다. 할인은 구매규모(금액 또는 수량)에 비례하여 이루어지는데 여기에는 비누적적 할인과 누적적 할인이 있다.

비누적적 할인은 상품의 1회 구매량이 일정액 이상이면 할인을 해주는 형태이다. 소매상은 상품을 100개미만 구입 시에는 단가를 2.000원에, 100개 이상 구입시에는 단가를 1,900원으로 판매할 수 있다. 비누적적 할인은 대량구매를 조장하기 위해 시도된다. 대개의 경우 청구서작성을 위한 노력이나 판매원의 급여 등은 판매자가 소량주문을 받을 때나 대량주문을 받을 때나 거의 동일하게 투입된다. 따라서 매출액에 대비한 판매비용은 주문규모가 커짐에 따라 감소하게 된다. 판매자는 그러한 절감분을 이용하여 대량구매자에게 할인을 제공할 수 있다.

### (2) 거래할인

거래할인(trade discounts)은 때로는 기능할인이라고도 불린다. 이는 상품의 저장, 촉진, 판매 등 외식사업자 대신 구매자가 수행하게 될 마케팅기능에 대한 대가로 구매자에게 제시되는 가격에서 차감되는 부분이다.

### (3) 현금할인

현금할인(cash discounts)은 물품대금을 특정기간 내에 지불했을 때 일정액을 차감해 주는 것이다. 이러한 할인은 정상가격에서 거래할인, 수량할인 등이 이루어지고 난 후 남은 금액에 대해서 계산되는 것이다.

### (4) 기타 할인 및 공제

냉면, 아이스크림과 같이 계절적으로 구매되는 상품의 경우 계절할인을 고려해 볼 만하다. 이는 비수기 동안 주문을 하는 사람에게 5% 또는 10%의 할인을 제공하는 것이다. 비수기의 주문은 외식사업체들로 하여금 생산설비를 보다 잘 활용할 수 있도록 해주며 재고유지비용의 절감을 가능하게 해준다.

## 4. 특별가격전략

최초가격설정, 현재가격평가, 가격수정 등을 효과적으로 하기 위해서 외식사업체는 다양한 특별가격과 이들이 적용될 수 있는 상황에 대해 알고 있어야 한다.

### (1) 단일가격전략 및 변동가격전략

마케팅관리자는 가격설정초기에 단일가격전략(one-price strategy)을 사용할 것인지 변동가격전략(flexible-price strategy)을 사용할 것인지를 결정해야 한다. 단일가격전략은 판매자가 동일한 수량을 구매하는 소비자에 대해서 같은 가격을 매기는 것을 의미한다. 변동가격전략(유연가격전략)은 유사한 소비자가 동일한 수량을 구매할 때도 상이한 가격을 매기는 것을 의미한다.

대부분의 외식사업체는 단일가격전략을 선택하는데 이러한 전략은 소비자의 관심을 가격으로부터 상품의 품질과 같은 다른 요소로 옮기게 한다. 단일가격전략은 판매자에 대한 신뢰를 구축할 수 있게 한다. 왜냐하면 이 방법은 구매자로 하여금 다른 고객이 더 낮은 가격에 상품을 구매하지는 않을까 하는 걱정을 하지 않게 해주기 때문이다.

변동가격전략은 일반적으로 대량구매를 하는 고객의 협상력에 따라 최종가격이 결정되는 것으로서 예를 들어 단체고객에게는 가격을 할인해 주는 경우이다.

### (2) 가격층(price lining)

가격결정시 많이 사용하는 방법으로 가장 잘 팔리는 상품의 가격이 예를 들어 10,000원에서 30,000원 사이라면 이 상품의 가격대를 10,000원, 15,000원, 20,000원, 30,000원으로 계층화하는 것을 말한다. 가격층을 사용하면 판매가 단일가격제에 의한 판매보다 훨씬 늘어날 것으로 기대하는데 이는 특정 가격층에 대한 집중적인 구매를 가능하게 해주기 때문이다. 즉 위와 같이 가격대를 분화시켜 여러 층으로 설정해서 소비자들이 적당히 가격층을 골라 원하는 품질을 선택할 수 있게 해줌으로써 상품판매를 늘린다는 것이다.

### (3) 단수가격

단수가격(odd price)은 심리적 가격전략으로 흔히 사용하는 전략이다. 단수가격은 천 단위 또는 만 단위로 정확히 끝나는 것보다 990원, 9,900원 등과 같이 그 수준에서 약간 모자란 금액으로 가격을 매기는 것이다. 단수가격의 이론적 근거는 가격이 낮게 설정되었다는 인식을 줌으로써 더 많은 매출을 올릴 수 있다는 점이다. 이러한 이유로 말미암아 동일한 상품의 가격이 1,000원일 때보다는 990원일 때 매출액이 더 높게 된다.

### (4) 유인가격(leader pricing)

많은 외식사업체들이 고객을 유인하기 위해 몇몇 품목의 가격을 일시적으로 낮추는 경우가 있는데 이러한 전략을 유인가격전략이라고 하고 가격이 낮추어진 상품을 유인품목(loss leader)이라 한다.

유인품목은 대개 빈번하게 구매되고 잘 알려진 상품이라야 한다. 이 전략의 기본적인 사고는 광고된 상품을 구매하러 온 고객이 정상가격의 다른 상품들도 구매할 것이며 따라서 전체 매출액 및 이익은 높아질 것이다.

### (5) 상시 저가전략과 high-low 가격전략

상시저가(everyday low price, EDLP)는 최근 들어 가장 유행하는 소매가격전략의 방법이다. 근본적으로 상시저가전략은 항상 낮은 가격을 유지하는 전략으로 대형 외식사업체에서 주로 사용하고 있다. 이러한 전략은 가격전략이라기 보다는 촉진전략의 일환이라고 보아야 할 것이다.

가격경쟁을 계획하고 있는 외식사업체가 상시저가의 대안으로 사용할 수 있는 것이 high-low 가격전략이다. 이는 일부 상품에 대해서는 상대적으로 낮은 가격을, 다른 상품에 대해서는 높은 가격을 제시하는 방법이다. 이 방법은 초저가라는 이미지를 심어주기 위해 잦은 가격인하를 공격적인 촉진전략을 결합하여 사용한다.

이들 중에 어느 것이 더 효과적인가에 관한 연구결과는 상시저가전략이 매출액을 더 높이는 것으로 나타났으나 이익은 high-low 가격전략이 더 많은 것으로 나타났다.

## 5. 판매가격정책

### (1) 심리적인 가격(psychological pricing)

상품의 품위유지 가격은 일종의 심리적인 가격에 속한다고 볼 수 있다. 단수가격(Odd Pricing)은 전형적인 심리적 가격이다. 어느 상품의 가격을 10,000원 하는 것보다 9,980원으로 판매가격을 정하는 것이 그것이다. 10,000원과 9,980원은 단지 20원 차이이나 심리적으로 훨씬 싼 것 같은 느낌을 주기 때문이다. 상품에 따라서 소비자가 생각하고 있는 가격대가 있다. 식품 2,000원대, 구두 10만원 안팎, 음료 1000원이하가 그것이다. 이 가격대를 넘으면 너무 비싸다는 인상으로 판매되지 않기 때문이다. IMF 경제하에서 환율이 올라 원자재 가격의 급등으로 엄청난 가격인상 요인이 발생하였으나, 이러한 가격대를 유지한 업체와 그렇지 않은 업체의 판매량은 큰 차이가 있었다고 한다.

예를 들면, 샤니, 삼립식품 등 제빵업체들은 소비자들의 식빵 값 마진노선을 감안 2,500원으로 값을 조정하였고, 일반 제과점은 3.000원으로 가격을 올렸다. 결과는 소비자 저항에 부딪친 제과점 빵의 판매 급감으로 나타났다고 한다.

음료업체들도 주원료인 설탕가격이 60%인상되었음에도 불구하고 '음료 한 깡통은 5백원'이라는 소비자들의 심리 때문에 가격을 올리지 못하고 있다. 소비자 가격이 1천

원대까지 올라가면 소비자들의 저항이 클 것이기 때문이다.

### (2) 단위당 가격

식품처럼 용기의 크기에 따라 그 내용품의 단위당 가격이 확실치 않은 경우가 있다. 즉, 280g짜리 불고기가 7,500원인 경우와 320g짜리 불고기가 8,000원일 경우 어느 것이 더 단위당 가격이 싼 것인가? 이런 문제를 가지고 미국의 소비자들은 단위당 가격을 확실히 하도록 요청하고 있고, 마케팅 학회에서도 단위당 가격을 인정하여 이를 촉구하고 있다.

### (3) 판매가격의 유연성

하나의 판매가격정책(one-price policy)이란 동일수량의 상품을 동일한 조건에서 구입하는 모든 고객에게 동일한 가격을 제공하는 것이다. 반면 동일 상품을 동일한 수량으로 구입할지라도 고객에 따라서 다른 판매가격으로 판매하는 경우가 있다. 이 판매가격의 유연성(flexible-price) 정책은 고객과의 특수한 관계나 경쟁자가 제공하는 가격을 맞추기 위하여 사용하게 된다.

### (4) 상품계열(line) 판매정책

예를 들면, 코스요리의 경우, 코스요리의 가격을 15만원, 25만원, 35만원등으로 구분하여 소비자가 원하는 코스요리를 선택하도록 하는 정책이다. 이렇듯 시장을 세분화하면 소비자는 원하는 가격대의 코스요리에서 양과 질 등을 선택하게 되므로 소비자나 외식사업체 모두에게 편리함을 준다.

### (5) 판매촉진 가격(promotional pricing)

이것은 판매촉진을 위해 보통 판매하던 가격보다 가격을 낮춰 일시적으로 판매하는 것을 말한다. 개업할인 판매가격, 설립 5주년 할인판매 가격 등이 그것이다. loss leader가격 정책이다. 즉 한 두 개의 상품에 원가 이하의 판매가격을 붙여 소비자에게 상품이 싸다는 인상을 주고 난 뒤 자기 외식사업체로 유도된 소비자에게 다른 상품들은 정상적인 판매가격으로 판매하는 정책이다.

## 6. 식자재유통업의 가격결정전략

식자재유통업자(도·소매업자)가 직면하는 가장 중요한 의사결정 중 하나가 가격책정이다. 가격을 경쟁우위의 원천으로 채택하고 있는 업태(할인점)의 경우에는 더욱 중요한 의사결정사항이 된다. 가격결정은 그 기업의 사명, 목표와 목적, 전략, 운영관리(상품계획, 촉진믹스, 건물 및 설비, 서비스 수준) 등을 고려하여 상호작용적인 의사결정을 하는 것이다.

가격결정은 목표고객의 특성과 기업의 목표에 따라 탄력적으로 운영되어야 한다. 특정 시장에서는 상품제공, 예비서비스, 편리한 입지, 확대한 영업시간 등 다양한 비가격 요인을 통한 차별화로 높은 가격을 유지할 수 있으며 할인점이나 회원제 창고형 도매클럽 등과 같이 저가격으로 소비자를 만족시킬 수도 있다. 재고의 조절이나 일시적인 판매증대를 위해 다양한 형태(관습가격, 변동가격, 탄력가격, 단일가격정책, 가격층, 단수가격, 묶음가격, 유인가격, 유통업자 상표 가격전략 등)의 특수한 가격전략을 채택할 수 있다.

# 제3절 식음료의 원가관리

## 1. 원가의 개념과 종류

원가란 상품의 경우에는 외부에서 구입한 매입가격을 말하며, 상품의 경우에는 제조에 소요된 여러 가지 비용(원재료 매입비용이나 인건비 및 기타경비 등)을 의미한다.

원가(cost)란 상품의 제조, 판매, 서비스제공 등을 위하여 투입된 경제가치를 의미한다. 이러한 원가는 식자재의 구입방법, 보관과정, 생산과정, 판매과정에 따라 달리할 수 있다.

즉 원가란 일정 목적(생산)을 달성하기 위하여 사용되었거나 사용될 모든 자원의 양을 화폐가치로 측정한 것을 말한다.

기초 원가는 기본적으로 재료비, 노무비, 경비로 나눌 수 있다.

원가의 구성은 다음과 같다.

① 직접원가(direct cost) : 직접비인 원가요소만으로 구성된 원가로서 제품의 제조를 위하여 소비된 직접재료비, 직접노무비, 직접경비의 세 가지를 포함한다. 이 원가는 원가구성의 기초적 구분을 형성한다는 점에서 prime cost 혹은 기초원가(basic cost)라고도 부른다.

② 제조원가(manufacturing cost) : 직접원가에다 제조간접비를 할당한 것으로서 공공기업의 내부활동에 의하여 제기된 모든 원가요소를 포함한다. 이 원가는 또 공장의 비용이라는 의미에서 공장원가(factory cost)라고도 부른다. 일반적으로 제품의 원가라 할 때에는 이 제조원가를 의미하는 것이다.

③ 총원가(total cost) : 제조원가에다 다시 판매비(selling expense)와 일반관리비(administrative expense)를 할당하여 계산된 원가이다. 이와 같이 총원가는 제품이 제조되어 이것이 판매될 때까지 생긴 모든 원가요소를 포함하는 것이므로 이것을 판매원가(selling cost)라고도 하며 또는 제3원가(No.3 cost)라고 부르기도 한다.

④ 판매가격(selling cost) : 제품이 매각되는 가격이다. 따라서 정상적 조건 하에 있어서는 총원가 외의 이익을 포함한다. 판매가격은 기업가가 자신이 이것을 결정하는 경우와 기업가의 원가에 관계없이 당 제품의 수요공급관계에 의하여 결정되는 경우가 많다.

**그림 9-2** 원가 구성간의 관계

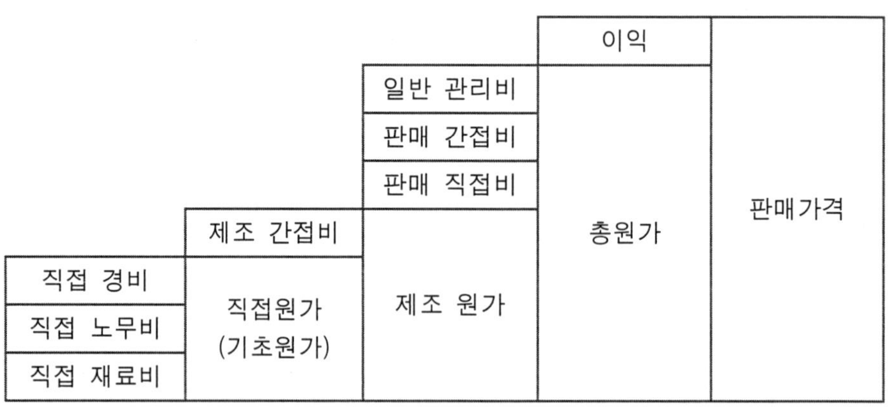

## 2. 원가관리의 목적

어떤 외식업체에서 기회손실은 잠재적 또는 현실적으로 발생하는 것으로 기회손실의 제거나 최소화를 위해서 원가관리가 필요하다.

원가관리는 원가의 표준을 설정하고 원가를 지속적으로 절감하고 통제하면서 고객을 만족시키는 것을 말한다. 효율적인 원가관리는 최대의 이윤을 얻기 위하여 각 부문의 책임과 권한을 명백히 하여야하고 부문관리자가 선정되어 원가 발생의 책임을 확실히 져야한다. 주방에서 아무리 좋은 메뉴를 개발하여도 효율적인 원가관리를 하지 않으면 매출은 향상될지언정 적정한 수익을 기대하기가 어렵다. 따라서 메뉴계획에 따라 적절한 메뉴를 선택 하는데 부터 메뉴를 환경에 맞춰 변화하는 것까지 원가관리의 목적에 들어간다고 할 수 있다.

원가관리(cost control)를 광의로 해석할 때 원가수치에 의해서, 경영목적을 효과적으로 달성하기 위해서, 경영시스템 내지 이들의 하부시스템을 통하여 기회손실을 최소화하는 관리방식이다. 따라서 식음료 원가관리의 목적은 다음과 같다.

① 식자재 가격결정을 위한 기초자료의 제공
② 원가절감을 위한 계수적 관리목표
③ 예산편성을 위한 기초자료의 제공
④ 재무제표 작성시의 재고품 원가산출의 자료제공에 목적이 있다.

또한 이러한 원가관리의 목적을 달성하기 위해서는 다음과 같은 점들이 고려되어야 한다.

① 식당의 고객이 어떤 요리(메뉴)를 요구할 것인가를 정확히 예측한다.
② 이러한 예측을 기준으로 하여 합당한 식자재를 최적수량 만큼 구입、확보한다.
③ 과도한 원가를 피하기 위한 각 요리별 분량규격을 알맞게(표준규격화) 배분·조절 한다.
④ 식자재가 매입되어 제조되고 고객에게 판매되어 매출로써 회수되기까지의 경영과정상에서의 불필요한 낭비와 손실의 발생을 제거토록 노력해야 한다.
⑤ 관련재료의 원가정보를 수집하고 원가변동에 대한 대책을 검토한다.

## 3. 원가관리의 형태

원가관리는 표준원가와 실적원가, FL Cost로 구분할 수 있다.

### (1) 표준원가와 실적원가

#### 1) 표준원가

점포가 지켜야 할 기준원가로서 표준적인 식재료의 사용원가에 의한 표준레시피에 의해 작성된 원가이다. 같은 의미로 표준적인 조리매뉴얼 작업에 의해 작성된 기준원가, 개별품목원가와 메뉴판매액 백분비에 의해 산출된 기초원가, 점포관리 및 식재료관리의 기준과 장기간 점포의 경험과 합리적 작업에 의해 정리된 식재료 사용수율에 기초한 작업원가이며 이 표준원가의 정확도는 점포 노하우 수준으로 평가되고 있다.

#### 2) 실적(실제)원가

점포단위의 실제작업에 의해 작성된 표준원가와의 차이로서, 표준원가와 최소의 차이일 때, 우수한 품질관리가 되었다고 할 수 있다.

#### 3) 차이발생요인

표준원가와 실제원가간에는 다음의 요인에 의해 차이가 발생한다.

① 과도한 요리의 단위당 분량규격(excessive portion size)
② 과잉생산(over production)
③ 비능률적인 구매와 출고관리(inefficient purchasing and issuing)
④ 부적합한 조리방법(improper cooking method)
⑤ 과도한 변질과 부패의 발생(excessive spoilage)
⑥ 잔여분 식자재의 활용 미숙(improper utilization of left over)
⑦ 도난, 절도행위의 발생(pilferage and theft)

**그림 9-3** 표준원가와 실적원가 도표

<table>
<tr><td>이론원가</td><td>표준손실</td><td></td></tr>
<tr><td colspan="2">표준원가</td><td>실제작업손실</td></tr>
<tr><td colspan="3">실적원가</td></tr>
</table>

### (2) FOOD + LABOUR COST(FL Cost)

식재료원가+인건비로 구성된 원가로 보통 60-70%로 점포이익관리라고도 하며, FL Cost를 낮추기 위해서는 식재료의 합리적인 수율관리와 노동생산성을 향상시킴으로써 가능하며 관리가 가능한 원가이다. 최근에는 이 FL Cost가 어느 정도인가 할 정도로 중요시 되고 있으며, 이 FL Cost를 잘 관리하지 못하면 점포운영의 어려움에 직면하게 된다.

## 4. 원가계산의 일반원칙

식재료 원가관리는 식재료의 주문구매, 검수, 저장, 출고, 조리, 판매 등과 관련된 모든 업무를 의미한다.

식재료 관리의 실시는 조리원, 서비스접객원, 구매담당자 모두가 원가에 대한 인식을 중요시하고 상호협력해서, 낭비방지를 외식업체 전체적으로 인식하고 목표를 향해 전진해야 한다. 따라서 외식경영에 있어서 식재료의 효율적인 사용관리는 영업이익을 창출하는데 중요한 과제이다.

일반적으로 원가는 작성기간에 따라 일별 또는 월별원가로 나눈다. 그러나 식자재의 원가는 사전에 설정된 예산에 입각하여 고수하여야 할 표준원가율이 있다. 이 표준원가가 유지되고 있느냐를 알아보기 위해서 일별 원가를 관리하고 만약 문제가 있으면 적절한 조치를 취해야 한다.

일별 식자재 원가보고서는 그 날의 매출액과 매출원가 등이 총체적으로 나타나는 자료이다. 외식업체의 매출액에 대한 원가비율을 계산한 것으로 대체적으로 원가관리부에서 산출된 총재료비를 기초로 하여 영업회계부에서 작성한 수입일보(daily revenue report)에 의하여 원가율을 산정한다.

식자재 원가율 = 총 매출원가 ÷ 총 매출액 × 100

그런데 상기의 식자재 원가율의 계산은 특정 기간동안 식자재 원가와 수입이 계산되었을 때 이용하는 공식이기 때문에 먼저 식자재 원가를 계산하는 방법을 알아야 한다. 일별 식자재 원가계산의 과정을 쉽게 이해하기 위해서는 번서 하루의 영업에 필요한 식자재의 흐름을 살펴볼 필요가 있다.

첫째, 하루의 영업이 끝나면 생산지점에서 남아 있는 식자재를 파악하고 익일 또는 2~3일 후의 생산계획을 검토한다.

둘째, 필요한 식자재 중 저장기간이 비교적 짧은 아이템, 즉 저장고에 저장하지 않고 검수지점을 거쳐 직접 각 생산지점으로 입고되는 식재료는 일일시장리스트에 작성하여 구매 의뢰한다.

이러한 과정을 거쳐 하루의 영업에 필요한 식자재가 소비되고 남은 것이 재고가 되는데, 이것은 각 생산지점의 익일 기초재고가 된다. 이렇게 하여 당일 각 생산지점에서 소비된 식자재의 원가가 계산되고, 각 생산지점의 원가를 합하여 전체 원가를 계산할 수 있다.

## 5. 가격경쟁과 메뉴전략

메뉴의 트렌드의 변화는 고객의 기호변화에 맞춰 함께 변화해 가는 메뉴관리와 밀접한 관계가 있으며 원가관리와도 무관하지 않으므로 매우 중요하다.

위협요소에의 대응할 수 있는 가격경쟁과 메뉴전략을 예로 들어보면, 고객의 구매력이 떨어지는 외식상품에 대해 각 외식사업체는 새로운 메뉴개발을 통해 바꾸려고 노력하고 있다. 잘못하면 경영환경의 위협요소로 인해 레스토랑의 문을 닫을 수도 있기 때문이다. 이와 더불어 외식사업체는 기피되고 있는 기존 메뉴를 교체하고 가격을 대폭적으로 할인해 위기관리를 하고 있다. 특히 식재료의 불안 심리와는 별개로 얼마 전 이동통신사의 뜨거운 경쟁과 맞물려 패밀리레스토랑 업계의 가격할인 폭이 매우 커졌었다. 이러한 가격경쟁은 패스트푸드레스토랑 사이에서도 경쟁적으로 이루어지고 있는데 가격을 낮추면 1개당 순이익은 줄어들지만 수요가 증가하면 전체적인 순이익은 늘 것 이라는 전략에 의해서이다. 하지만 이 방법은 자칫 잘못하면 부정적인 이미지를 낳을 수도 있기 때문에 주의 하여야 한다.

### (1) 저가 메뉴경쟁

한 때 맥도널드와 롯데리아는 '가격 할인 전쟁'으로 불릴 만큼 치열함을 보였으나 결국 두 업체 모두에게 상처만 입혔다. 패스트푸드 업계의 가격경쟁은 IMF이후 극심해져 비슷한 패스트푸드 매장의 선택요인으로 가격이 중요한 요인으로 작용하자 이 전략이 현재까지 이르고 있는 것이다. 사실 할인을 하기는 쉬우나 원상복귀를 하기는 매우 힘들다. 이미 할인 상품에 익숙하게 학습된 소비자들이 비싼 돈을 주고 패스트 푸드를 선택하기는 힘들기 때문이다. 손님의 가격에 대한 시사점은 두 가지다. 하나는 상품의 원가와 느껴지는 가치는 무관하다는 것이고 다른 하나는 가격과 가격민감도는 비례하지 않는다는 것이다. 이것은 한때 레스토랑이 많이 썼던 990원과 같은 방법을 하면 1000원과 비록 10원차이나 소비자들이 느끼는 가격차이는 매우 크다는 뜻이다. 불과 10원차이가 이렇게 크게 느껴진데 과거와 같이 원상태의 가격으로 복구하는 것은 매우 어려운 일이다. 다시 말해서 저가 가격 전략은 장기적인 측면을 볼 때 저렴한 가격상품은 일시적으로 매장을 붐비게 할 수는 있지만, 브랜드 인지도나 외식산업 전체의 이미지 측면에서는 득보다 실이 있을 수 있다. 그러므로 다양한 촉진방법과 메뉴개발을 통해 장기적인 발전방안을 찾아야 한다.

### (2) 메뉴개발에 따른 가격전략

오늘날 외식업계의 최대 화두는 바로 '웰빙' 바람이다. '잘 먹고 잘살자'라는 웰빙 바람은 여성들에겐 다이어트와도 연결되어 기름기 있고 밀가루로 만들어진 소위 정크 푸드는 기피하고 미용과 건강에 좋은 음식을 찾아 먹으려는 심리가 일고 있다. 세계적으로 건강을 소중히 생각하는 사람들이 부쩍 늘어난 것은 맥도널드 사건을 시발점으로 웰빙 바람이 글로벌 트렌드로 나타나고 있다. 이러한 사회 전반에 걸친 건강에 대한 관심은 외식업계 또한 피할 수 없는 대세이다. 이에 따라 패스트푸드 레스토랑의 웰빙메뉴 개발은 가격전략과 밀접한 연관성을 가지고 있다. 외식업계의 원가관리는 단순한 재료의 원가와 판매원가 관리를 통해서 이루어지는 것이 아니다. 다양한 외식사업체가 생겨나고 있는 만큼 그에 맞는 메뉴분석방법을 통해 각 업체는 수익을 낼 수 있는 새로운 메뉴와 그에 맞는 원가가 결합했을 때 그 레스토랑의 수익을 극대화 될 것이다. 그리고 웰빙 바람으로 시작된 건강에 대한 관심은 더 이상 가격 할인만이 능사가 아님을 보여준다고 봐야 한다. 따라서 고객의 니즈가 무엇인지 정확히 파악하고 메뉴개발과 고품질의 서비스만이 고객을 매장으로 끌어 올 수 있는 진리임을 알고 실천해야 한다.

# 제10장 물리적 환경과 점포디자인

## 제1절 외식업체의 물리적 환경과 점포디자인

### 1. 물리적 환경의 중요성

물리적 환경이란 외식사업체가 외식상품을 생산하기 위한 장소로서 대부분의 경우 종업원이나 고객의 서비스를 유도하기 위해 함께 참여하는 장소이다. 즉 서비스가 고객에게 전달되는 흐름 내지 과정으로 서비스의 유형적 근거가 될 수 있는 시설환경을 의미하며, 고객이 서비스를 평가하는데 중요한 단서가 된다.

물리적 환경(physical evidence)은 외식상품이 제공되는 물증을 말한다. 물리적 환경은 점포의 외부환경과 내부환경으로 구성된다. 외부환경은 건물의 입지와 외장, 외관 등이며, 내부환경은 건물내부의 장비 및 설비, 조명, 색상, 배경음악, 분위기, 편의시설, 공간배치 등이다. 식당의 차이는 외관이나 내부 인테리어에 의해 구별이 되는 경우도 많다.

물리적 환경은 외식사업의 수행과 의사소통을 용이하게 해주는 유형적인 물적 환경이다. 즉 건물장식, 기구, 조명, 색채, 조형물, 그리고 분위기 등을 고객이 경험하게 함으로써 고객이 어떻게 행동하여 주기를 은연중에 암시하는 것이다.

외식사업체는 유형적 단서가 많이 제공될 수 있도록 물리적 환경을 설계할 필요가 있다. 또한 시설이나 장비를 자동화 내지 컴퓨터시스템의 설치로 생산성의 향상은 물론 비용절감에도 영향을 미치므로, 이를 이용하여 외식상품 제공자와 고객간의 상호작용적 관계를 강화할 필요가 있다.

건물, 장비 및 설비, 색상, 분위기, 조명, 공간배치, 편의시설, 배경음악 등은 외식사업체에서 고객의 인상에 많은 영향을 미친다. 특히 설비와 분위기는 외식사업체를 대상으로 한 여러 연구에서도 검증이 되었다. 물리적 환경이 고객의 인상형성에 영향을 미친다는 의미에서, 이를 인상관리(impression management)라고 한다.

물리적 환경은 외식사업체의 이미지를 표현해 주는 요소로서 외관(익스테리어)와 내부(인테리어)로 나누어 볼 수 있다.

### (1) 외관(익스테리어)

고객이 맨 처음 접하게 되는 것은 식당의 외관이다. 식당의 외관을 이루는 요소는 간판과 창문 그리고 그 외의 기둥과 벽을 이루는 요소가 있고 고객이 들어오는 출입구가 있다. 각 요소들은 각기 다른 기능과 역할을 하고 있다. 간판은 음식과 가격에 맞는 느낌의 상태와 무엇을 파는 집인지를 알려주어야 한다. 창문의 역할은 안과 밖을 커뮤니케이션 하는 것이다. 창을 크게 해 내부를 개방적 분위기를 할 것인가 아니면 내부공간을 차단해 아늑한 느낌을 줄 것인가 하는 실내의 느낌도 같이 고려해야 한다. 출입구의 투명도나 색감각, 프레임의 느낌 그리고 손잡이의 형태 등이 조화를 이루도록 하고 항상 고객을 환영하는 느낌을 주어야한다. 외관은 이러한 여러 요소의 조화뿐만 아니라 식당의 메뉴나 이미지와 연결성을 가져야 하고 특히 건물이나 주변의 여건과도 조화를 이루어야 한다.

### (2) 내부(인테리어)

내부의 인테리어를 기획할 때는 좌석 수, 조명, 가구, 벽, 바닥, 천정 그리고 주방 등의 요소를 고려해야 한다. 좌석 수는 공간에 가장 큰 결정요소인 테이블의 크기에 따라 결정된다. 테이블의 크기는 메뉴의 종류와 형태는 고려해야 한다. 조명의 밝기는 분위기에 큰 영향을 주는데 주고객의 성향을 파악하고 점식과 저녁식사의 메뉴와 체류시간 등을 고려해야 한다. 인테리어에서 가구가 차지하는 비중은 매우 크다. 가구를 선택할 때 고려하는 요소는 기능적인 면과 이미지적인 면이 있다. 기능적인 면을 편리성, 사용감, 내구성, 청결유지, 가격, 크기, 높이, 안정성, 보수유지 등이며 이미지적인 면을 크게 색상과 형태를 볼 수 있다. 벽, 바닥, 천성 등도 기능적인 역할과 이미지적인 역할이 동시에 고려되어야 한다. 기능적으로는 소음방지, 흡음, 정결과

보수유지가 쉬워야 한다. 이미지적인 면에서는 넓게 보일 것인가 아니면 아늑하게 보일 것인가가 고려되어야 한다. 조리하는 주방을 오픈 주방으로 할 것인가 와 오픈을 할 경우 주방 내에 기기나 식재료에 세심한 신경을 써야 한다.

## 2. 외식업소의 실내디자인

외식업소의 실내 디자인은 인간의 활동과 휴식이 쾌적한 상태에서 이루어지도록 실내 공간에 물리적 요소를 적절하게 배치하는 것이다. 점포는 늘 고객이 이용하는 공간이며, 이곳을 통하여 소비가 이루어지고 판매가 행하여진다. 따라서 점포디자인은 단순히 고객의 시선을 끌기 위한 인테리어의 기능만을 갖는 것이 아니라, 조형에 의한 기초적이고 기술적인 지식 등 관련분야의 구성요소를 기초로 한 마케팅적 새로운 공간을 창출하는 것이다. 일반적으로 점포분위기는 레스토랑경영의 개념과 메뉴에 맞춰 간판, 탁자, 테이블, 로고, 주차시설, 메뉴판, 음식모형, 근무복장과 색상 등의 조화를 이루어 고객만족을 위한 전체이미지 창출에 맞추어야 한다. 개성있는 점포 아이디어를 개발하여 주변 경쟁레스토랑과의 차별화를 꾀하고 내점동기를 부여하여 매출증대를 이룰 수 있는 마인드가 요구된다.

특히 디자인 설계 자체가 마케팅 전략차원에서 전개되어야 하므로 다음과 같은 측면을 고려하여 계획하여야 한다.

① 디자인은 미각과 연관되어 '먹고 싶다' '마시고 싶다'라는 욕구를 자극하고 고객이 편히 쉴 수 있는 안락한 분위기로 연출해야 한다.

② 계획의 측면에서 고려해야 하는 내용은 레스토랑의 규모, 독특한 메뉴와 음식의 맛과 가격, 서비스정도, 좌석의 배치유형 등을 규정하고, 레스토랑의 성격과 경영방침에 맞추어서 디자인 전개를 일관성 있게 적용해야 한다.

③ 실내의 청결, 음식의 신선함 등 위생적인 면에 관한 고려와 함께 사인, 메뉴, 식기 등 기타 서비스품목도 디자인 코디네이션을 꾀하여 시각적 통일이 있어야 한다.

④ 고객의 이용에 편리하고 안락한 시설과 함께 종업원의 피로가 절감되어 효과적인 서비스가 될 수 있도록 서비스 시설을 계획한다.

⑤ 실내연출은 객관적인 측면과 주관적인 측면의 구분에 따라서 표현이 달라질 수 있다. 즉 업소분위기는 고객의 다양한 계층을 대상으로 계획된 성격에 맞는 분위기가 연출되어야 한다.

## 3. 외식업소의 공간 구성

성공적인 외식공간의 디자인은 단순히 독특한 형태를 적용하여 고객들의 시선을 유도하는 것이 아니라, 각 업소의 기능적, 미적 특성에 맞는 새로운 공간을 창조하는 작업이다.

실내공간은 기본적으로 벽, 바닥, 천장, 개구부로 이루어져 있으며, 이것을 1차 요소라 한다. 여기에는 조명, 커튼, 액세서리, 소품 등이 첨가되는데 이것을 2차 요소라 한다. 또 인테리어 요소를 고정적 요소와 가동적 요소로 나누기도 한다.

고정적 요소란 조명설비처럼 일단 설치하면 바꾸기 어려운 것을 말하며, 가동적 요소란 전구, 커튼, 액세서리처럼 바꾸기 쉬운 것을 말한다. 여기서 고정적 요소의 재료와 색의 종류는 될수록 적게 하는 것이 인테리어의 기본이다.

인테리어를 계획할 때 검토해야 할 것들은 총면적, 공간구성, 동선, 작업 및 보관 공간, 공간의 변경가능성, 각 테이블의 프라이버시 확보 등이다. 이중 대표적인 공간 구성을 살펴보기로 한다.

레스토랑의 공간구성은 영업부분, 조리부분, 관리부분으로 구성된다.

① 영업부분은 식당, 라운지, 로비, 현관입구, 화장실 등이다. 고객이 머무르는 공간이며 수익을 가져오는 부분이다.

② 조리부분은 주방을 포함한 매입실, 배선실, 세척실, 식품저장고 등이다. 능률적인 작업환경 조건을 우선한다.

③ 관리부분은 식당을 경영하기 위한 제 관리 부분이다. 사무실, 락카룸, 종업원 화장실이 이에 속한다.

### (1) 영업부분

#### 1) 건물의 외관

건물의 외관은 고객에게 첫 인상을 주고 점포 전체의 이미지에 관계된다. 멀리서도 눈에 잘 띌 수 있도록 하며 레스토랑의 종류 성격에 따라 특색 있는 외관디자인과 외관사인으로 고객을 유도한다. 건물의 외관은 식사를 목적으로 방문하는 고객들이 그 식당에 대한 이미지를 처음으로 접하게 되는 공간이므로 매장의 특성에 맞도록 계획되어야 한다.

① 영업장의 위치

– 1층에 위치할 경우, 현관을 통하여 직접내부가 보이지 않도록 처리해야 하는

데 입구홀을 두거나 이중문을 설치하면 방풍실의 역할을 하여 효과적이다.

- 지하층에 위치할 경우, 계단에 손잡이를 설치하고 어둡지 않게 조명을 설치한다. 내려가는 길이 짧게 느껴지도록 입구와 마주한 벽면을 강한 시각적인 요소로 처리하면 효과적이다.

② 외관디자인

주변의 많은 시각적 요소들 속에서 돋보이려면 식당의 외관이 시선을 집중시킬 수 있어야 한다. 특히 타 외식업소와 차별화 될 수 있는 부분을 파악하여 소비자들의 기억에 오래 남도록 하는 것이 중요하다.

③ 외부사인

사인의 글씨체와 형태는 그 외식업소의 성격을 판단하게 하는 요소이다. 패스트푸드점의 경우 강렬한 원색과 밝은 조명으로 발랄하고 생동감이 넘치는 이미지를 강조하려는 경향이 많으며, 일반식당은 그 음식의 종류 및 가격수준, 그리고 영업방법에 따라 외부사인의 특성도 다양하게 나타난다.

### 2) 식사공간

식사공간에는 테이블과 의자가 갖추어지며, 건축적인 요소와 마감재, 조명과 음향시스템 등을 이용하여 공간의 분위기를 조성하게 된다.

식사공간은 식음료의 형태에 따라 그 분위기를 달리한다. 즉 식사위주일 경우 밝고 활기있는 분위기로 즐겁게 먹을 수 있도록 한다. 그러나 주류 위주일 경우는 아늑하고 편히 쉴 수 있는 분위기로 계획한다. 또한 식사공간은 고객에게 지루함을 느끼지 않도록 액자 및 조형 등 조형적 악세서리를 이용하여 실내를 풍요롭게 한다. 또한 식사공간의 설계에서는 종업원들의 서비스가 원활하게 이루어지도록 충분한 동선의 폭을 확보하는 것과 테이블과 테이블 사이의 공간을 여유있게 하는 것이 중요하며, 주방과의 분리와 연결이 적절히 이루어지도록 해야 한다.

### 3) 계산대

계산대는 일반적으로 주 출입구 근처에 위치하며 식당어디에서나 잘 보이는 곳에 객석과 배선실과의 중간에 위치되도록 한다.

계산대주위에 입장객과 계산하려는 고객의 동선이 혼잡하지 않도록 한다. 출입구 근처에는 대기 공간, 계산대, 공중전화 등 고객들의 편의를 위한 시설들이 마련되어야 하며, 이러한 공간들은 들어가거나 나가는 고객의 동선에 방해되지 않도록 어느 정도 분리된 영역에 마련되어야 한다.

#### 4) 화장실

최근의 많은 상업공간에서 화장실의 중요성이 강조되고 있다. 매장의 청결성을 생명으로 하는 음식점에서의 화장실은 효율적인 공간 활용 및 제반시설에 보다 많은 관심을 써야 할 것이다. 디자인이 잘된 화장실은 그 식당에서의 식사경험과 더불어 고객들에게 깊은 인상을 주기 때문에 관리를 철저히 하여 항상 청결한 상태가 유지되도록 하여야 한다.

① 신호 또는 표시판이 있어야 한다.
② 남자와 여자 화장실을 분리하는 것이 바람직하며 고객의 화장실은 종업원이 사용하지 않도록 한다.
③ 화장실의 위치를 선정할 때에는 설비시설의 설치가 쉬운 곳을 선정하여 급배수 및 환기시설에 문제가 없도록 한다.
④ 유동고객이 많은 음식점일수록 화장실 내부 마감재는 내구성이 있는 자재를 사용하는 것이 좋다.
⑤ 배관 및 방수작업에 신경을 써야한다.

그밖에도 화장실의 대소변기의 설치 개수의 기준은 정해져 있지는 않지만 대체적으로 중, 대규모점(200~250㎡)에서는 여자용 대변기를 두 대, 세면기 두 대를 설치하고, 남자화장실은 대변기 한 대, 소변기 두 대를 설치하고 세면기 한 대를 설치하는 것이 바람직하고, 대규모(300~500㎡)에 대해서는 소변기 한 대씩을 늘려 가면 된다.

### (2) 조리부분

#### 1) 배선실

배선실은 규모가 크고, 전문 음식점일 경우는 주방과 별도로 마련되며 주방과 객석중간에서의 연락장소이다.

배선실의 기능은 다음과 같다.

① 식기와 글라스류의 보관과 서비스 조미료, 메뉴 등이 비치된다.
② 서비스 음료수의 서비스 스테이션을 설치하여 간단한 세척도 할 수 있게 한다.
③ 규모가 대형일 경우 음료수의 서비스 스테이션은 배선실과 별도로 사용하는 것이 바람직하다.

### 2) 주방

① 주방의 중요성

주방의 시설은 식품조리 과정의 다양한 작업을 합리적으로 수행하기 위한 여러 가지 조건에 따라서 고도로 특수화된 기기로 음식을 조리하며, 그에 따른 시설과 기기의 종류는 매우 복잡하고 다양하다. 그러므로 주방시설은 가장 효율적인 기능을 수행하는 설비의 선정과 배치를 하여야 하며, 작업자의 업무를 향상시킬 수 있는 설계가 요구된다.

② 주방의 설계

주방의 설계는 정해진 조건 아래에서 식자재의 반입, 음식물의 생산, 고객에 대한 서비스 등 모든 과정을 고려하여 효율성을 증대시키기 위한 일련의 계획이다. 오늘날의 주방설계는 표준화, 능률화, 간소화의 기준에 맞추어 설계되고 있다.

주방설계의 일반적인 기준은 다음과 같다.

- 각종 설비를 설치하기 적합한 위치의 주방계획, 작업동선을 감안한 레이아웃을 한다.
- 조리방법에 따른 조리공간을 분리한다.
- 쾌적하고 위생적인 작업공간을 설치한다.
- 식자재 반입의 용이성(손님의 출입구와 분리해서 해야 한다)

③ 주방의 위치

- 음식의 배달과 쓰레기의 반출 및 청소에 적합한 창구가 필요하며 고객의 출입구와는 구분되는 것이 바람직하다.
- 제반 설비시설이 용이한 곳에 설치하는 것이 바람직하다
- 저장창고와 주방은 북쪽 혹은 북동쪽을 향하게 하고, 업소의 가장 서늘한 위치가 적당한 위치이며, 일광이 잘 드는 장소여야 한다.
- 창문은 반드시 있어야 하며, 눈부심이나 집열을 피해야 한다.

④ 주방의 내부마감재

- 주방 바닥 : 바닥재로 수분이 흡수되면 바닥재 자체에 손상이 올 뿐만 아니라 미생물과 세균번식의 온상이 되고, 그것들을 제거하기가 힘들어 진다. 따라서 주방과 창고의 바닥재는 유공성이 적은 재질을 써야 한다. 유공성이란 얼마나 수분을 흡수할 수 있는가이다. 주방바닥은 단순한 마감재로서의 의미 이외에도 공간의 영역구분, 그리고 음향의 흡수 및 반사 등 다양한 기능을 하게 된다.

- 주방벽 : 바닥재와 마찬가지로 장식성뿐 만 아니라, 위생에 만전을 기할 수 있는 재질이어야 하고, 유공성, 흡수성, 탄성을 고려해야 한다. 또한 기능적인 측면에서는 관리가 쉽고 내구성이 강해야 하며, 미적인 측면에서는 전체 분위기에 맞는 색상과 질감, 그리고 배경이 되는 부분과 액센트가 되는 부분 등을 충분히 고려하여야 한다.
- 주방 천장 : 주방의 천장은 기름종류의 증기와 조명기구 등이 부착되어 화재의 위험성이 높으므로 재료선택에 유의한다. 환기장치 같은 통기성을 유지 할 수 있는 장치에 유의한다. 그리고 공간내의 흡음작용이 대부분 천장에서 이루어지므로 산만한 소음을 조절할 수 있는 자재를 사용해야 한다.

⑤ 주방조명

주방은 습기가 많은 곳이므로 조명기구의 설치는 천장이나 벽의 매입형으로 하고 뚜껑을 설치하는 것이 바람직하다. 그림자를 최소화하여 통일된 분위기를 만든다. 조명은 공간 내의 분위기를 결정하는 중요한 심리학적 요소이다. 전문가와의 작업을 통해 주방의 특성에 맞는 조명설계를 하는 것이 중요하다.

⑥ 주방 환풍 장치

- 축적된 기름때로 인한 화재를 예방한다.
- 천장이나 벽, 공기 중에 포함되어 있는 오염물질을 제거한다. 먼지가 쌓이는 것을 방지한다.
- 기스나 음식냄새를 줄인다.
- 습기를 제거하여 곰팡이를 방지한다.

## (3) 관리부분

### 1) 사무실

### 2) 창고

식품창고(냉동, 냉장창고) 및 일반 창고

### 3) 종업원 복지시설

탈의실, 휴게실, 식당, 화장실, 세면실, 샤워장

## 4. 실내디자인의 제 요소

### (1) 가구계획

레스토랑은 규모에 따라, 요리에 따라 그리고 세분화하여 전문요리, 일품요리, 패스트푸드인가에 따라 가구계획뿐만 아니라 실내디자인 전체에 영향을 미친다. 가구계획은 이와 같은 요건에 따라 좌우된다. 즉 식사, 다과, 술 등 어느 것이 중심인가, 시간대의 변화, 회전율, 특정 그룹, 커플, 가족 등의 고객층과 이용형태 등에 따라 의자와 테이블의 크기, 높이, 형태, 배치 등이 결정된다.

① 가구는 공간에 변화를 주고 분위기와 리듬을 조성하므로 전체적 디자인과 가구의 색깔, 형태, 양식 등이 조화를 이루어야 한다.
② 가구는 공간의 사용목적과 부합되어야 한다.
③ 가구는 안정적이고 기능적이어야 한다.
④ 의자의 배치와 디자인은 시선높이를 결정하고 테이블의 높이, 칸막이 높이 등도 결정되며, 천장의 높이에도 영향을 미친다.
⑤ 외부의 전망이 좋은 경우 가구배치는 창에 기대는 것보다 시선이 자유롭게 밖을 향하도록 한다.

### (2) 조명계획

공간지각의 개체 중 조명은 색채 및 마감재료와 함께 사물을 인식하는 데 있어 가장 중요하며, 공간의 분위기를 이끌어 가는 역할을 한다. 실내조명은 그 실내의 분위기를 좌우하므로 각 실내의 성격에 따라 조명방법, 조도, 조명기구 등을 선택해야 한다. 조명은 식음의 형태에 따라 다양하게 설치된다.

① 식사에 치중할 경우, 음식을 돋보이게 하며 미각을 자극하는 조명으로 한다.
② 음료나 주류 위주일 경우, 침착하고 편안한 분위기의 조명으로 계획한다.
③ 고급 레스토랑일 경우는 백열등을 위주로 한 조명계획도 좋으며, 아늑한 분위기를 주도록 한다.

레스토랑의 조명방식은 매입형과 펜던트가 주로 사용되며, 조명기구의 의장, 배광방식, 실내 분위기, 디자인 스타일 등이 조화되어야 한다. 특히 테이블 위에 떨어지는 펜던트는 조명기구 자체가 장식적이며, 집중하는 빛을 발하므로 테이블을 중심으로 영역을 한정하고 조명갓 아래서 독특한 대화 분위기가 형성되도록 한다.

펜던트는 테이블에 앉은 사람의 눈에 빛이 들어가지 않아야 하며, 테이블에 앉고 일어설 때 머리가 부딪히지 않는 위치이어야 하는데, 그 높이는 테이블 위로 600mm 전후가 적절하다. 또한 백열등은 발열량이 크기 때문에 식사시에 온도가 올라가서 불쾌감을 유발할 수 있으므로 펜던트와 매입형을 겸용하며, 좌석은 펜던트로 조명하고 통로는 매입형 등으로 하는 것이 바람직하다. 매입형으로 할 경우 배광방식, 조도를 달리하여 조명의 억양을 만들어 단조롭고 지루하지 않도록 조명을 계획한다.

### (3) 색채계획

점포공간에서는 쾌적한 환경과 분위기로 고객을 즐겁게 하여 판매를 증진시키기 때문에 전체적인 통일감 속에서 고객의 계층이나 문화정도·생활환경 등이 충분히 고려된 색채계획이 이루어져야 한다.

식욕은 색에 따라 영향을 받기 때문에 식욕을 증진시키는 색과 감퇴시키는 색으로 구분할 수 있다.

난색계는 모두 식욕을 돋우는 경향이 있는데, 빨강, 주황의 중간채도색이 그 대표적이다.

한색계에서 청록의 중간채도색은 음식물에 직접 배경이 될 때 청록색이 음식의 빨강, 주황과 보색관계에 있고, 음식의 채도를 강하게 보이게 하여 음식을 맛있게 보이게 한다. 그러나 청색이 너무 강하면 불쾌감을 줄 수 있으므로 주의한다. 한편, 어두운 빨강, 자주색은 고기의 부패를 연상시켜 식욕을 감퇴시키므로 단색의 경우에 어두운 색은 피한다. 노랑－연두의 어두운 색은 야채류가 시들거나 한색으로 느껴지므로 밝은 색을 사용한다. 파랑－남보라를 많이 포함한 한색은 고기류가 부패한 것처럼 보이므로 피한다.

따라서 음식점의 배색은 난색을 주조색으로 하여 즐겁고 편안한 분위기로 활기 있고 밝은 분위기가 되도록 한다. 테이블은 음식에 영향을 주지 않아야 하므로 노랑－연두, 남보라－보라는 피하는 것이 좋다. 또한 실내의 조명은 광원의 색을 고려해야 한다. 즉, 푸른 기를 가진 형광등은 난색에 적절치 못하므로 백열등을 중심으로 조명한다.

레스토랑의 요소별 색채계획으로는

① 바닥 : 내수성이 있는 재료를 사용해야 하므로 기능을 고려한 재료와 적합한 색상의 선택이 필요하고, 중간정도의 색상이 일반적으로 무난하다.

② 벽 : 대체적으로 부드러운 느낌을 주는 밝은 색이 채택되는데, 고객의 시선이

접하는 부분이므로 시각적으로 미감을 높이는 색이어야 한다. 온색계통의 색상이 효과적이며, 지나치게 높거나 낮은 명도의 색상은 실내의 조화나 분위기를 해칠 수 있다.

③ 천장 : 비교적 가벼운 느낌을 주는 온색계통의 색이 바람직하며, 중후한 색상은 고객에게 심리적 압박감을 주게 되므로 피하는 것이 좋다. 천장은 채광, 조명효과가 크므로 벽색과 동색계를 채택함이 이상적이지만, 조명효과를 위해 벽보다 보편적으로 높은 명도를 적용한다.

④ 조리실 : 지나치게 따뜻한 느낌의 색상이나 혼란스러운 무늬는 시각상 좋지 않으므로 피해야 하며, 아늑하고 조용한 분위기를 나타낼 수 있는 중간정도의 색채가 채택되어야 한다.

⑤ 기타 계획에서 액세서리, 메뉴, 표지판 등은 레스토랑의 이미지를 고객에게 직접, 간접으로 대변하므로 색채 사용에 신중한 배려가 필요하다.

또한 실내의 조명은 색과 함께 분위기를 좌우하는 중요한 요소인데, 특히 색에 따른 광원의 색을 고려해야 한다. 즉, 푸른 기를 가진 형광등은 난색에는 적절치 못하므로 백열등을 중심으로 조명한다.

### (4) 동선계획

외식공간 디자인의 중요한 목표 중 하나는 동선을 최적화하는 것이다. 고객과 종업원의 동선, 식자재와 조리된 음식의 운반 동선 등 상호 연계된 모든 종류의 동선을 주의 깊게 고려하여 계획해야 한다.

일반적으로 동선은 고객동선, 종업원동선, 식품 반입동선으로 분류된다.

① 고객동선은 업소의 고객이 입장하여 주문을 하고, 식사를 하고 퇴장하기 전까지의 과정에 서로의 교차가 적은 동선을 감안하여야 한다.

② 종업원 동선은 주문을 받고, 고객에게 음식이 전달되기까지의 원활한 동선을 고려해야 한다.

③ 식자재 창고는 식품반입이 용이한 곳에 위치하며, 식품반입을 위한 객구부는 별도로 설치하여야 한다.

동선계획의 기본은 동선의 시작에서부터의 목적하는 지점에 이르는 끝까지 원활하고 자연스러운 흐름이 되도록 한다. 동선계획은 주동선과 부동선으로 나누어 전개되는데, 동선 사용의 빈도가 큰 공간은 주동선이 위치한다. 이 주동선은 동선의 빈도,

하중을 고려하여 충분한 통로공간을 주며, 외부와 직접 연결된다. 또한 가능한 한 간단하고, 직선적이며, 쉽게 인지될 수 있도록 동선을 처리한다.

부동선은 주동선에서 연결된 동선으로, 마치 줄기에서 뻗어 나온 가지와 같다. 따라서 하나의 구역에서 다시 세분화되어 각 공간으로 도달하는 동선으로, 가구배치와 출입구의 위치, 크기에 영향을 미친다.

## 제2절 식자재유통업체의 물리적 환경과 점포디자인

### 1. 식자재유통업체의 물리적 환경관리

#### (1) 환경관리

점포(store)는 좁은 의미로는 상품판매의 장으로 매장이라는 시설과 상품을 의미하며, 넓은 의미로는 지역생활의 장으로 고객에게 각종 서비스와 정보를 제공하는 공간을 의미한다. 점포는 '상품판매의 장'으로서 매장, '정보제공의 장'으로서 정보 발산기지 및 정보 수신기지, 그리고 '만남의 장'으로서 지역생활의 장의 역할을 수행하는 공간이다. 점포는 외부환경으로서의 공간적 범위뿐만 아니라, 내부 환경으로서 각종 시설들을 고려하여야 한다. 이러한 점포는 내부환경과 외부환경으로 나누어진다.

##### 1) 외부환경

점포는 시설물로서의 점포 그 자체뿐만 아니라 공간적으로는 점포가 위치하는 입지, 지역 내의 위치 및 해당 점포의 상업적 영향권을 고려해야 한다.

공간적인 측면에서 점포는 하나의 '점'으로서 점포, '선'으로서 도로체계 내에 속하고, 지리적인 상권인 '면'으로서 지역범위 내에 속하고, 고객의 '흐름'으로서 고객과의 상호작용을 생각할 수 있다. 따라서 점포의 상권은 점, 선, 면, 그리고 흐름이라는 네 가지 요소로 형성된다. 이러한 측면에서 점포를 잘 분석해야 한다.

점포의 외부환경은 도시구조 및 교통구조에 따라 결정되는 입지환경과 주변 상가 및 고객층에 따라 결정되는 상권 환경으로 구성된다.

상권은 소매점이 소비자를 자신의 고객으로 끌어 들릴 수 있는 지리적 범위이다.

상권은 지리적 범위, 특정 지리적 범위 내에서의 수요, 그리고 이들 수요의 특성이라는 측면에서 고객의 세분화하여 파악할 수 있다.

입지환경은 점포환경을 규제하는 환경변수로 점포 운영에 절대적인 영향력을 미친다.

### 2) 내부환경

매장의 내부환경은 시설환경과 상품환경으로 나눈다. 시설환경은 고객과 종업원들이 이용하는 각종 시설 등이다. 이는 영업을 활성화하기 위한 각종 물건판매시설 및 후방 시설뿐만 아니라 종업원의 편익을 위한 시설이기도 하다. 소매업에 있어서 종업원의 역할은 매우 크므로 이들을 위한 시설은 단순한 종업원의 복지차원이 아니라 영업력을 높일 수 있는 기반이 된다.

또한 점포는 상품을 전개하는 상품환경이므로 상품과의 적합성을 함께 고려해야 한다. 상품환경은 상품과의 조화를 이루면서 어떻게 상품진열이나 인테리어, 집기 및 진열 소도구 등을 판매와 연결시킬 것인가라는 측면에서 중요한 요소이다. 따라서 상품 그 자체는 물론 상품환경을 어떻게 구성하여 판매효과를 배가 시킬 것인지도 중요하다. 특히 물적 판매시설인 매장의 경우, 상품환경으로서의 역할을 중요시 고려해야 하며, 상품환경으로서의 점포에 대한 고려는 상품의 물적 특성과 상품에 반영되어 있는 고객속성에 대한 이해를 바탕으로 해야 한다.

## 2. 식자재유통업체의 점포디자인

식자재유통점포도 시대의 변화에 따라 점포의 콘셉트 즉, 노후 브랜드의 품질, 인아웃테리어, 가격 정책 등 전반적인 서비스 수준을 업그레이드해야 한다. 시장환경에서 점포디자인전략에 영향을 미치는 요인은 개인취향중시, 감성맞춤형 소비로서 자기만족소비를 중시하는 소비트렌드와 소비의 양극화 현상 등이다. 그리고 점포 장소나 공간에 대한 스토리텔링(Storytelling)을 가져야 하며, 이는 장소나 공간 같은 환경에 대한 기억의 학습 효과를 높이기 때문이다. 최근에는 이야기 구조를 지닌 공간들, 예를 들면 뉴욕과 런던의 나이키타운이 있다.

점포내부 디자인의 핵심은 고객 입장에서는 고르기 쉽고 구매하기 쉬운 매장이어야 하며 판매자 입장에서는 팔기 쉽고 관리가 쉬운 매장이어야 한다. 점포설계에서 고려해야 할 사항은 매장 레이아웃 측면에서 고객이 보기에 편해야 하며, 동시에 상품을 정보 제공형으로 진열하는 점포디자인의 역할이 중요하다.

점포 외부디자인은 눈에 잘 띠는 디자인으로서 점포 내 분위기가 느껴지게 고객흡인 기능을 살리고, 점포 성격을 알릴 수 있는 점포 외부디자인을 해야 한다. 예를 들면, 간판입구를 포함한 점포외관은 고객에게 첫인상과 점포이미지를 나타내는 중요한 요소이다.

### (1) 점포 레이아웃

점포마다 처한 환경이 다르기 때문에 각 점포의 제약조건에 맞춰 최적의 레이아웃(layout)을 하는 것은 중요하다. 최적의 레이아웃을 위해서는 업종과 점포 콘셉트가 명확해야 한다.

소매점은 상품이 정해진 위치에 있고 사람들이 상품을 따라 돌게 되는 동선을 갖게 되지만, 음식점은 고객의 서비스가 좌석을 따라 제공되기 때문에 동선을 계획하는 것은 중요하다. 또한 고객은 대체적으로 1회 왕복 동선인데 반해서 종업원은 고객의 자리까지 수시로 왕복하며 음식과 서비스를 제공하므로 고객동선의 시작점과 종업원 서비스 동선의 시작점이 겹쳐지게 해서는 안된다.

점포 레이아웃 설계의 기본적인 원칙을 살펴보면,

① 원활한 동선 확보

② 모든 매장을 연결할 것

④ 고객에게 충분한 공간을 확보해 줄 것

⑤ 공간의 생산성이 높아지도록 설계할 것

### (2) 머천다이징

머천다이닝(merchandising)은 기업이 마케팅 목표를 달성하기 위한 특정 상품과 서비스를 가장 효과적인 장소, 시간, 가격, 수량으로 제공하는 일에 관한 계획과 관리하는 활동이다.

AMA(미국 마케팅 협회)는 적절한 상품을 적절한 장소, 적절한 시간에 적절한 양과 적절한 가격으로 판매하기 위해 기획하는 것이라고 정의하고 있다.

비주얼 머천다이징(VMD : visual merchandising)은 한 브랜드의 제품을 디스플레이하거나 시각적으로 효과를 주어 구매의욕을 높여주는 작업으로서 전체적으로 감각적인 특징을 갖추고 고객에게 통일감 있는 이미지를 호소하는 방법이다.

제품진열의 기본원칙을 살펴보면,

① 관련 상품은 함께 진열, 이동 공간을 넓혀 상품이 잘 보이도록 진열해야 한다.

회전율이 낮고 고가품은 최소한만 진열한다.

② POP 광고 : 'Point Of Purchase' 구매 시점에서 시선을 사로 잡고, 충동구매 욕구를 자극해야 한다.

③ 매장의 특성을 고려해야 한다.

④ 상품 선택에 도움이 되어야 한다.

⑤ 이성보다는 감성적인 설득을 통해 호소해야 한다.

식자재 도소매 유통업의 머천다이징 시스템을 살펴보면,

① 정보분석 : 시장현황정보, 고객정보, 판매정보

② 제품 STP 전략 : 목표고객 설정, 점포 콘셉트, 소비자나 제공자가 상품이나 서비스를 시장의 경험을 통해서 공유하는 개성인 아이덴티티(Identity)설정, 점포 포지셔닝

③ 사업기획 : 재무기획, 상품구성기획

④ 상품 구입처 : 구입처, 시기, 방법, 구입가 결정

⑤ 가격정책 : 가격결정, 가격변경, 가격할인

⑥ 재고관리 : 재고관리 및 재고관리 방법

⑦ 영업전략 : 영업기 설정, 영업기 전략

⑧ 점포전략 : 점포이미지, 고객관리, 매장구성

⑨ 촉진전략 : 판매원 판매, 광고, PR, VMD

⑩ 평가 및 제안

# 제11장 마케팅관리

## 제1절 마케팅전략

외식마케팅전략이란 주어진 시장에서 희망하는 시장위치를 확보하기 위한 계획을 수립하는 기능전략으로 목표, 표적시장, 브랜드전략, 마케팅믹스를 포함한다. 마케팅전략은 필요에 따라 장기·중기·단기로 나눌 수 있는데 기간을 어떻게 정할지는 부서가 처한 형편에 따라 달라진다.

### 1. 마케팅전략 수립과정

수립된 전략은 조직을 통하여 실시하며 실시된 결과는 다시 자체능력평가에 반영되어서 새로운 전략수립 사이클이 시작되게 된다.

#### (1) 환경분석

##### 1) 외부환경분석

외부환경을 구성하는 많은 변수 중 가장 중요한 것은 고객과 경쟁사이다. 특히 고객 분석은 전략수립의 출발점이 된다.

① 고객분석

고객분석을 통해서 충족되지 않은 고객의 필요와 욕구를 찾아낸다면 적은 비용으로 상당한 구매를 유발시킬 수가 있다. 그렇지 못할 경우 경쟁사에 상응하는 마케팅 비용의 지출을 감수하여야 한다.

② 경쟁분석

경쟁자와 자사의 강·약점 분석에서는 기업 또는 사업단위의 경쟁력에 관하여 경쟁자와 자사를 비교·분석한다. 분석의 대상은 주로 마케팅 능력에 관한 것이지만 재무능력, 인력자원능력, 기술능력 등에 관해서도 분석을 실시한다. 특히 시장에서 잠재적으로 경쟁자가 될 수 있는 기업이나 사업단위에 대한 분석을 놓치지 않는 것이 중요하다.

③ 산업분석

현재 외식사업의 시장영역보다 더 넓은 산업의 규모와 그 안에 있는 세부시장의 규모와 시장전망을 파악하고, 이를 통해 해당산업에서의 주성공요인이 무엇인지를 파악하고 산업의 구조적인 변화추세를 어느 정도 예측하여야 한다.

**그림 11-1** 마케팅 전략수립 절차

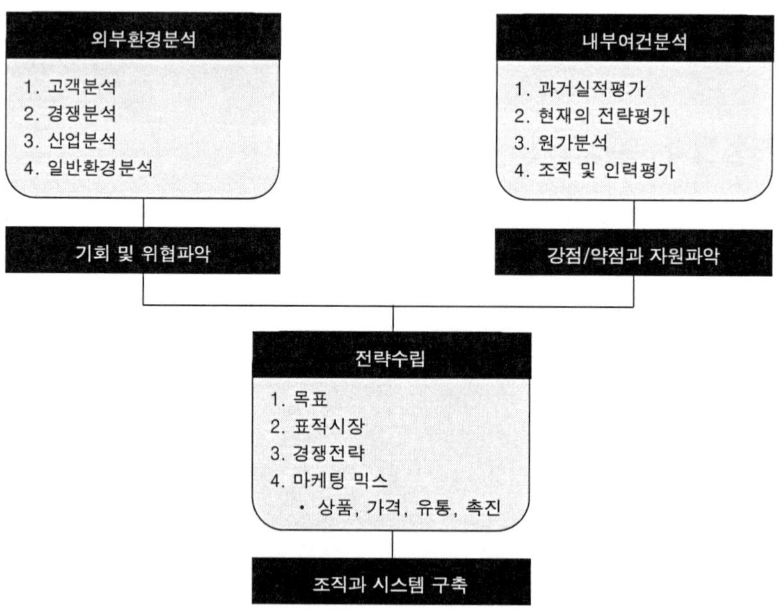

④ 일반환경분석

일반환경변수로는 경기동향, 기술변화, 정부의 규제와 유인제도, 인구변동과 기타 문화·사회적 변수 등이 있다. 이들 변수 중에서 주어진 계획기간 동안에 시장에 크게 영향을 줄 변수를 파악해서 이에 대해 중점적인 분석이 필요하다.

### 2) 내부여건분석

전략이 현실적으로 되기 위해서는 기업 내부의 여건과 제약조건에 대해 충분한 고려가 있어야 한다.

① 과거실적평가

내부능력평가의 출발점은 최근 수년간의 사업의 성장성, 점유율, 수익성 분석 등 영업실적에 대한 분석부터 시작된다. 이 분석에서는 우선 기업이나 사업부의 손익계산서와 제품, 시장, 경로별 영업실적이 참고자료가 된다.

② 전략분석

현재 외식업체가 선택하고 있는 마케팅전략의 내용을 검토하고, 전략적인 질문을 던지는 일이다.

③ 원가분석

외식업체가 가격경쟁력을 경쟁기업과 대비하여 분석하는 것이다.

④ 조직과 인력에 대한 평가

조직은 조직구조, 경영시스템, 기업문화, 의사소통의 유형 등으로 조직의 성과에 중요한 영향을 미친다.

특히 인적구성은 기업이 성장하는데 궁극적인 제약조건이 된다.

## (2) 마케팅 목표의 설정

마케팅 목표는 주어진 계획기간 안에 달성하고자 하는 양적 및 질적 내용으로 표현된다. 질적 목표는 '업계 선두기업 또는 최고의 브랜드 이미지를 구축한다.' 등 다양한 내용이 될 수 있다. 그러나 질적 목표는 반드시 양적 목표에 의해서 구체화되어야 한다. 양적 목표는 일반적으로 시장점유율, 매출액, 수익성, 브랜드 인지도 등의 기준을 활용하여 설정된다. 수익성 목표와 시장점유율 목표는 특히 중요하다. 왜냐하면 시장점유율을 높이기 위해서는 계획기간 동안 수익성 악화를 감수하지 않으면 안 되는 상황이 초래될 수도 있기 때문이다.

### (3) 표적시장의 식별

외식업체가 시장내의 모든 소비자 욕구를 충족시키는 것은 어렵다. 왜냐하면 다양한 소비자들은 너무나 다른 욕구를 가지고 있는 반면, 기업이 가지고 있는 자원은 제한되어 있기 때문이다. 그래서 외식업체는 전체시장을 시장세분화 기준에 따라 분할하고, 분할된 여러 개의 세분시장 가운데서 자사의 능력과 형편에 가장 적합한 세분시장을 표적시장(target market)으로 선택한 후, 자사의 상품이 표적소비자의 마음속에 경쟁상품과 비교하여 차별화된 위치를 잡을 수 있도록 한다. 따라서 마케팅관리자는 자사상품과 경쟁사의 상품을 어떻게 구분 짓고 소비자로 하여금 차이를 인식하게 할 것인지 계획하여야 한다. 그리고 경쟁사 상품과의 차이점을 표적시장에서 가장 중요한 전략적 경쟁수단으로 활용하여야 한다.

### (4) 브랜드 전략의 결정

오늘날 성장을 추구하는 기업은 소비자에게 어필할 수 있는 브랜드를 구축하는 것이 필요한 사항이다.

브랜드는 소비자에게 외식업체의 상품을 식별하고 균일한 품질을 보장하는 기능을 갖고 있기 때문에 대부분의 상품에 브랜드를 부착하는 것이 일반적이다. 또한 브랜드를 통해 상품의 존재를 인식시키고, 긍정적인 이미지를 형성하며, 상품에 대한 선호와 애호도를 형성할 수 있는 장점이 있다. 브랜드는 고객에게 상품을 나타내는 표시나 상징으로 기능하기 때문에, 마케팅에서 브랜드의 개발과 구축을 고려해야 한다.

### (5) 마케팅 믹스의 개발

마케팅 믹스(marketing mix)란 기업이 표적시장에서 성과를 얻어내고자 사용하는 통제 가능한 마케팅 수단들의 결합을 의미한다. 마케팅 수단들은 표적시장의 수요에 영향을 미칠 수 있는 것들로 상품(product), 가격(price), 유통(place), 촉진(promotion)을 말한다. 이 네 가지 수단들의 영어 표시 첫 글자가 P로 시작하기 때문에 4P's라고도 한다. 특히 유·무형의 복합상품을 판매하는 외식업체는 전통적인 4P's요소와 함께 세 가지의 요소 즉, 서비스의 참여자(participants), 서비스의 생산과정(process), 서비스 물리적 환경(physical evidence)을 합하여 7P's를 관리해야 한다. 외식업체는 이러한 마케팅 수단들을 효과적으로 결합함으로써 표적시장 내 소비자들의 욕구를 충족시키고 기업의 마케팅 목표도 달성할 수 있도록 노력하여야 한다.

## 2. 마케팅믹스

레스토랑 마케팅은 그 특성상 상품마케팅과는 차이가 있다. 외식상품은 제품과 서비스로 결합되어 있는데 특히 서비스의 무형성, 비분리성, 변화성, 소멸성 등의 특성으로 인하여 마케팅믹스의 수단에 있어서 유형적 상품과는 다음과 같은 차이가 있는 것이다.

첫째, 서비스의 경우에는 고객과 서비스 제공자가 함께 생산에 참여하고 있으므로 생산과 소비에 참여하는 사람에 대한 특별한 관리가 중요한 문제로 대두된다.

둘째, 서비스는 고객에 대한 서비스제공의 순서와 절차가 대단히 중요하다. 서비스를 제공함에 있어서 기계나 설비의 이용정도와 서비스에 종사하는 종업원의 자유재량 범위에 대한 적절한 관리는 서비스에 대한 고객의 만족감을 증대시키는 요인이 될 수 있다. 따라서 서비스생산의 생산과정에 대한 관리문제가 대두된다.

셋째, 서비스는 제공되는 환경이나 분위기에 따라 그 품질수준이 평가되는 경우가 많다. 레스토랑, 호텔 등과 같이 서비스와 관련된 보조상품이나 분위기에 따라서 매출수준이 영향을 받게 되는 경우가 그 예이다. 따라서 이러한 서비스의 환경과 분위기에 대한 관리가 문제로 대두되고 있는 것이다.

일반적으로 상품, 가격, 유통경로, 촉진의 4P's가 마케팅믹스의 구성요소로서 받아들여지고 있으나, 위에서 설명한 서비스 마케팅의 특성으로 인하여 서비스 마케팅믹스에는 전통적인 4P's 요소와 함께, 위에서 설명한 세 가지의 요소 즉, 서비스의 참여자(participants), 서비스의 생산과정(process of service assembly), 그리고 서비스 물리적 환경(physical evidence)을 합하여 7P's를 관리해야 한다.

이와 같이 외식상품은 유형의 제품과는 달리 무형성, 비분리성, 변화성, 소멸성 등의 특성이 있기 때문에, 마케팅믹스를 결정하는 것도 그만큼 다양하게 결합된다. 레스토랑 마케팅에 있어서도 어디까지나 마케팅 컨셉에 기본을 두고 최적의 마케팅믹스가 결정되어야 함은 말할 것도 없다. 레스토랑 마케팅 믹스도 시장분석에서 출발된다. 시장분석은 레스토랑 마케팅에 있어서도 상품마케팅의 그것과 큰 차이가 없다. 레스토랑 마케팅에 있어서 구매자와 외식시장의 특성을 파악하기 위해서는 인구통계학적 변수, 고객의 필요와 선호도, 소득수준 등이 조사의 대상이 된다.

외식상품을 판매하는 레스토랑 마케팅은 고객지향적인 레스토랑 경영에 입각하여 표적·고객시장에 대한 효율적이고 적합한 마케팅 수단의 배합과 그 적용을 뜻한다. 따라서 레스토랑 마케팅전략의 궁극적인 목적은 주요 마케팅환경인 고객에 적응하는 것으로 고객이 원하는 제품이나 서비스를 판매하기 위해 다음과 같은 요소를 잘 결합할 수 있는 마케팅믹스전략을 전개해야한다.

### (1) 상품결정(product)

유형의 제품과는 달리 대부분의 서비스는 저장할 수가 없고, 볼 수도 없으며, 사용되기 전에는 평가할 수도 없다. 따라서 유ㆍ무형의 성격을 가진 외식상품의 구매자들은 과거의 경험, 사용료, 명성, 브랜드, 촉진캠페인 등 추상적인 특성에 근거하여 의사결정을 하게 된다. 따라서 이러한 외식상품의 추상적인 특성을 쉽게 전달할 수 있는 유형적 상징물을 찾는 것이 중요하다.

외식상품을 다른 경쟁자와 차별화하기 위해서는 핵심적 서비스(core service)의 사용에 도움이 되는 부수적 서비스를 첨가하는 것이다. 호텔의 핵심 서비스는 숙박이지만, 투숙객들을 위한 세미나실, 체육장, 식당, 사우나 등은 물론이고 교통편의 제공, 항공예약 및 할인 등의 서비스를 연결하여 판매하는 경우가 그 예이다. 레스토랑의 상품은 음식맛이 핵심서비스이지만, 방문객을 위한 물리적 환경, 참여자, 서비스생산과정 등의 부수적 서비스에도 신경을 기울여야 한다. 따라서 외식상품의 개발은 서비스의 사용과 연결될 수 있는 유ㆍ무형의 상품들과 연결시키는 방향으로 추진되는 것이 중요하다. 이와 같이 제품이나 서비스의 판매와 연결시킬 수 있는 수단과 방법을 찾아내어 판매증가를 모색해야 한다.

### (2) 유통결정(place)

외식상품은 생산자로부터 직접 소비자에게 전달되기 때문에 외식상품이 생산자와 분리될 수 없거나 생산과 동시에 판매되는 특성으로 인하여 중간상을 둘 수 없다. 외식상품을 판매하는 가장 중요한 마케팅 수단인 인적경로에 의한 판매의 중요성은 상품마케팅보다 레스토랑 마케팅에서 더 강조되며, 또한 고객과의 직접 접촉에서 올 수 있는 문제점도 외식업체에서 더 빈번하게 발생하고 있다. 외식업체에 대한 고객이 불평불만 중에 가장 큰 비중을 차지하는 것이, 종업원의 분명치 못한 태도에서 기인되는 것으로 나타나고 있는 것이다. 따라서 외식업체는 외식상품을 고객에게 판매하기 전에 우선 종업원에게 서비스 업무부터 판매해야 하는 점을 인식시켜야 한다. 다시 말하면, 외식업체는 종업원에게 외식상품의 생산과 판매에 관한 교육ㆍ훈련을 시키는 것이 무엇보다 중요한 것이다.

### (3) 촉진결정(promotion)

유형의 제품은 고객들이 볼 수 있고, 그 효능을 입증 · 평가할 수도 있기 때문에 외식상품에 비해서 촉진활동이 비교적 용이하다. 따라서 외식상품의 경우에도 형체가 있는 것처럼 보이게 하여 고객들이 직접 확인하고 관심을 갖도록 노력하여야 한다. 다시 말해서 외식상품을 유형적인 구체적 상징물과 연결시킬 수 있어야 외식상품을 신속하게 소비자에게 촉진할 수 있다. 또한 외식업체에 있어서는 어떤 상품을 생산 · 판매하느냐 하는 것도 중요하지만, 그 보다 더욱 중요한 것은 소비자가 어떠한 상품을 원하고 있느냐를 파악하는 것이다. 미국 맥도날드사가 햄버거 자체에 대한 촉진활동보다는 청결하고 안락한 간이식당의 환경, 즉 소비자가 즉석, 유쾌감, 위생, 일관된 서비스 등을 느끼도록 촉진활동을 전개하고 있는 것이 좋은 예이다.

### (4) 가격결정(price)

가격은 외식상품에 대한 수요에 영향을 미칠 뿐만 아니라 그 외식사업체가 판매하고 있는 외식상품의 수준을 고객에게 제시하는 지표가 되기도 한다. 이와 같이 고객은 가격과 같은 단서에 의존하여 외식상품에 대한 자신의 기대를 형성하기 때문에 가격수준의 결정은 외식상품의 품질과 가치에 대한 고객의 지각에 큰 영향을 미친다.

특히 외식상품은 생산의 모든 과정에 소비자가 직접 참여하면서 외식상품의 품질을 주관적으로 평가하기 때문에 소비자욕구에 따라 외식상품의 품질수준이 달라질 수 있으므로 고객에 따라 외식상품에 대한 가격이 달라지는 경우가 많다. 가격이 분명하지 않다면 외식상품의 구매선택과정에서부터 소비자들은 금전적인 위험을 느낄 수 있다. 따라서 가격수준을 명확하게 표시하는 것이 바람직하다. 외식상품은 극히 이질적이고, 품질의 표준화가 곤란하여 원래부터 상품의 차별화가 이루어진 상태이기 때문에 완전경쟁이란 성립될 수 없다. 그러나 대체로 외식상품은 유형의 제품에 비해 수요에 대한 가격탄력성이 높을 수밖에 없기 때문에 가격수준을 낮게 책정하는 것이 매출액의 증대에 효과적인 경우가 많다.

따라서 레스토랑의 경우는 표적고객별 다양한 가격전략을 수행할 필요가 있다.

### (5) 참여자(participants)

서비스제공에 참여하는 모든 사람들은 고객에게 서비스질을 예측할 수 있는 단서를 제공한다. 예를 들면 서비스직원들의 외모, 복장, 말씨, 행동 그리고 방문고객들의 패션등은 모두 고객이 서비스를 인식하는데 영향을 미친다. TGI프라이데이즈는 캐주얼한 직원복장과 고객과 눈높이를 맞춘 퍼피 서비스(puppy service)로 파격적인 친근감으로 서비스를 전달하면서 차별화된 서비스로서 성공한 예이다.

### (6) 서비스 과업환경(physical evidence)

서비스 과업환경(physical evidence)은 레스토랑과 고객의 상호작용이 이루어지는 환경에서 서비스를 전달하는데 동원된 모든 유형적인 요소를 말한다. 예를 들면 레스토랑 건물외관이나 간판, 내부장식, 주차장, 테이블, 의자, 조명, 화장실, 메뉴표 등의 물리적 환경과 유니폼, 광고팜플렛, 영수증 등의 기타 유형적 요소가 있다.

물리적 증거는 고객의 서비스품질에 대한 단서로서 기대와 평가를 통한 구매의사결정에 중요한 역할을 한다. 또한 세분시장과 서비스 질에 대한 일관되고 강력한 메시지를 고객에게 전달하는 기회를 제공한다.

### (7) 서비스의 생산과정(process of service assembly)

서비스의 생산과정(process of service assembly)은 서비스가 제공되는 실제적인 절차와 활동을 말한다. 대부분의 서비스는 일련의 과정으로서 고객이 서비스 프로세스 안에서 일정한 역할을 수행하게 된다. 왜냐하면 서비스는 생산과 소비의 동시성 때문에 고객과 분리하여 생각할 수 없기 때문이다.

이러한 서비스 프로세스와 레스토랑의 서비스 처리능력은 고객으로 하여금 서비스품질을 평가할 수 있는 기회를 준다. 따라서 서비스의 일관성과 품질을 향상시키기 위한 서비스 프로세스의 표준화 또는 개인화의 설계는 의미있는 일이다. 즉, 레스토랑 내에서 종업원과 고객이 만나 이루어지는 모든 행동을 말한다.

이상과 같이 마케팅전략은 제조업이든 서비스 산업이든 현대경영에서는 우선순위로 두어야 할 항목이다. 과거처럼 제품판매에 그치지 않고, 고객창조와 고객의 충족을 위해 기업이나 작게는 업소에서 꾸준히 노력해야 계속적인 기업으로 살아남을 수 있다.

특히 일반제조업과는 달리 서비스업무가 결합된 외식업은 기존 마케팅의 4P믹스 이외에 위에서 설명한 과업환경, 서비스 참여전략, 서비스 생산과정의 3P믹스 전략을 효율적으로 수행해야 할 것이다.

**표 11-1** 서비스의 마케팅믹스(7PS)

| | |
|---|---|
| 상품<br>(product) | 서비스 범위, 사후서비스, 고객의 참여정도, 품질수준, 상표명, 로고, 포장, 보증, 상품의 다양성과 구색, 상품차별화 |
| 가격<br>(price) | 표준가격, 디스카운트, 지불기한, 고객의 지각한 가치, 품질 및 가격의 상호작용, 가격차별화, 대금지급 방법 등 |
| 유통<br>(place) | 유통채널, 서비스 제공자의 위치와 접근성, 재고관리, 시설 입지와 편의 |
| 촉진<br>(promotion) | 광고, 인적판매, 퍼블리시티, 판매촉진, 직접 또는 개인판매, 기타 물질적 환경설비재, 유형적 수단 등 |
| 구성원<br>(people) | 종업원 훈련, 장려, 용모, 친절성, 반응성, 태도, 예절성, 다른 고객들의 영향, 고객과의 접촉 등 |
| 물적증거<br>(Physical evidence) | 물적환경(건물, 설비, 색채, 시설배치, 소음, 서비스 창구, 청결, 주차시설 등), 분위기, 내부시설, 직원의 외모와 위생상태 |
| 과정<br>(process) | 수요-공급관계, 일상업무의 진행과정, 서비스 감독, 고객관여, 기계화, 제도화 정도 등 |

## 3. 촉진활동의 의의 및 목적

### (1) 촉진활동의 의의

촉진(promotion)이란 외식사업체의 마케팅활동에 있어 직접 간접으로 구매결정에 영향을 미칠 수 있는 잠재적 구매자들에게 판매자가 자사상품에 대하여 우호적이고 설득적인 정보를 전달할 수 있는 모든 기법을 말한다. 따라서 촉진은 마케팅의 커뮤니케이션에 해당하는 부분으로 먼저 판매자가 소비자들에게 자사상품을 알리고 우호적인 태도를 형성하는데 필요한 우호적 정보를 제공하는데 있다. 다음으로 자사상품을 구매하도록 설득할 수 있는 설득적 정보를 제공하는데 그 목적이 있다.

이러한 촉진활동은 명확한 촉진활동과 함축적 촉진활동이 결합되어 수행되어야 한다. 명확한 촉진(explict promotion)이란 촉진수단들인 광고, 인적판매, 판매촉진, 그리고 홍보를 통한 촉진을 말하고, 함축적 촉진(implict promotion)이란 마케팅의 4P 중에서 촉진을 제외한 3P, 즉 상품, 가격, 유통경로를 통한 촉진을 말한다. 따라서 외식사업체가 수행하는 마케팅 믹스상의 촉진은 촉진수단 이외에도 상품자체, 가격자체, 그 상품이 판매될 수 있는 유통경로 형태 또한 소비자에게 정보를 의사소통할 수 있어야 한다.

**그림 11-2** 마케팅믹스와 촉진믹스의 관계

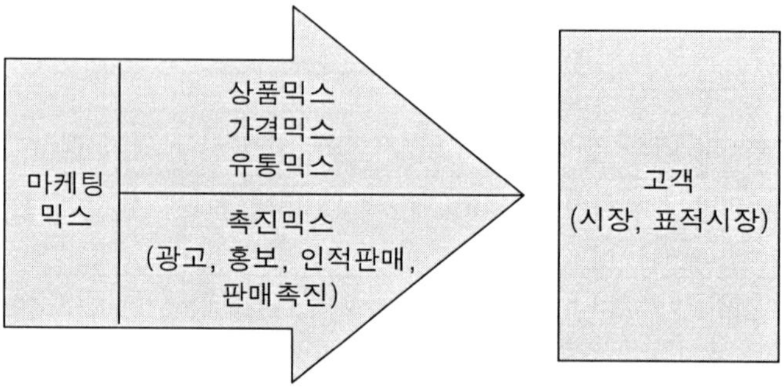


마케팅관리자는 표적시장에서의 마케팅목표를 달성하기 위해서 상품, 가격, 유통, 촉진으로 구성된 마케팅믹스를 효율적으로 조정하여야 하며, 이중에서 촉진을 구성하는 촉진믹스는 광고, 홍보, 판매촉진, 인적판매로 구성된다. 이처럼 마케팅믹스와 촉진믹스가 별개의 분리된 개념이 아니라 상호 긴밀한 연관성을 가지고 표적시장 고객에게 가장 효율적으로 커뮤니케이션 될 수 있도록 관리하고자 하는 접근방법을 통합적 마케팅커뮤니케이션(integrated marketing communication: IMC)이라고 한다.

### (2) 촉진활동의 목적

촉진의 궁극적인 목적은 커뮤니케이션을 통해 행동을 바꾸는 것이다. 따라서 외식상품의 촉진활동 목적은 각 산업이나 외식상품의 특성에 따라 상이하지만, 궁극적으로는 정보전달(informing), 설득(persuading), 기억(reminding)을 통하여 판매를 한다는 점에서는 동일하다.

이러한 외식상품 촉진활동의 목적을 구체적으로 표현하면 다음과 같다.

① 외식상품이나 외식사업체에 대한 지각이나 관심을 형성하기 위하여.
② 경쟁사와 자사의 외식상품 및 조직을 차별화하기 위하여.
③ 이용가능한 외식상품의 편익을 구체화하여 고객에게 전달하기 위하여.
④ 조직에 대한 이미지와 명성을 구축하고 유지하기 위하여.
⑤ 고객으로 하여금 외식상품을 구매하도록 설득하기 위하여.

그림 11-3 촉진의 목적과 구매과정 단계들

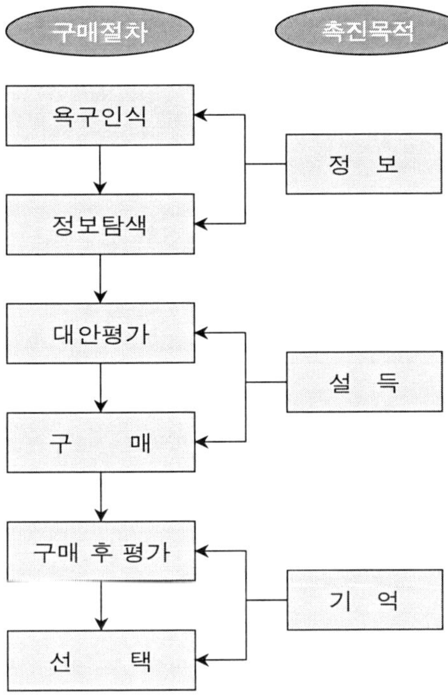


### (3) 촉진수단의 믹스

외식사업체의 마케팅관리자가 관리할 수 있는 촉진수단을 다양하지만, 일반적으로 판매촉진, 인적판매, 광고, 홍보의 4가지가 있다. 이러한 촉진수단의 효과는 소비자의 심리과정의 변화에 따라 다르기 때문에, 촉진수단들을 언제 어떻게 사용하는 것이 가장 효과적인가를 고려하여 촉진믹스가 이루어져야 한다.

잠재적 소비자를 설득적 커뮤니케이션을 통해 구매행동으로 이어지게 하려면, 먼저 소비자에게 그 상품을 인지시켜 주의(Attention)를 끈 다음, 관심(Interest)을 유발하고, 그 다음 구매하고 싶은 욕구(Desire)를 자아낸 다음, 그것을 기억(Memory)시켜, 구매행동(Action)으로 이어지게 하여야 한다. 소비자의 심리단계별 촉진효과를 보면, 상품에 대한 소비자의 주의를 끄는 데는 광고가 가장 효과적이고, 관심을 유발시켜 구매욕구를 자아내는 데는 입에서 입으로 전달하는 구전 커뮤니케이션이 효과적이고, 소비자의 머릿속에 기억된 것을 구매행동으로 이끄는 데는 인적판매가 가장 효과적임을 알 수 있다.

**표 11-2** 촉진수단의 특징

| 구분 | 범위 | 비용 | 장점 | 단점 |
|---|---|---|---|---|
| 광고 | 대중고객 | 보통 | 빠르고 메시지 통제 가능 | 효과측정 곤란 |
| 인적판매 | 개별고객 | 고가 | 정보의 양과 질에 따라 즉시 나타남 | 비용과다 및 촉진속도가 느림 |
| 홍보 | 대중고객 | 보통 | 다각적 효과 | 효과가 장기적이고 간접적임 |
| 판매촉진 | 대중고객 | 고가일 수 있음 | 주의를 끌고 즉시 효과있음 | 모방이 쉽다 |

### (4) 촉진활동의 대상

외식상품의 특성인 유/무형성과 생산과 소비의 동시성으로 인하여, 외식상품제공자(종업원)와 소비자가 함께 한 자리에서 그들의 상호작용 속에서 외식상품이 생산되고 고객에게 전달된다. 따라서 외식상품 질의 향상과 고객만족은 종업원의 태도, 능력, 노력 등의 영향을 받는다. 종업원의 외식상품 판매활동이 중요하게 다루어져야 한다. 종업원의 관리차원을 넘어서 대고객 커뮤니케이션의 일환으로 종업원의 촉진활동을 관리할 필요성이 대두된다. 외식사업체의 촉진활동은 외부고객은 물론, 내부고객에 대해서도 이루어져야 한다. 내부고객을 대상으로 하는 사업체의 촉진활동은 내부마케팅에서 다루어진다. 이 장에서는 외부고객을 대상으로 하는 촉진활동을 살펴본다.

## 4. 촉진활동과 점포마케팅

식당을 오픈할 때 목표 대비 매출이 부진하거나 계절적으로 매출이 떨어질 때 활용하게 되는 것이 판촉이나 광고이다. 이러한 활동을 점포 단위로 할 때 점포마케팅(Local store Marketing LSM) 또는 지역마케팅이라고 한다.

점포마케팅 활동은 좁은 의미의 점포관리, 즉 QSC의 관리를 통해 고객만족도의 증진을 위한 활동 외에 고객을 점포로 불러오게 하는 모든 활동을 말한다. 성공적인 LSM을 위해서는 여러 가지 요소가 있지만 무엇보다도 언제 실행할 것인가 하는 타이밍과 예상고객들과 현재의 고객들에게 어떻게 많이 그리고 확실하게 인상 깊은 커뮤니케이션을 할 것인가 하는 광고전략이 중요하다. 적절한 타이밍으로 경쟁사보다 먼저 실행해 선점효과를 거둔다면 적은 예산으로 큰 효과를 얻을 수 있을 것이다.

지역마케팅활동은 지역 상권개발 마케팅을 의미하며, 지역적 특성을 파악하여 차별화 전략을 전개하는 것이기 때문에 각 지역의 특성인 생활 방법, 유통조건, 경쟁조건 등을 자세하게 조사할 필요가 있다.

## 제2절 점포의 판촉전략

### 1. 판매촉진의 이해

#### (1) 판매촉진의 기본 방향

외식업체의 판매촉진을 효과적으로 실행하려면 마케팅관리자는 판촉목표를 설정하고 판촉수단을 선정하여 판촉프로그램을 개발, 사전시험을 하고 실시 및 통제를 거쳐 판촉효과를 측정하여야 한다.

판촉을 하는 기본적인 목적은 신규고객창출, 그동안 방문한 고객들에 대한 감사표시와 방문하다가 중단된 고객들의 재방문의 기회제공, 그리고 무관심한 고객들을 잠재고객으로 유도하기 위한 잠재고객확보 등에 있다. 일반적으로 외식업 판촉이라 하면 전단지를 제작하여 직접 배포하거나 신문사에 삽지를 의뢰하여 배포하거나 이 외에 현수막, 선물, 도우미와 흠향장비, 풍선장식, 오프 이벤트 행사 등이 보편화되어 있다. 일부 경영자들 중에는 행사 비용이 만만치 않아 망설이기도 하는데 실제로 웬만한 중 대형규모가 아니면 체계적인 계획을 수립하여 판촉 하기가 결코 쉽지만은 않다. 판촉 전. 다음의 내용 정도는 기본적으로 알고 시작한다면 보다 효과적인 판촉을 할 수 있을 것이다.

#### (2) 외식업 판촉 특성

외식업은 타 산업과 다른 여러 가지 특성이 있는데, 첫째 고객이 경험하지 않았던 메뉴는 선택하지 않으려는 특성이 있기 때문에 판촉의 어려움이 있다. 즉 다양한 방법으로 고객이 경험을 하는 것이 마케팅의 첫 번째 관문인 것이다.

둘째, 대부분의 식당들이 판촉은 영업실적이 부진해지기 시작할 때 실시하는데, 아무리 강력한 판촉을 실시해도 매출이 계속 떨어질 가능성이 높다.

셋째, 판촉은 영업이 활성화되고 있는 시점에서 더욱더 매출을 증대시키기 위한 수단으로 활용되어야 하고, 영업이 잘 될 때 이벤트, 메뉴 개발 등을 최대로 활용하여 매출을 끌어올리는 방법으로 활용되어야 한다. 판촉방법효과, 실시시의 문제점, 고객의 반응 등을 자세히 파악하여 실시해야 한다.

넷째, 판촉은 필요한 비용이 발생한다. 돈을 투자하여 매출을 증대시키려는 목적은 당연하다, 너무 조급하게 그 효과에 지나치게 얽매이게 되어서는 안 된다. 인식하는 것이 바람직하다.

다섯째, 판촉은 연간, 분기별, 월별로 일정한 프로그램에 의해 계획적으로 진행되어야 한다. 개점 초기에 전단지나 무료시식권을 배포하고 고객이 줄서서 오기만을 기다리는 자세는 바람직하지 않다.

여섯째, 판촉은 불특정다수 고객을 타깃으로 하기보다는 점포 콘셉트에 적합한 타깃을 설정하고 그 타깃에 맞는 판촉을 실시하는 것이 효과적이다. 창업 판촉은 타깃 고객에게 30% 또는 40%씩 할인가격으로 판매하여 유인한 후 음식의 맛이나 서비스, 분위기로 만족시켜야 한다.

### (3) 판매촉진기법

판매촉진기법에는 가격수단과 비가격수단으로 구분할 수 있다.

#### 1) 가격수단

할인 또는 무료쿠폰을 주로 이용하여 반복구매를 촉진하고 고객을 지키기 위해 불가피하게 가격할인 방법을 이용하고 있다.

① 무료쿠폰

가장 많이 이용하는 판촉수단으로 시용과 반복구매를 촉진하고 브랜드전환이 가능하다. 제휴사와 연계하여 정확한 타겟에 배포가 가능하며 단기매출증대에 효과가 크다. 전단, DM, 엽서, 제품박스인쇄, 잡지, 카드제시, 인터넷, SMS 쿠폰, 명함추첨, 신상품 무료시시식권 등의 형태로 이루어지고 있다.

② 가격할인

단기매출증대에 효과가 있으며 재고유지비용을 낮출 수 있고 가격차별의 효과도 기대할 수 있다. 그러나 고객을 지키기 위한 불가피한 선택이기도하다. 해피 아워,

경로우대권, 개업 할인, 카드사 제휴, 신상품할인권 등의 형태로 이루어지고 있다.

### 2) 비가격수단

고객 DB 구축을 통해 고정고객 우대 프로그램을 진행하고 경품이나 사은품등의 혜택을 제공함으로써 고객의 흥미를 유발하는 비가격적인 판촉방법이다.

① 고정고객 우대 프로그램

고객 데이터베이스 구축을 기본으로 하여 고객이탈을 방지하는 목적을 가지고 있다. 구매액이 높은 고객이 반드시 이익에 대한 기여가 높은 것은 아니다. VIP회원카드, 홈페이지 회원, 마일리지, 스탬프 카드, 기념사진 촬영 등의 형태로 운영된다.

② 경품·사은품

상품과 별도의 혜택을 제공하는 것으로 브랜드 이미지의 손상이 거의 없고 제품의 차별화가 어려운 경우에 효과적이다. 또한 광고할 때 주목률을 높일 수 있으며 행사를 통해 수집된 정보로 고객 데이터베이스 구축이 가능하다. 행운권(스크래치), 경품, 무료증정품, 무료시식권 등이 있다.

③ 구매시점 디스플레이

메뉴의 디스플레이, POP, 포스터, 현수막 등을 이용하여 고객의 구매시점에 있어서 시선집중을 유도하고 충동구매를 유발할 수 있다.

④ 온라인 마케팅의 하나인 소셜미디어 활용

⑤ 기타

기타 계절별 이벤트, 고객의 소리, 인센티브 포상, 세트 메뉴 등이 있다.

### (4) 판촉마케팅의 목적별 방법

**표 11-3** 판촉마케팅의 목적별 방법

| 판촉유형별 | | 판촉수단 |
|---|---|---|
| 소비자 판촉 | 매출증대 판촉 | 컨티뉴어티(CONTINUITY)/쿠폰<br>프리미엄(경품)/가격할인/신용판매 |
| | 사용 판촉 | 샘플링/데몬스테이션 |
| | 화제성 판촉 | 이벤트 행사/캠페인<br>소비자 콘테스트 |
| | 소비자 고지 및 교육성 판촉 | DM/전시회/품평회<br>소비자 교육/공장견학/소비자상담 |
| | 광고보조 판촉 | POP/카다로그/연출물<br>쇼룸(SHOW ROOM)/진열(DISPLAY) |
| | 구매유도, 고지광고 및 캠페인 연결성 판촉 | 경품<br>– 소비자 경품(구매유도)<br>– 소비자 현상 경품(구매유도, 고지광고)<br>– 공개 현상 경품(구매유도, 고지, 캠페인 연결) |
| 거래처 판촉 | 자사제품 취급유도 판촉 | 리베이트/사업자 경품<br>판매점포 콘테스트 및 시상 |
| | 거래처 지원 판촉 | POP물 지원/소비자용 판촉물 지원·대리점 간판/차량도색<br>거래처 광고, 판촉비 지원 |
| | 거래처 경영지도 판촉 | 경영지도/점포 LAY OUT/점포장치, 장식지도<br>영업직원 교육/ 각종 실연 발표회 |
| 사내 판촉 (판매처 판촉) | 영업직원 교육 | 판촉기법교육/판촉매뉴얼 작성배포 |
| | 영업직원 동기부여 | 판촉콘테스트/판촉대회<br>판촉인센티브 부여 |
| | 판매보조도구 지원 | 전 제품 카다로그/샘플·고객카드/각종 자료집<br>명판/수첩/메모지 |

## 2. 외식업 창업시 판촉전략

우리는 어떤 집으로 찾아갈까? 고객의 입장에서 본 판촉은 어떤 방법이 좋은가? 고객 유인요소는 어떤 요소들이 있을까? 이러한 생각을 해 본 후에 자기 점포에 맞는 그리고 자기 점포의 적정한 광고예산을 고려하여 가장 효율적인 판촉전략을 구사하여야 성공 마케팅이 된다.

독립점포와 체인점포, 상권지역의 특성, 대형과 중소형 점포에 따라서도 여러 가지 판촉방법에 차이가 있을 수도 있다. 우선, 기존점포의 매출증대를 위한 판촉전략과 신규개점 점포, 창업점포에 필요한 판촉전략이나 판촉자료 등으로 구분한다.

### (1) 외식업을 창업할 때 판촉방법

외식업을 창업할 때 중요 판촉방법은 다음과 같은 종류가 있다. 개업할 때 오픈이벤트는 자기 점포에 알맞은 판촉방법을 선정하여 가능하면 확실하고 요란스럽게 하여 주위시선을 끌 수 있도록 해야 한다.

#### 1) 현수막(플래카드) 설치

시각적인 효과로 개점을 홍보하고 매출을 증대시키기 위하여 개점 20－30일전에 건물 벽에 가로 또는 세로로 부착한다. 특히 디자인은 예쁘게 하여야 한다. 업주의 디자인 실력을 판단하는 잣대가 되며 음식의 맛을 평가 또는 기대감을 불러일으킬 수도 있다. 점포둘레에 깃발 식으로 세워두는 병열 깃발도 시각효과가 아주 좋다.

#### 2) 전단지 제작 배포

소규모 점포는 광고비 예산에 한계가 있으므로 전단지나 DM발송이 가장 효과적인 방법이며 메시지를 분명하게 담고 디자인비가 들더라도 예쁘게 제작하여 고객의 시선을 끌 수 있도록 한다.

로울러 작전(전지역을 모두 돌아다니며 전단지를 배포하고 자기 점포의 개업, 이벤트를 알리는 것)

① 면밀한 계획을 세워 실시

② 전 종업원이 참가한다.

③ 방문한 곳에서 손님의 소리를 가지고 돌아온다.

④ 신문에 삽입하여 투입하는 방법

### 3) D.M.발송

반응 있는 D.M.작성과 방법은 첫째, 개성과 명확한 주장을 펴고 둘째, 타이밍을 생각해서 발송한다. 성의를 강조하기 위하여 자필로 쓰는 경우도 있다. 개업안내는 전단지로 함께 사용할 수도 있다.

### 4) 무료시식회 개최

개업 1~2일 전에 시식회를 가져 상품의 맛, 담기, 가격, 조리속도, 등의 상품력과 서비스력을 고객으로부터 검증 받는다.

### 5) 케이블 T.V.에 CF상영

중, 대형 점포는 광고비예산 범위 내에서 방송을 하는 것도 효과적이다.

### 6) 농악대 및 고적대 동원 퍼레이드

### 7) 각종 선물제작 배포

### 8) CR(Community Relation)활동

지역사회에서 사랑 받는 점포가 되어야한다.지역부녀회,사무실,조기축구회,공공사회단체,노인회,상업시설등 자기점포 고객이 될 만한 곳은 어디든지 방문하여 간단한 인사장, 초대장 등을 지참하여 점포를 방문토록 하는 방문판촉도 CR활동의 하나다. CR 활동은 PR과는 약간 다른 개념이며 지역 단체와 좀 더 좋은 관계를 유지하기 위해서 행하는 것이 CR 활동이다.

### 9) 언론홍보 방법

매스컴을 효과적으로 이용한다면 가장 짧은 시간에 가장 효과적으로 자기 점포를 홍보할 수 있을 것이다. 사회적으로 널리 알릴만한 이벤트를 기획한다던가 최초의 서비스 개발이나 상품개발 등 보도자료가 될 만한 기사거리를 언론사에 제공한다.

### 10) VIP카드 등 회원모집이나 할인권 발행

### 11) 유명 연예인 동원방법

### 12) 경품실시

#### 13) 특별 이벤트 실시

경제적이고 효과가 높은 각종 이벤트를 연구하여 실시토록 한다.
(월별 또는 분기별 이벤트, 입학생선물, 어린이 초청행사, 요리강습 등)

### (2) 판촉물 종류

1) 점포의 간판(병열깃발, 만국기 등)
2) 음식 모형용 쇼 케이스
3) 오픈선물(라이터, 열쇠고리, 오프너, 탁상시계, 메모지, 풍선 등)
4) 점포명함
5) 광고 전화카드, 담배광고(1박스 이상 주문 시 가능)
6) 할인 쿠폰 발행
7) 마을버스 옆 고지광고, 인근 지하철역에 비치한 와이드 컬러
8) POP(구매시점광고)에 의한 광고
9) Take-Out 판촉, Home-Delivery 활동 등

### (3) 내부적인 영업전략

#### 1) 종업원 채용광고를 이용하라.

유리창에 구인광고를 예쁜 서체로 붙여놓는 방법, 아르바이트나 파트타임도 시급 표시 보다는 한 달에 얼마정도 가능 등으로 표기, 아르바이트 학생이 미성년자일 경우 부모동의서 요망, 아르바이트 경우는 학교 부근에 광고하는 것도 좋다. 구인의 목적과 광고의 효과를 동시에 노릴 수 있다.

#### 2) 매뉴얼을 만들어라.

시간이 걸리더라도 요리마다 자세한 작업순서 매뉴얼을 작성한 조리레시피를 만들어 주방 벽에 부착하고 그리고 접객 서비스도 고객 응대방법, 전화 응대방법, 서비스의 순서 및 위생 등에 관한 매뉴얼 작성하도록 한다.

#### 3) 정성으로 소문내라.

#### 4) Take-Out(포장판매)으로 승부하라.

#### 5) 대표음식을 상품화 시켜라.

### 6) 맛있고 깨끗한 이름을 선택하라.

### 7) 고객의 내점율을 확인하라.

### 8) 한정판매를 실시하라(품목한정 및 영업시간 엄수).

### 9) 볼거리를 제공하라(점포 패션성이나 오락성강조, 음주측정기).

### 10) 점포를 수시 체크하라.

청소상태, 식자재 검수, 조명, 간판, 화장실, 냉난방시설 가동, 영업시간 중 점포 앞 환경정리, 화재점검, 가스, 담배불, 어린이 안전사고, 시끄럽지 않는 범위 내에서의 조용한 음악 등. 특히, 조용한 음악은 고객 상호간의 대화를 다른 고객들에게 들리지 않도록 차단하는 효과.

### 11) 유니폼으로 승부하라.

유니폼 없이 주방에서 일한다는 것은 고객에 대한 무례요 몰상식이다. 모자, 스카프를 쓴 요리사가 열심히 조리하는 정성이 음식의 맛을 더욱더 나게 하며 고객을 감동시킨다. 최선의 종업원 선택이 못되면 최고의 유니폼으로 점포 분위기를 고급화 시켜라.

## (4) 기존 점포 장기판촉 계획

- 충분한 여력이 있는데도 불구하고 아무런 준비 없이 또는 적극적인 CR활동 없이 가만히 앉아서 고객이 오기만 기다리는 종전의 자세는 바뀌어 져야한다.
- Take-Out고객에 대한 적절한 배려가 필요하다. Take-Out을 쉽고 편리하게 할 수 있는 메뉴개발이나 포장용 용기 개발도 중요하다
- 객석 내점율을 높이기 위해 Take-Out전략을 구사하여 매출을 늘린다.
- 식당업의 영업부진은 있을 수 가없다. 경영주의 의지와 노력 장기적인 전략을 수립하여 실천해나가면 영업부진은 있을 수 없다.
- 무료 자동구두닦이를 설치하거나 음주측정기를 설치하여 단골고객에게 호기심과 차별성부각을 위하여 노력하는 음식점도 있다.
- 합리적인 계수관리로 영업목표를 설정하고 점포의 변화를 알리는 고지업무를 지속하며 판촉이던 광고선전활동이건 계속적이고 꾸준하게 시행하여야 성공점포가 될 수 있다. 특히, 계절별 경제적인 이벤트나 초청판촉, 선물판촉 등 종합적인 계획을 수립하여 목표매출을 달성하는 전략.

- 품질을 개선하고 신상품을 개발, 연구하며 주방능력을 향상시키고 점포의 운영력을 강화하여 월간 매상을 증대시킨다.
- 매출이 어느 정도 수준이 되면 느긋하게 즐기다가 매출이 급격히 줄어들면 다시 판촉활동을 재개하는 경우가 많은데 자칫하면 점포사정을 매우 악화시킬 가능성이 크다(손님이 줄어드는 것을 느낄 때까지는 3~6개월 정도의 시일이 소요되나 이전수준 까지 회복하기까지는 6~12개월의 시일이 소요됨을 명심해야 한다).

## 3. 상권별 판촉방법

### 1) 번화가 및 상가지역 입지점포의 판촉 전략

- 장사 속의 장사 즉, 인근상인 또는 사무실 등의 사람들과 유대관계를 강화하는 CR활동을 강화하여야 한다.
- 인근 타종점포와 연계하여 상호 판촉전략 구사하는 Tie-Up전략. 할인금액 카드를 만들어 양 점포가 상호사용 하거나 와이드 칼라를 판넬화 하여 상대방 점포에 부착하는 공동전략 등을 구사한다.

### 2) 오피스가 입지점포의 판촉전략

- 요일별로 핵심메뉴를 변화시킬 수 있도록 스페셜메뉴를 제공하며 신속하게 서빙하여 회전율을 높이는 전략과 대형 사무실은 유대관계를 유지하여 12:40~13:30분 사이에 이용토록 하게하고 10%의 디스카운드 진략구사도 비람직한 전략방법이며 피크 타임에 다른 고객을 수용할 수 있어 좋다.
- 메뉴구성도 중식(점심)시간에만 통용되는 한정메뉴로 하여 빠른 스피드 서비스를 연구할 필요가 있다.
- 특색은 고객변화가 거의 없으며 이용자들의 선택형태도 거의 변동이 없다. 평소에 자주 가는 식당 4~5개 점포를 교대로 이용하는 점포선택 관행에 이용단가는 5,000~10,000원 수준이 일반적이며 시간은 11:50~13:00에 이용 하는 편이다.

### 3) 학원가의 입지점포의 판촉전략

- 판촉시기는 주로 신학기에 적극적으로 구사한다.
- 점포분위기는 학생들 위주로 음악이나 뮤직선곡 등에 신경 써야 하며 학생들이 대화할 수 있는 분위기와 단체석도 마련해야 한다.
- 동아리 모임행사를 적극 찾아내어 유치하고 행사 찬조요청에 적극 지원할 수

있는 과감한 판촉전략을 구사한다.
- 졸업 후 찾아오는 고객은 V.I.P Card 발급 등으로 접대하면 큰 효과 기대할 수 있으며 가끔 학교시문에 광고하는 방법도 있다.

### 4) 아파트, 주택단지주변 입지점포의 판촉전략

- 주고객은 주부층이다. 주말, 공휴일의 가족고객의 식당선택권도 인근식당을 이용 할 때는 주부가 결정권을 가진 경우가 많다.
- 판촉효과 중 가장 빠르고 광범위한 방법은 고객의 입에서 입으로 전달되는 경우다. 주부의 입은 가장 좋은 판촉방법이자 가장 무서운 함정임을 명심하여 세심한 배려가 요구된다.
- 염가 단독메뉴를 선호한다(커피제공, 서비스 가격대 활용하는 전략).
- 점포청결 및 정리정돈 등 모든 분야에서 세련미가 요구되며, 특히 여성 화장실 위생상태 및 소모품의 고급화 등 세심한 배려가 요구된다.
- 고정고객 카드 비치가 필수(한번 내점한 고객은 가능한 카드화하여 생일파티, 입학 및 졸업기념일 등에 축하인사와 함께 점포 안내장 발송하고, 신규 개발메뉴 안내장송부하고 자기점포에서 생일파티를 할 경우 간단한 장미송이나 생일케익 증정 등도 고려해본다).
- 주택가 고객의 특성은 방문해 주십사 하는 초청장등을 발송하여 단 1회라도 일단 자기 점포로 오도록 하는 전략에 모든 초점을 맞춘다.
- 유의할 점은 홀 담당직원의 부드러운 접객 자세 교육에 있다. 손님이 김치나 잔반류를 추가할 때 기분 좋게 재빠르게 대응할 수 있도록 교육에 신경을 기울어야 한다. 점포직원의 반복적인 교육과 훈련으로 고객을 스마트하게 접객할 수 있도록 한 뒤에 여러 이벤트 행사를 실시하여야 한다.

### 5) 대로변주변 입지점포의 판촉전략

- 메뉴 북의 간편성, 분위기의 편리성, 식사제공의 스피드가 판촉수단.
- 주차공간과 차량출입의 편리성이 요구됨(차량출입에 안정성 배려).
- 전방 100~300미터 전방에 간판 또는 플래카드로 점포위치 안내.
- 주차안내원을 배치하여 고객차량의 추돌 사고를 방지하는 전략구사.

### 6) 위락지 및 유원지 입지점포의 판촉전략

- 유원지 또는 관광단지의 외식업 점포 특성은 관광버스 또는 자가용 이용고객이

대부분이며 메뉴의 종류나 품질도 천편일률적이다.
- 메뉴의 차별화와 점포분위기를 일치시킨 차별화 판촉전략 구사한다.
- 한번이라도 찾아온 고객은 정기적으로 인사장이나 안내장을 발송한다.
- 관광버스 기사들과의 유대관계가 필요함(VIP고객카드 발급).
- 현수막(플래카드)을 이용한 판촉전략.
- 월간지나 주간지에 점포를 소개하는 판촉전략.

## 제3절 소셜미디어를 활용한 온라인 판매촉진전략

### 1. 온라인 마케팅의 의의

#### (1) 온라인 마케팅의 개념

온라인 마케팅이란 contents(내용), communication(의사소통), commerce(상업적), community(공동체) 형식으로 구성 되어 있다. 인터넷을 통한, 기업의 마케팅 활동이라고 보면 된다.

대표적으로 검색, 배너, 블로그, 카페, 바이럴 등 여러 가지 매체를 통해서 소비자에게 전달할 수가 있으며, 가장 큰 장점은 온라인은 오프라인과 달리, 투자비용에 대한 모니터링과 피드백이 확실하다.

일반 오프라인 마케팅을 통한 효율 분석이 모호했다면, 온라인 마케팅은 정확한 분석 솔루션을 통해서 효율을 분석할 수 있기에, ROI(비용 대비 이익)효율이 가장 좋은 매체를 찾을 수 있다는 것이다. 온라인은 약 10년후 까지 발달 할 것으로 예상될 만큼, 성장 폭이 큰 시장이다.

인터넷 마케팅 혹은 온라인 마케팅은 소비자와 기업간의 커뮤니케이션과 상거래가 쌍방향매체를 통해 이루어지는 것이다. 기업이 인터넷을 통해 수행하는 마케팅 활동의 유형은 거래당사자들 간의 거래방식(즉 인터넷 비즈니스 모델)에 따라 B2B마케팅, B2C마케팅, C2C마케팅으로 나누어진다.

B2B마케팅은 기업이 인터넷을 이용하여 다른 기업을 상대로 마케팅활동을 수행하는 것을 말하는데 예를 들어 인터넷을 통해 비즈니스 고객들에게 라우터, 스위치, 각

종 네트워크 연결장치를 판매하는 업체인 시스코사가 이에 해당된다.

B2C마케팅은 기업이 소비자들을 상대로 인터넷상에서 상품을 판매하거나 마케팅 커뮤니케이션을 수행하는 등의 마케팅활동을 수행하는 것을 말하며, 델 컴퓨터가 인터넷상에서 고객의 주문에 따라 맞춤형 컴퓨터를 판매하는 경우가 이에 해당된다.

C2C마케팅은 소비자가 소비자를 상대로 인터넷상에서 거래가 이루어지도록 중간에서 이들을 연결시켜 주거나 효과적인 의사소통이 가능하도록 하는 등의 마케팅활동을 수행하는 것을 말하는데 인터넷에서 경매시장과 벼룩시장의 역할을 수행하여 성공을 거둔 eBay가 이에 해당된다.

### (2) 온라인 마케팅의 유형과 종류

온라인 마케팅으로 가장 유명한 바이럴 마케팅을 세부적으로 알아보면.

블로그, 카페, 지식인, 언론홍보, SNS 등이 있다.

#### 1) 블로그마케팅

블로그는 자신의 의견이나 이야기를 텍스트와 이미지, 영상 등을 올려 자신의 감정을 자유롭게 표현하거나 정보를 전달 할 수 있는 온라인 마케팅 방법 중 하나이다. 전문적인 지식이 없어도 정보형태로 접근하여 거부감 없이 홍보를 할 수 있다는 장점이 있다.

#### 2) 카페마케팅

카페마케팅은 충성고객을 확보할 수 있다는 큰 장점이 있다. 카페를 개설하여 고객들에게 좋은 정보를 제공하고, 고객들과의 유대관계를 형성하여 적극적인 입소문을 유도할 수 있다.

#### 3) 지식인마케팅

소비자들의 경험한 사용후기 때문에 많은 분들이 지식인마케팅을 선호한다.

또한 실시간으로 그에 맞는 답변이 달리기 때문에 마케팅 효과를 톡톡히 볼 수 있다.

#### 4) 언론홍보

최근은 신문보다는 인터넷으로 뉴스를 많이 접하기 때문에 언론홍보도 좋은 마케팅 방법이다. 언론홍보는 광고와 다르게 생활정보로 인식되기 때문에 홍보성이 짙지 않고 자연스럽게 광고할 수 있다.

### 5) SNS

SNS는 언제 어디서나 실시간으로 정보를 교류할 수 있기 때문에 최근 뜨고 있는 마케팅 방법이다. 블로그나 카페와 연동하여 홍보효과를 더욱더 넓힐 수 있다.

## 2. 온라인 마케팅 판촉을 위한 소셜미디어의 활용

### (1) 온라인 마케팅을 위한 소셜미디어의 비교

**표 11-4** 온라인 마케팅을 위한 소셜미디어의 비교

| 구분 | | 블로그 | mSNS | 위키 | UCC | 마이크로 블로그 |
|---|---|---|---|---|---|---|
| 사용목적 | | • 정보공유 | • 관계형성<br>• 엔터테이먼트 | • 정보공유<br>• 협업에 의한 지식창조 | • 엔터테이먼트 | • 관계형성<br>• 정보공유 |
| 주체 : 대상 | | • 1 : N | • 1 : 1<br>• 1 : N | • N : N | • 1 : N | • 1 : 1<br>• 1 : N |
| 사용환경 | 채널 다양성 | • 인터넷 의존적 | • 인터넷 환경<br>• 이동통신환경 | • 인터넷 의존적 | • 인터넷 의존적 | • 인터넷 환경<br>• 이동통신환경 |
| | 즉시성 | • 사후기록<br>• 인터넷 연결시에만 정보공유 | • 사후기록<br>• 현재시점 기록<br>• 인터넷/이동통신 연결시 정보공유 | • 사후기록<br>• 인터넷 연결시 창작/공유 | • 사후제작<br>• 인터넷 연결시 콘텐츠 공유 | • 실시간 기록<br>• 인터넷/이동통신 연결시 정보공유 |
| 콘텐츠 | 주요 콘텐츠 | • 특정주제에 대한 주관적 논평<br>• 신변잡기 정보 | • 신변잡기 정보 | • 협업에 의해 창조된 지식<br>• 지속적/역동적 업데이트 | • 특정주제에 대한 동영상 | • 현재상태, 개인적 감정 (문자수 제한) |
| | 신뢰성 | • 주관적 해석/비판<br>• 악의적 왜곡 가능성 낮음 (블로거 평판 훼손 우려) | • 악의적 왜곡 가능성 낮음 (실명기반 네트워킹) | • 주관적 해석/비판<br>• 악의적 왜곡 가능성 낮음 (IP 주소 추적 가능) | • 주관적 해석/창의성에 의한 콘텐츠의 의화화 등 왜곡 가능성 존재 | • 정보왜곡 위험성 존재 (콘텐츠 생성 주체의 익명성) |
| 대표사례 | | • 개인블로그 | • Facebook<br>• Myspace<br>• 싸이월드 | • Wikipedia | • YouTube | • Twitter<br>• 미투데이 |

자료: 임현철(2011), pp.177~178 재인용.

## (2) 블로그 마케팅의 활용

### 1) 블로그의 개념

상품을 광고할 수 있는 매력적인 홍보수단으로서 창업자라면 모든 포털사이트에 블로그를 많이 개설하면 유리하다. 블로그(Blog)는 웹(web)과 로그(log)의 합성어로서 웹에 남기는 기록 즉 인터넷에서의 개인 일기장으로서 개인 홈페이지이다. 오늘날 블로그는 정보제공 뿐만 아니라 여행, 레저, 뷰티, 육아, 요리 등 다양한 분야에서 사용되고 있다. 블로그의 가장 큰 장점 중의 하나는 돈이 들지 않고 만들고 관리하기가 쉬우며, 블로그가 인터넷 검색어로 검색된다는 점이다. 또한 고객 블로그와 링크하여 자신의 블로그로 유인(메타블로그; 엮인글)할 수 있어 고객 개인정보까지 동시에 관리가 가능하기 때문에 고객관리와 홍보효과가 뛰어나다.

### 2) 블로그 활용하기

최근 외식업체들은 고객과의 원활한 소통을 위해 블로그를 활용해 브랜드 홍보와 마케팅을 적극적으로 하고 있다. 이는 인터넷 이용자들이 블로그를 많이 이용하여 유익한 정보를 검색하고 있다는데 착안한 방법이다. 소자본 창업의 경우, 돈이 드는 홈페이지 보다는 먼저 블로그를 활용하여 고객서비스 및 홍보를 하면 효과가 클 것이다.

예를 들면, 네이버와 유튜브에 외식업체 동영상 홍보, 단골고개 무료시식권 배포, 유명맛집 블로거와의 제휴 등 마케팅을 시도해 볼 수 있을 것이다. 이와 같이 최근 업체들은 블로그를 활용하여 매출을 늘리고 있기 때문에 창업희망자들은 성공창업을 하기 위해서는 블로그를 적극적으로 활용하여야 한다.

블로그 활용방법은 다음과 같다.

① 파워블로그 활용

② 블로그 이벤트 운영(기자단과 체험단)

③ 블로그에 자료를 배포(리뷰, 체험기)

④ 블로그 광고 (기업의 배너광고)

**표 11-5** 외식창업과 블로그 활용하기

| 구 분 | 홈페이지 | 인터넷카페 | 블로그 |
|---|---|---|---|
| 디자인 | • 자유롭게 연출가능 | • 고정틀 안에서만 제작 (자신만의 표현 가능) | • 고정틀 안에서만 제작 (자신만의 표현 가능) |
| 제작 | • 어려움 | • 쉬움 | • 쉬움 |
| 회원유치의 용이함 | • 사용자들은 상업성 홈페이지에 개인정보 유출을 꺼려함<br>• 각종 정보 등으로 가입절차가 까다로움 | • 회원들끼리의 폐쇄적 운영<br>• 회원들간 공동운영<br>• 장기적인 마케팅관점으로 접근<br>• 회원확보를 위해 끊임없는 컨텐츠 필요<br>• 익명성으로 인해 문제 발생 소지<br>• 회원을 대상으로 다양한 마케팅 활동<br>• 취미, 동호회, 친목단체 등에 적합 | • 회원개념이 없는 일방적 전달과 개방적<br>• 개인운영(자신만의 공간)<br>• 단기적인 마케팅관점으로 접근하며, 회원확보 및 컨텐츠 생산 부담 없음<br>• 개인운영, 익명성 문제 발생소지 없음<br>• 대상으로 할 회원이 없음<br>• 홈페이지 대용 및 업체 홍보 등에 적합 |
| 재방문율 | • 낮음 | • 높음 | • 높음 |
| 유지보수 | • 높음 | • 없음 | • 없음 |
| 탈퇴율 | • 적음 | • 자유로움 | • 자유로움 |
| 제작비용 | • 수십만원~수천만원 | • 무료 | • 무료 |

## (3) 트위터의 활용

### 1) 트위터의 의의

- 트위터에 열광하는 이유는 빠르고 친근하고 강력하기 때문
- 리트윗을 통한 외식업체 홍보수단으로 최고
- 트위터(www.twtkt.com)는 140글자로 자신의 생각과 상태를 '팔로(follow)'들에게 공유해주는 서비스이다. 즉, 최대 140자의 단문 메시지(SNS)를 보내고 읽을 수 있는 소셜 네트워킹 서비스이다. 2006년 미국에서 시작된 단문 블로그 서비스이다.
- 트위터는 어려운 전문지식이 없어도 부담없이 이용할 수 있으며, 다른 사람이

트위터에 올린 글을 인터넷, 휴대전화를 통해 실시간으로 받아보는 것이 쉽다. 또한 팔로(follow)라는 행위를 통해 상대방의 허락이 필요 없이 관계를 설정할 수 있다는 장점이 있다.

### 2) 트위터 활용방법

- 예약 및 주문의 창구 수단
- 외식상품이나 서비스를 홍보하는 수단
- 이벤트나 프로모션을 알리는 수단
- 오프라인의 점포나 쇼핑몰을 홍보하는 수단
- 상품 및 서비스를 기획, 판매하고 소통하는 수단
- 트위터 장터를 활용한 상품판매

## (4) 소셜네트워크서비스(SNS) 활용

- 오늘날 홍보마케팅의 중요성으로 외식업체의 소셜네트워크서비스(SNS)는 외식창업의 성공을 좌우
- 트위터, 페이스북, 유튜브를 활용한 소셜네트워크서비스가 활발
- 다양한 애플리케이션을 사용할 수 있는 스마트폰을 활용한 소셜네트워크서비스가 인기
- 소셜네트워크서비스(Social Network Service; SNS)는 웹상으로 이용자들이 기존의 인맥을 관리하거나 새로운 관계를 형성 유지할 수 있도록 도와주는 서비스이다. 한국의 대표적인 소셜네트워크서비스는 1999년에 시작된 미니홈피 '싸이월드'가 있다. 인터넷 검색보다 소셜네트워크서비스를 통해 최신정보를 찾고 이를 활용하는 사람들이 많아지고 있는 것이다.
- 외식업체는 소셜네트워크서비스를 활용한 다양한 스마트폰 마케팅으로 브랜드 이미지를 높일 뿐만 아니라 신상품을 홍보 광고하고 고객서비스 및 이벤트 행사를 효율적으로 하여 고객을 더 많이 확보하고 있다.
- 'M' 피자의 예를 들면, 신제품 시식리뷰와 이벤트소식을 트위터를 통해 실시간으로 전달하고 고객의 의견을 듣고 있으며, 어플리케이션을 통해 주문시 상시 할인행사를 한다.

# 제12장 점포경영관리

## 제1절 점포의 기본적 이해

### 1. 점포의 개념과 중요성

점포(store)는 판매활동을 하는 장소로 좁은 의미로는 불특정 다수의 고객을 상대로 상품을 판매하는 상점을 말한다. 점포는 소매업 최소 단위인 사업장과 같은 개념으로 건물 내 일정한 공간을 점유하며 인테리어 작업을 하고 상품을 진열하여 판매활동을 하는 곳이다. 따라서 점포는 고객이 그 점포가 어떤 점포인지(취급 품목, 가격, 상품 구성, 기호 등) 알게 해야 한다. 이에 각 점포는 무엇을 팔고 있는 점포인가를 알리기 위해 점두에 간판을 걸고, 진열창(쇼윈도: show window)을 만들고, 플래카드, POP, 전단 따위 광고 수단을 이용한다.

고객은 여러 점포 가운데 한 점포를 선택하여 상품을 사기까지 점포의 존재를 인식하고, 상품을 만나고 하는 과정을 통하여 구매를 결정한다. 점포에 대한 고객의 기대치는 원하는 상품이나 서비스의 다양성과 저렴한 가격이면서 우수한 품질의 상품에 대한 높은 수준의 정보를 점포에 요구하고 있다. 이에 점포는 고객에게 상품의 선택을 가능하게 하는 기능을 어떻게 구성하면 좋은 가를 설계하는 일이 필요하다. 점포는 다른 점포와 차별화된 감각을 풍기는 점포, 고객의 쇼핑이 편리하고 종업원이 근무하기에 능률적인 점포를 만들어야 한다. 대형점이나 소형점을 막론하고 점포디자인의 기본은 고객이 들어오기 쉽고, 보기 쉽고, 사기 쉬운 점포를 만드는 것이다. 점포는 단순한 건축물이 아니라 유통업체의 의지를 구체적으로 표현하는 곳이며, 판매를 촉진하기 위한 연출이 어우러진 결합체이다. 고객과 상품이 만나는 유일한 장소인 점포는 고객을 위해 존재하기 때문이다.

## 2. 성공 점포와 실패 점포 특징

### 1) 성공 점포의 특징

① 기업가 정신이 넘치고 끊임없이 시장으로의 기민한 대응을 한다.
② 도전적 경영자세로 고객이 원하는 점포가 되도록 항상 새로운 시도를 하는 분위기가 있다.
③ 고객지향적인 점포운영을 위해 일선의 판매원의 소리를 경영에 반영한다.
④ 매장현장에서 얻은 데이터 정보를 토대로 분석과 대책을 세우고 경영에 반영되는 시스템이 있다.
⑤ 점포환경, 점포디자인 등 차별성있는 점포를 만들기 위해 계획과 노력을 하고 있다.
⑥ 목표고객의 욕구를 충족시키기 위해 경쟁점보다 다양한 상품구색을 갖추고 있다.
⑦ 고객이 만족감을 얻을 수 있는 상품의 가치와 가격을 결정하고 있다.
⑧ 상품분류와 매장배치 등이 라이프스타일 분류를 기본으로 하고 있고, 점포를 방문할 때 얻을 수 있는 독자적인 정보가 끊임없이 제공되고 있다.
⑨ 변화하는 소매점포 환경을 만들기 위해 점포의 철학이 강렬하게 표현되고 있다.
⑩ 종업원의 고객지향적인 서비스가 제공되어 만족스런 구매환경이 형성되어 있다.

### 2) 실패 점포의 특징

① 경영하는 방법이 관료주의적이고 시장의 변화에 잘 적응하지 못하고 있다.
② 모든 것이 보수적이고 기존의 방식대로 경영을 한다.
③ 고객의 입장이 아니라 시스템, 조직, 계획에 치우쳐 운영한다.
④ 고객의 욕구와 동떨어진 사업을 진행하고 있다.

⑤ 상품, 점포디자인, VMD가 경쟁점포와 비슷해서 개성이 없다.
⑥ 특색없는 매장구성과 목표고객을 겨냥하는 제품구색이 부족하다.
⑦ 매출확대를 위해 가격할인에 치중하여 이외에 부가가치를 끌어 들이는 노력이 부족하다.
⑧ 점포분위기와 매장운영의 융통성과 자주성이 결여 되어 있다.
⑨ 변화없는 점포환경으로 신선함과 호기심 유발이 부족하다.
⑩ 종업원의 고객지향적 서비스가 고객감동을 주지 못한다. 서비스 품질은 고객이 판단한다.

## 제2절 인적자원관리

### 1. 인적자원관리의 의의

외식기업을 경영하기 위해서는 소위 3M이라고 하는 자본(money), 물자(material), 사람(manpower)이 필요한데, 이중 사람을 대상으로 하는 관리가 인적자원관리이다. 특히 그 어떠한 사업 중에서도 더욱 사람에 의존하고 있는 사업이 바로 외식사업이다. 그래서 외식사업은 인간사업이라고 불린다. 따라서 질 높은 서비스를 실현하기 위해서는 물적 자원에 대한 가치보다 인적자원이 창출하는 가치가 한층 중요시되고 있다. 이러한 배경 하에 외식사업체 인적자원의 효율적 관리를 위해 교육훈련, 임금, 복지후생, 인간관계로 구분하여 관리방안을 제시하면 다음과 같다.

첫째, 교육훈련은 교육내용, 훈련대상 등에 따라 체계적으로 교육하고 인사고과와도 직결시켜 성실하게 교육을 받은 종업원은 공정한 보상을 한다.

둘째, 임금체제를 합리화하기 위해 연공급에서 직무급으로 탄력적으로 도입하고 연공 임금적인 요소를 수정하여야 한다.

셋째, 복지후생제도에 종업원참여를 권장하고 연수제도의 도입함으로써 종사원의 교육훈련과 재충전을 도모해야 한다.

넷째, 원만한 인간관계 형성을 하기 위해 인간관계프로그램이 특히 조직의 생산성 향상과 인적자원의 동기를 부여 할 수 있는 프로그램개발 및 도입이 필요하다.

인적자원관리의 주요내용은 다음과 같다.

### (1) 교육훈련

외식기업에서 필요한 인력을 확보하기 위한 채용관리가 인적자원관리 활동의 출발점이라고 한다면 채용된 종업원이 조직문화나 기업환경에 빨리 적응하고 보다 나은 지식이나 기술을 습득케 하여 그들의 능력을 최대한으로 발휘할 수 있도록 하는 과정이 교육훈련이다.

교육훈련은 외식산업과 같은 환대산업의 조직에서는 중요한 활동으로 인식되고 있다. 심지어 경제가 불안정한 상황에서도 교육의 중요성을 강조하고 있으며, 많은 비용을 투입하고 있다.

교육훈련을 통해 고객과의 접촉에서 종업원이 고객의 불만을 해소시키며 잠재적인 문제의 상황을 예방할 수 있도록 하는데 초점을 맞춤으로써 교육이 고객 만족에 영향을 주고 있다. 교육훈련은 장기적이고 정신적인 이론 위주의 교육(education)과 단기적이고 육체적 실무위주의 훈련(training)의 합성어로서 이 두 개념은 상호보완적인 관계에 있기 때문에 일반적으로 구분하지 않고 복합적인 개념으로 사용되고 있다.

교육훈련은 성공의 핵심으로 여기고 있다. 이는 외식사업이 전형적으로 노동집약적인 사업이므로 많은 다양한 위치에서 다양한 기술을 가진 종업원들에 의해 상품과 서비스가 생산되고 전달되는 것이 요구되어지기 때문이다.

### (2) 임금관리

임금관리는 노동유지의 원칙과 자본유지의 원칙 아래에서 행해져야 한다. 노동유지의 원칙이 실현되기 위해서는 적당한 임금수준과 임금액을 통해 우수한 노동력의 적정 확보와 개발이 이루어져야 하고, 합리적인 승급제도와 생계비 보장 및 노후생활의 안정적인 유지를 위한 연금제를 통해 노동력의 재생산이 확보되어야 한다.

일반적으로 임금이란 노동의 대가로서 고용주가 피고용자에게 지급하거나 노동을 제공한 대가로 받는 보수이다. 따라서 기업과 종업원간의 직무적인 관계를 합리적으로 해결하기 위한 방안을 모색하는 기법이 임금관리이다.

임금에는 기본급(본급, 기준급), 상여금, 각종 수당, 사용자가 부담하는 연금, 부가임금 그리고 퇴직급 등이 모두 포함된다.

임금체계에 있어서 또 하나의 중요한 것은 구성항목이다. 즉 근로자 개개인에게 지급되는 임금이 어떤 종류의 임금항목으로 구성되어 있는가를 말한다. 이는 [그림 12-1]과 같다.

**그림 12-1** 임금의 구성항목

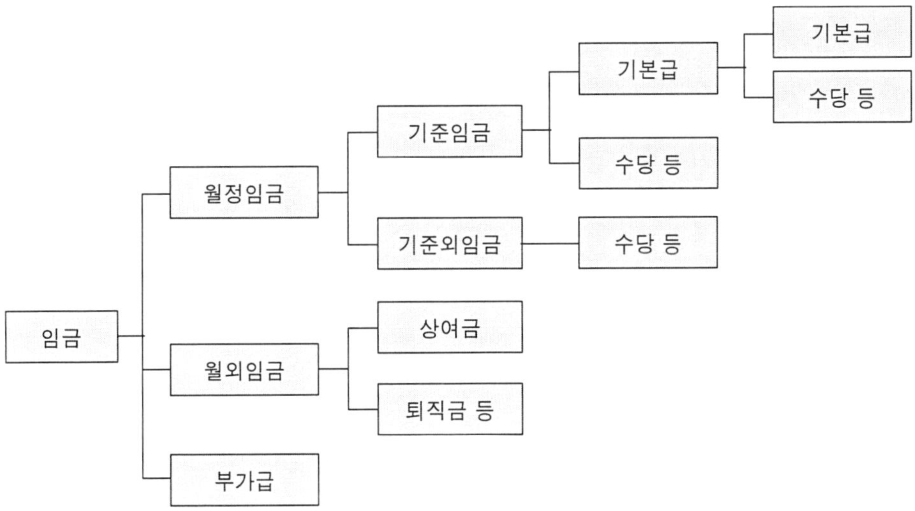


임금관리의 내용을 요약 정리하면 [그림 12-2]와 같이 표시할 수 있다.

**그림 12-2** 임금관리의 내용

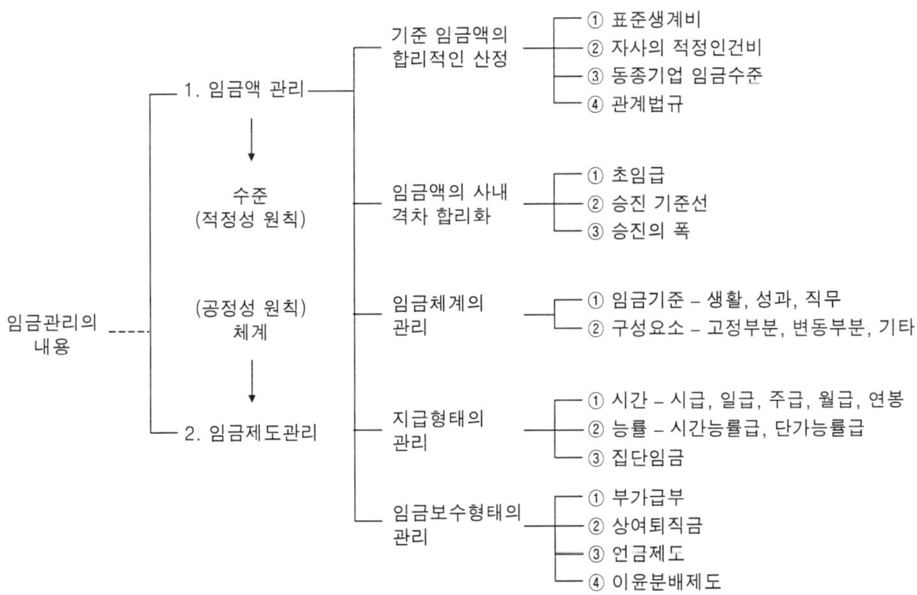

### (3) 복지후생관리

복지후생은 종업원의 복지와 후생을 통해 불완전한 근로조건을 보완하고, 이를 통하여 노동력의 활용 즉, 노사관계의 안정화와 양호한 인간관계를 확보하기 위해서 외식사업체가 채택하는 부가적 보상체계를 말한다.

종업원의 복지후생을 위한 제반 시설 및 제도는 노동력의 재생산을 위한 보조적 수단이라고 할 수 있지만, 경영관리의 내용이 고도로 발전하고 변화된 오늘날의 외식사업에 있어서는 이것이 대단히 중요한 의의를 갖는다.

### (4) 인간관계

인간관계는 조직의 종업원으로 하여금 조직의 한 구성원으로서 상호 협동적이고 생산적으로 조화될 수 있도록 하고, 그들의 경제적·심리적·사회적 욕구를 충족시켜 주며, 전체적인 조직상황에 적응할 수 있도록 그들을 통합시켜 나가는 작용이다.

외식사업은 극히 발달된 서비스 집합체이며 단순히 건물만을 지칭하는 것이 아닌 사람과 사람의 만남, 인적자원을 통한 서비스이다. 종업원의 질이 곧 서비스의 품질을 측정하는 도구가 되고 그 사업체를 평가하는 중요한 기준이 되는 것이다.

## 2. 충 원

충원의 수행기능은 직무수행에 적합한 사람을 선발하고, 책임과 권한을 갖게 되는 조직원에 대해 인재개발과 교육훈련을 실시하는 것이다.

충원(staffing)은 계획이 수립되고 그 계획을 실시하기 위한 구체적인 조직의 형태 및 규모 등이 설계되면 그에 따라 적합한 사람을 선택한다.

외식업체의 종업원은 조리사, 찬모, 허드렛일 종사자, 주차관리 요원, 홀 서빙 담당 등 메뉴의 구성과 점포의 규모에 따라 다양한 직종과 인원이 필요한데, 사람을 확보하는 방법은 대략 다음과 같다.

1) 가장 먼저 가족 중에서 가능한 인원을 찾아보고, 지인이나 연고자를 통해서 인재를 확보하면 비교적 잦은 이직 등의 부담을 줄일 수 있다.

2) 자기가 운영할 점포와 비슷한 수준의 업종, 규모의 점포에서 필요한 인력을 스카웃하는 방법이 있으나 급여도 높여주어야 하고 상 도의상 문제점이 있다.

3) 요리학원이나 교육기관에 의뢰하는 방법이 있으며 또 조리사 협회에 문의해서

조리사나 찬모 등을 소개받는 방법

4) 예정메뉴와 유사점포의 주방장 밑에 있는 조리사를 주방장으로 승격시켜 스카웃하는 방법

5) 컨설팅 전문기관에 의뢰나 각 지역에 있는 외식업 중앙회 지회(지부)에 의뢰하는 방법

6) 직접 식당에 취업하거나 조리전문기관에서 전문지식을 습득하는 방법

7) 주방기기 납품업체나 식자재 납품업체의 소개를 받는 방법

8) 고용안정센터나 정부의 양성기관, 직업소개소에 추천을 의뢰하는 방법

9) 지역신문이나 생활정보지, 식당관련 전문잡지 등에 구인광고를 내는 방법

10) 1~2개월간 유능한 조리사를 채용해서 기술전수계약을 하고 기술 습득하는 방법이 있는데 고액요구와 실속면에서 문제점이 내포되어 있다.

위에 열거한 각종 방법은 그 하나하나가 실행상 장단점은 모두 있으며 집행과정에서 사회적 문제를 유발시킬 수도 있을 것이다.

## 3. 점포관리자(점장)의 역할

점포 관리자의 업무는 점포 전반적인 상황과 고객과의 관계 유지, 종업원과의 유대 관계 등 모든 업무의 책임자인 동시에 종사자이다.

즉 점포관리자는 매장 관리를 어떤 식으로 하며, 고객 응대의 요령과 불만의 해결, 기계 작동법과 청소, 아르바이트의 시간 배분, 물건 수문의 효율적 방법, 포스터물의 효과적인 부착, 점포마케팅 전략, 본사의 운영방침 전수 등을 책임지는 사람이다. 점포관리자의 역할을 살펴보면 다음과 같다.

### 1) 회사의 경영방침을 직원에게 숙지시킨다.

점장이 경영자가 생각하고 있는 중·장기계획과 경영 방침을 충분히 이해하고 소화하여 직원에게 확실하게 설명할 수 있어야 한다.

### 2) 직원이 납득할 수 있는 평가와 공정한 판단을 한다.

업무면에서 능력과 실적을 공평하게 평가하고, 임금수준과 여러 가지 측면에서 실적 등을 공정하게 평가한다.

### 3) 직원이 일에 만족감을 느낄 수 있도록 배려한다.

취급상품 다양화·분업화 등으로 작업이 단조로워지는 경향이 있다. 그러므로 단순한 일을 몇 종류씩 모아 통합되고 변화 있는 일로 만들어 흥미를 유발할 필요가 있다.

### 4) 직원과 점포관리자간 관계개선을 위해 대화를 많이 한다.

점포관리자는 의사소통을 중요시함으로써 부하직원의 의욕을 높이고, 지도 기회로 삼는 것이 바람직하다. 또한 점포관리자는 부하직원이 자유로이 이야기할 수 있는 분위기를 조성하여 불만을 듣는 것이 중요하다.

### 5) 직원이 기업과 일체감을 높일 수 있도록 교육한다.

점장은 직원의 확보와 교육훈련, 정착률 향상, 불만의 해소, 일체감 강화 등을 위한 리더십을 발휘하여 직원의 근무의욕을 향상시켜야 한다. 교육은 구체적으로 업무와 연결되어야 효과를 기대할 수 있다.

### 6) 점포관리자는 최소한의 낭비 없는 인원으로 점포관리가 가능하도록 해야 한다.

점포관리자는 가능한 한 저렴한 비용으로 점포관리가 가능하도록 해야 한다. 즉 저비용 운영방식(low cost operation)의 도입이다.

### 7) 점포관리자는 고객만족 서비스를 통해 매출증대를 최대로 실현한다.

고객만족 경영체제(customer satisfaction management)를 위한 고객 서비스를 적극적으로 실천해야 한다, 매출력(selling power)은 매입력(buying power)을 형성하여 규모의 이익 창출이 가능할 뿐 아니라, 저가격 판매체제(low price sales)를 가능케 한다. 점포관리자는 이익 극대화에 최대 역점을 두고 점포관리를 한다.

이상의 사항을 실현하기 위해서 점포관리자는 부하직원 능력을 최대한 발휘할 수 있도록 해야 한다. 그들이 의욕을 갖고 일할 수 있는 점포 근무환경을 조성해야 한다. 점포관리자는 점포목표를 달성하고 부하지원을 적재적소에 배치하며, 그들의 사기 고양을 위한 모든 부하직원을 동등하게 대해야 할 뿐 아니라, 그들의 장단점을 파악하여 장점을 신장시켜야 한다. 경험과 능력이 있는 직원에게 주요 업무를 맡기고, 그렇지 않은 직원에게 작업수준에 맞게 일을 가르친다.

모든 부하직원은 점포관리자는 일거수일투족이 그들에게 모델이 되고 있다. 점포관리자는 자신이 매뉴얼이라고 단언할 수 있도록 자신에게 엄격하게 행동한다. 평소의 복장단정, 먼저 인사하기, 머리·손 등의 청결에 세심한 주의를 기울인다. 특히 점포관리자는 언어행동이 정중하고 명료해야 한다. 점포관리자는 자기관리와 자기계발에 노력하여 항상 새로운 아이디어를 창출하고 점포관리를 성공적으로 실현할 수 있도록 연구·실천해야 한다. 그리고 각종 법규와 규정을 탐독하고 이를 실천한다.

## 4. 슈퍼바이저의 이해

### (1) 슈퍼바이저의 개념

Super와 Visor가 결합된 단어로서 원래의 뜻은 '~의 위'에서 '~를 보는'사람이란 의미를 가지고 있다. 즉, 조직이나 단체에서 일하는 사람들을 지도, 관리, 지휘, 감독하는 사람들을 의미하며 일반적인 의미는 감독자라는 뜻이지만, 외식프랜차이즈업체에서는 점포 운영체제 시스템의 모든 동작 상태를 관리하고 감독하는 핵심 직원을 뜻한다. 슈퍼바이저란 '지도감독에 임하는 사람'이라는 의미로, 프랜차이즈 가맹본부의 대변자, 즉 회사를 대표하는 최고경영자의 분신으로서 가맹점운영을 개선, 유지, 발전시키기 위해 일을 하는 직무와 제안, 불평, 불만 사항을 가맹본부에 제안하는 동시에 지도감독을 행하는 사람이다. 즉, 가맹본주에 보고함으로써 양자 간의 커뮤니케이션 채널로서의 역할을 하는 것이다.

### (2) 슈퍼바이저의 업무와 기능

슈퍼바이저의 사명은 가맹본부와 각 가맹점간에 공존공생 한다는 협조분위기를 조성하고, 각 점포의 영업실적이 향상될 수 있는 여건을 만들기 위한 지도업무를 수행하는 것이다.

슈퍼바이저는 권한의 범위 내에서 다음과 같은 역할을 수행하고 있다.

① 관리하는 점포환경(경쟁 상황 등)의 조사분석과 대책의 계획실시
② 관리하는 점포상황, 즉 점포연출, 메뉴, 서비스, 청결 등을 체크하고 지도
③ 관리하는 점포의 관리 업무 등의 관리 지도
④ 관리하는 점포설비 및 시스템의 보수 및 유지관리
⑤ 관리하는 점포의 인사(모집, 교육, 근무 일정 작성 등) 관리의 지도 원조
⑥ 가맹본부의 방침과 지시에 대한 가맹점의 상황 확인과 지도지원

⑦ 관리하는 점포별 판매촉진 등에 대한 계획수립 및 실시
⑧ 관리하는 점포의 계약변경, 갱신, 해약 및 점포 변화에 따른 설명 및 교섭

위와 같은 업무를 수행함으로써 슈퍼바이저는 여러 가지 기능을 하게 된다.

첫째, 슈퍼바이저는 가맹본부와 가맹점간의 커뮤니케이션을 가능케 하는 연결고리로서의 기능을 한다. 이를 통해 가맹점은 수시로 가맹본부의 기본 방침을 재인식하고 가맹본부는 새로운 전략이나 전술을 점포에 전달할 수 있어야하고 또 가맹점의 건의사항이나 요청사항들을 원활하게 가맹본부에 전달하여야 한다.

둘째, 슈퍼바이저는 가맹점 운영에 대한 컨설턴트로서의 기능을 한다. 각 가맹점의 점장이나 점주의 경우 자기 점포의 업무내용에 대해서는 비교적 잘 파악하고 있겠지만, 관련업계의 동향이나 전국적인 시장동향 등 전반적인 경영전략이나 판촉전략, 경쟁점포의 동향 등에 대해서는 부족한 부분이 있으므로, 이들에 대한 지원과 조원업무를 집행하여야 한다.

셋째, 슈퍼바이저는 표면적인 경영지도 뿐만 아니라 인간적 문제, 고민, 가정의 어려움 등에 대한 진지한 경청자로서 또는 해결사로서의 카운슬링 기능까지 갖추어야 한다. 점포지도에 있어서 인간적인 유대관계는 점포를 육성하여 성공시키기 위한 가장 중요한 부분이라 하겠다.

넷째, 슈퍼바이저는 오퍼레이션, 전표나 수치, 계약서준수체크, 즉 체크로 시작을 해서 체크로 끝이 난다고 해도 지나친 말이 아니다.

다섯째, 슈퍼바이저는 점포를 종합적으로 점검하고 조정할 수 있는 능력이 요구되며 또한 본부와 가맹점간, 가맹본부스텝과 가맹점간, 협력업체와 가맹점간의 연결을 해 주는 기능도 하고 있다.

이외에 가맹점 운영에 따르는 외부 지원(광고, 홍보의 프로모션기능, 원재료의 조달, 세무문제, 직원 채용, 점포 개보수 등)기능, 일정한 기준을 세우고 통일성 있게 움직이도록 조정, 점검, 통제하는 기능 등을 수행한다.

이를 종합해서 Communication, Consulting, Counseling, Control, Coordination과 Promotion으로 즉 슈퍼바이저는 5C+1P라고 하기도 한다.

## 5. 종업원관리

### (1) 외식업의 종원원관리

#### 1) 종업원 고용시점

종업원 고용시점은 영업개시 하기전 10일전 정도에 미리 선발이 되어 있어야 하고, 영업개시일 1~2일 전부터 출근을 시켜 고용 계약서를 작성하고 분야별 종업원들이 하여야 할 임무를 정확히 숙지시키고 사장의 운영방침을 사전에 알려주어 서비스에 만전을 기할 수 있도록 처음부터 잘 다스려야 한다.

#### 2) 경험자와 무경험자 고용시 선택

경험이 있으면 무조건 잘 할 것으로 착각하여서는 안 된다. 전문 요리를 하는 주방장등의 전문 기능직을 제외하고는 주방찬모나 서빙, 웨이터 등은 가급적 초보자를 고용하는 것이 바람직하다.

왜냐하면 일반음식점 업종 쪽에는 아직 종업원 연수교육 등의 교육이 체계적으로 시키질 못하고 있기 때문이다.

각 업소별로 나름대로의 근무방법과 경험을 토대로 하여 근무경력을 나타내기 때문에 기존 업소에서 잘못 근무방법을 배워온 종업원은 기존업소에서는 이런 식으로 근무했다는 등의 표현을 자주 하게 되고, 잘못된 기존 근무방법을 고수하려하기 때문에 시정을 하는데 초보자보다도 더 신경이 쓰이고, 시간도 많이 소요되기 때문이다.

그러나 초보자들은 업주의 운영방침대로 잘 따라주기 때문에 한결 통솔하기가 쉽고, 업주 나름대로의 업소경영을 소신껏 펼 칠 수 있으므로 참고해야할 사항이다.

#### 3) 출근표 기록

종업원들이 자기 출근시간 10분전까지 출근하도록 하고, 출근표를 기록하도록 하여 항상 근무가 해이해지지 않도록 해야 하고 차후 특별수당 등을 지불할 경우 참고자료로 사용할 수 있다.

#### 4) 유니폼 착용

종업원들에게 가급적 유니폼을 퇴근시까지 입도록 함으로서 근무시간동안 소속감과 서비스 향상을 가져오도록 해야 한다. 또한 근무시간동안 태만함이 사라지고, 자신의 행동을 조심스럽게 하는 효과가 있다.

### 5) 종업원들끼리 선의의 경쟁유도

종업원들끼리도 잘 할 수 있도록 선의의 경쟁을 유도해야 한다.

근무를 잘 한 종업원에 대하여서는 그에 상응하는 대가(특별수당이나 급료인상, 진급 등)를 지불하는 것이 바람직하며 그 기준은 객관성이 있도록 설정해야한다. 그렇지 않을 경우 종업원의 불만은 종업원들끼리 갈등과 업주불신으로 이어져 근무태도가 더욱 나빠지기가 쉽기 때문이다.

### 6) 업주부터 모범

종업원들에게만 업소를 맡겨 두고, 업주는 출퇴근 시간도 안 지키고 업소에 관심이 없는 것처럼 비춰지면 종업원들도 열심히 근무를 하지 않는다. 따라서 고객들에 대한 인사방법, 주문방법 등 업주가 모범을 보여야 한다.

### 7) 종업원 정착율을 높이는 방법

종사원들의 잦은 이직은 서비스 질에 부정적이다. 이는 경영주가 직원에 대한 마음가짐을 어떻게 가지느냐에 따라서 종업원의 자질도 향상되며 열심히 일하고 장기간 근무하게 하기도 한다. 이에 따라 종업원의 높은 정착율로 고객에게 질 높은 서비스를 지속적으로 제공할 수 있는 외식업을 만들 수 있다. 종업원의 정착율을 높이는 방법은 다음과 같다.

① 종업원의 일반적인 불만사항인 대화나 정적인 면의 부족사항을 해소시켜 주면서 비전 제시 등으로 동기부여를 한다.

② 종업원의 근무의욕고취와 자존심을 만족시켜 주는 즉 근무시간을 확립해준다. 이 때 종업원들은 지각과 결근이 줄어들며 개인 생활로 활력을 찾을 수 있다.

③ 불안정된 고용조건에 있는 종업원에게 명확한 근로계약서 작성으로 약속이행의 압박감과 소속감을 갖게 해 주고 포상, 승진 등에 대한 기대감으로 스스로 정착율을 높일 수 있는 환경을 제공해 주어야 한다.

④ 1년 미만의 입사자는 3개월 단위로 급여책정을 조정해 주어 근로의욕을 고취시켜 준다.

⑤ 종업원을 위한 휴게실이나 주방의 에어컨 설치 등 보다 나은 작업환경을 개선해 주어야 하며, 종업원에게도 근무수칙을 명확하게 해 주어야 하며, 경영주 자신도 지킬 수 있는 근무수칙을 명확히 하여 전 직원이 지켜나간다면 직원간의 불평불만이 줄어들고 점포의 이미지 개선에도 많은 기여가 될 것이다.

### (2) 식자재유통업의 종업원관리

최종소비자에게 제품을 판매하는 장소인 소매점에서 가장 중요한 것은 최종소비자에게 어떻게 만족스런 서비스를 제공할 것인가 하는 것이다. 정보화가 되고 최첨단기술이 개발되었다고 하더라도 점포판매의 주역은 종업원이고 종업원의 능력에 의해 제품의 판매상황이 달라진다. 소매업에서의 종업원의 역할은 보통 두 가지로 나누어 진다. 최종소비자를 상대로 하는 외부판매원과 소매업체이지만 내부의 각종 업무들(서류관리, 수발주관리, 창고관리 등)을 수행하는 내부종업원이 있다. 외부판매원의 경우는 고객 서비스에 초점을 맞추어 업무를 원활히 진행하여야 하는 반면, 내부 종업원의 경우는 소매업 내부의 각종 지원업무를 원만하게 수행하여야 하는 것이다.

식자재유통업체의 매출은 대체로 외부판매원의 행동과 판매방식, 능력여부에 따라 차이가 나기 때문에 종업원의 선발과 훈련은 중요하다. 많은 제조업에서는 생산을 위한 기계, 시설 등이 중요하지만. 식자재유통업체에서 종업원은 판매를 실제로 구현한다는 점에서 관리가 특히 중요한 것이다.

## 제3절 직원의 서비스 교육

서비스 접점에서 근무하는 종업원은 손님에게 최선의 서비스를 제공하기를 원하며 자신이 스스로 의사결정을 내리면서 일하기를 좋아한다. 그러나 조직 내의 너무나 많은 규제와 규칙들은 오히려 종업원의 창의적이고 헌신적인 고객서비스행동에 장애요인이 되고 있다. 따라서 효과적인 고객서비스를 제공하기 위한 서비스표준화는 종업원에 대한 철저한 교육, 훈련에 대한 투자와 서비스의 중요성에 대한 마인드를 심어주는 것이 중요하다.

교육을 통하여 효과적인 결과를 얻기 위해서는 체계적인 단계로 종업원교육을 진행시켜야한다. 교육은 1회로 끝나서는 안 되며, 종업원의 경력이나 능력 정도에 따라 체계적으로 진행하여야 한다. 또한 교육은 직접 실습을 해야만 확실하게 종업원 자신의 것으로 만들 수 있다. 사람은 들은 것에 대하여 쉽게 잊어버리는 특성이 있으므로 교육을 진행 할 때에는 시청각 자료 및 직접 실습을 할 수 있도록 하면서 단계별 교육을 진행하여야 한다.

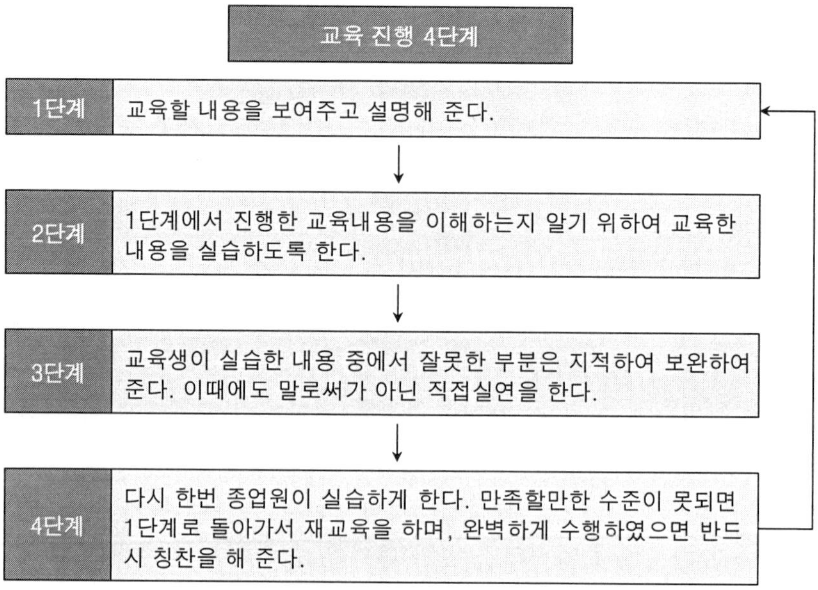


교육의 내용은 점포가 무엇을 파느냐에 따라 달라질 수 있으나 기본적으로 상품을 판매하는 입장에서는 다음과 같은 내용의 교육이 진행되어야 한다.

**표 12-1** 종업원교육의 내용

| 주요 교육내용 | |
|---|---|
| 1. 기본적인 접객용어 | 12. 판매장비 사용방법 |
| 2. 인사방법 | 13. 점 내 상품 진열방법 |
| 3. 고객응대자세 | 14. 창고 상품 진열방법 |
| 4. 복장 차림새 | 15. 제안/연계상품 판매 훈련 |
| 5. 청소 | 16. 금전등록기 사용방법 |
| 6. 전화 받는 법 | 17. 고객불평, 불만처리 |
| 7. 상품정보 숙지 | 18. 재고조사 |
| 8. 포장 방법 | 19. 장비 응급처리요령 |
| 9. 무거운 물건 운반요령 | 20. 비상연락방법 |
| 10. 계산대 응대방법 | 21. 강도 발생 시 행동요령 |
| 11. 상품검수 | |

## 1. 서비스 기초지식의 인식

매장의 운영에 있어서 빼놓을 수 없는 말이 Q. S. C 이다. 항상 고객의 편에서 매뉴얼대로 신속하게 제공하는 것과 항상 고객들이 즐겨 이용할 수 있도록 하는 것이 기본이다.

### (1) QUALITY

품질 좋은, 맛있는 요리를 언제나 같은 양과 맛으로 제공, 언제 먹어도 같은 맛의 상품이어야 한다.

### (2) SERVICE – 마음이 담긴 서비스

고객들과의 만남을 통해서 고객의 입장에 서서 고객에게 만족을 주어야 한다.

SERVICE의 3S는

① SPEED : 기다리지 않게 함

② SMILE : 미소

③ SINCERITY : 성실함 이다.

### (3) CLEANNESS – 청결한 느낌의 좋은 점포

고객은 깨끗한 점포, 청결한 점포의 종업원에게 제공받는 음식에서 좀 더 많은 만족을 느낄 것이다.

## 2. 직원 서비스 교육의 내용

### (1) 상황에 따른 접객 서비스

#### 1) 바쁠 때의 접객

바쁠 때는 일의 우선순위를 명확하게 해 놓고 능숙하게 접객해야 한다.

① 바쁠 때에도 손님에게 평등하게 대해야 한다.

② 바쁘다는 핑계로 손님에 따라 서비스에 차이를 두어서는 안 된다.

③ 기다린 순서대로 주문을 받는다.

#### 2) 단골손님의 접객

단골손님은 아주 중요한 고객이므로 정성을 다한 극진한 접대를 한다.

① 단골손님에 대한 신상 파악을 해 둔다.
② 가능한 한 접근해서 친절하게 대화를 주고받는다.
③ 전 종업원이 단골손님 모두를 기억하는 것은 불가능하기 때문에 종업원은 가능한 한 단골고객을 기억하도록 한다.
④ 일반 손님이 있을 때는 주의한다. 일반 손님이 불평 등을 느끼지 않도록 한다.
⑤ 단골손님과는 가능한 한 많은 대화를 한다.

#### 3) 어린이 손님의 접객

① 보호자의 기분, 주위 손님의 기분을 생각해서 때로는 도와주고 타이른다.
② 어린이를 동반한 손님의 자리는 가능하면 구석을 권하는 것이 좋다.

#### 4) 예약 손님의 접객

예약은 선약, 선행을 원칙으로 일시, 사람 수, 좌석 주문 내용을 정확히 접수한다.

① 가능하면 한사람의 담당자가 예약을 접수하여야 한다.
② 사람 수의 변경에 관해서는 몇 사람까지 늘어도 좋은지를 알려준다.
③ 점포의 위치를 설명할 수 있어야 한다.
④ 예약은 당일에 손님에게 연락할 수 있도록 하고, 상대편에게 반드시 예약을 확인해야 한다.
⑤ 예약은 홀장이 책임있게 전원에게 알려주고 조리장과도 상의한다.

### (2) 식사 중 접대

#### 1) 책임자의 객석 순시와 인사

① 책임자는 여가를 이용하여 객석을 순회하고 손님에게 가까이 감으로써 손님이 말을 쉽게 걸어올 수 있는 분위기를 만들어 준다.
② 객석을 순회하면서 잘못된 것, 철저하지 못한 점은 없는지를 살핀다.
③ 손님이 쉽게 말을 걸어 올 수 있는 점포분위기를 만든다.

#### 2) 눈에 띄지 않는 자연스런 관리

눈에 띄지 않게 자연스럽게 점내를 둘러보고는 손님의 신호를 재빨리 파악하여 신속한 대응을 한다. 그렇다고 손님을 정면에서 자꾸 살펴서는 안 되며 눈에 띄지 않는 관리가 필요하다.

① 손님의 신호에는 재빨리 반응을 보이며 "부르셨습니까?"라며 가까이 간다.
② 혹시 너무 바빠서 손을 댈 수 없는 작업 중일 때라도 신호로 알았다는 것을 손님에게 전달해야 한다(눈길, 목례, 손을 들어서).
③ 손님이 감시당하고 있다는 느낌이 들지 않도록 한다.
④ 접객하는 사람은 한자리에 서 있지 않도록 하고 항상 움직이고 있더라도 손님의 의도를 빨리 파악해야한다.

### 3) 추가 주문

손님이 좋아할 만한 요리 등을 생각하며 자연스럽게 어떤 것을 추가 주문할 것인가 물어 본다. 단, 손님에게 부담감은 금물이다(강매, 강압).

① 주문을 묻는 것이 아니고 받는 것이라는 적극적인 자세를 취한다.
② 손님에게 추가 주문하는 것도 있다 라는 힌트를 준다.
③ 추가 주문을 잠시 권해보고 받이들여지지 않을 것 같으면 바로 그만둔다.
④ 손님이 메뉴를 잘 이해 못해 도저히 감당하지 못할 정도의 주문을 하면 그 점에 관해 자세히 설명해 주는 것이 중요하다.

### 4) 손님 상호간의 트러블

손님들끼리 트러블을 일으켜도 원칙적으로 점포 측에서 개입하지 않는다.

① 손님들끼리 트러블을 너무 접근하지 않고 먼 곳에서 지켜보는 것이 필요하다.
② 트러블이 제삼자의 손님에게까지 피해를 줄 것 같을 때는 개입을 하는 것이 좋다. 어느 편에도 서지 않고 공평하게 대처한다.
③ 어느 쪽의 손님이 확실히 매너에 어긋나는 행위를 했다는 것을 알았을 때 음식점으로서도 태도를 확실히 해야 한다. 그것을 보고 있는 다른 손님이 있다는 것을 잊어서는 안된다.

## 3. MOT 실무 표준화

서비스의 본질은 고객에게 호감과 기쁨을 주고 고마움을 느끼게 하며 가치 있는 행동으로 고객과 회사와 본인에게 이익을 창출하는 행동이다.

고객과 만나는 순간 MOT(moment of Truth)는 고객관리의 매우 중요한 요소이다.

### (1) 인사

① 인사는 손님에 대한 예절의 기본이다. 항상 정성과 감사하는 마음으로 예절바르고 정중하게 손님에게 부담을 주지 않을 정도로 머리를 숙여 단정하게 인사한다.

② 인사는 내가 먼저, 상대를 바라보며, 밝은 표정 큰목소리로, 정성을 담아서, 상황에 알맞게 한다.

### (2) 용모

손님이 점포에 들어오면 가장 눈에 먼저 띄는 것이 종업원의 복장과 용모이다. 그러므로 항상 산뜻하고 깨끗한 모습으로 손님을 맞이하기 위해 항상 복장을 고치고 점검하는 좋은 습관을 길들이도록 해야 한다.

일반적으로 고객감동 매너의 요소는 인사, 표정, 언어, 태도, 용모 및 복장 등이다.

① 복장 : 점포의 특성을 나타낼 수 있는 깔끔하고 편안한 이미지를 심어줄 수 있어야 한다.

② 용모 : 깔끔한 얼굴, 단정한 두발, 청결한 손과 손톱.

### (3) 자세

호감받는 모습은 밝은 눈빛, 밝은 표정, 밝은 음성, 세련된 매너, 단정한 용모 및 복장 등이다.

① 경쾌하고 생기있으며 조용하게 바른 걸음걸이로 걷는다.

② 고객이 보이는 곳에서는 담배나 껌을 씹지 않는다.

③ 보행중 주머니에 손을 넣거나 팔짱을 끼지 않는다.

④ 휴식은 지정된 장소, 시간에 취한다.

⑤ 항상 밝은 표정으로 손님과 눈을 맞춘다.

### (4) 언어 및 호칭

① 고객, 동료의 말을 항상 경청하며 올바른 경어를 사용한다.

② 일반적으로 언어는 고운말, 표준말, 이해하기 쉬운 말, 정성이 담긴 말, 상황에 알맞은 말을 사용한다.

### (5) 대화법

① 고객과 대화할 때는 항상 눈을 맞추며 경청한다.
② 고객과 고객간의 대화에 끼어들지 않는다.
③ 고객으로부터 질문이나 얘기가 길어질 때는 정중하게 대답한다.
④ 상대해야할 고객이 다수이므로 특정 고객에게 치우치지 않는다.
⑤ 표정연출은 밝은 표정, 부드러운 표정, 얼굴전체가 웃는 표정, 뒷모습이 웃는 표정, 생기있는 표정에 신경을 써야 한다.

### (6) 전화예절

전화에서 사용하는 언어와 음성은 점포이미지를 결정하기 때문에 항상 공손하고 완벽한 언어사용을 하여야하며, 통화태도는 정중하고 친절해야한다.

① 벨이 세 번 이상 울리지 않도록 하며, 시간이 지체되면 사과 표시를 한다.
② 수화기를 들면 먼저 상호명, 이름을 밝히고 용건을 묻는다. 메모와 필기구를 준비하고 필요할 때 즉시 메모한다. 애매한 답변은 하지 않으며 자신이 답변하지 못하는 내용은 상급자나 동료에게 확인 후 답변한다.
③ 말은 또박또박하고 정중하게 하며, 목소리의 억양에 유의한다. 손님에게 존칭과 경어를 사용한다.
④ 통화의 처음과 끝에 감사합니다라는 표현을 항상 붙인다.
⑤ 전달 확인 : 전달을 의뢰 받았을 경우 정확하게 메모하고 담당자에게 틀림없이 전달한다. 전달받은 사람은 후 담당자가 정확치 않을 경우 전화를 끊고 정확하게 담당자를 확인한 후 다시 걸도록 한다. 이곳저곳 전화를 돌리지 않는다.
⑥ 전화를 끊을 때는 상대방이 수화기를 놓은 다음 끊도록 한다.
⑦ 전화를 할 때 사전에 전화번호를 반드시 확인한다. 용건은 간단하고 순서있고 정확하게 전달한다. 개인적인 전화사용은 금한다.

#### ☑ 친절한 전화응대 요령

(1) 전화예절의 3원칙

- 감사합니다.
- ~해주시겠습니까?
- 죄송합니다만

(2) 전화응대의 5원칙

– 신속, 정확, 간단, 정중, 미소

(3) 전화 받을 때의 요령

– 벨이 울리면 즉시 받는다.
– 왼손으로 받고 오른손으로 메모한다.
– 인사말과 함께 소속부서와 자신의 이름을 밝힌다.
– "감사합니다. ***회사***팀***입니다."
– "늦어서 죄송합니다." "***회사***팀***입니다."
– 상대방을 확인한다.
– 중요한 내용은 복창하고 상대방에게 확인한다.
– 전화를 끊을 때 반드시 끝맺음 인사를 한다.
– 상대가 먼저 끊는 것을 확인하고 끊어야 한다.

### (7) 고객불만과 불평처리

불평하는 고객은 귀한 고객이다. 고객의 불평, 불만은 고객이 우리 회사를 위해 시간과 돈을 들여가며 제공 해주는 귀중한 산 정보이자 서비스의 품질을 높여주는 활력소이다. 또한 서비스 개선과 회사 발전의 힌트를 제공한다.

점포에 대하여 뭔가 불만이 있다고 해서 모든 손님이 그 불만을 다 알려주지는 않는다. 그 중에는 불만을 가졌어도 아무 소리 없이 그대로 가버리는 손님이 있을 수 있다. 그러한 손님은 결국 점포를 찾지 않는다.

① 손님의 불만은 설사 손님의 의사표시가 없더라도 조기 발견하여 대처 한다.
② 불만을 알게 되면 확실하게 그 자리에서 불만을 해결해야 한다. 그냥 말로만 "죄송합니다"라고 지나쳐 버리는 태도는 바람직하지 못하다.
③ 손님이 요리를 남겼을 때에는 "왜 음식이 마음에 안 드십니까?"라는 물음보다는 긍정적인 의미로 물어 보는 것이 필요하다. 손님이 돌아가고 나서야 안다는 것은 늦다.
④ 뭔가 말하고 싶어 하는 손님은 얼굴만 보아도 그 뜻을 알아차릴 수 있다. 손님이 불만을 갖지 않도록 노력하는 것이 중요하나 혹시 불만을 갖고 있다면 이것을 잘 처리해 줌으로써 실패를 성공으로 바꿀 수 있어야 한다.

#### 1) 불만의 처리

사소한 것일지라도 손님이 납득할 때까지 성의를 가지고 적절히 대처한다. 이쪽에서 잘못이 없더라도 손님에게 불쾌감을 주었다는 것은 뭔가 잘못이 있었던 것이므로 그것을 진심으로 사과하는 마음이 있어야 한다.

① 진지한 마음으로 손님의 불만을 받고 사과한다. 그럴 때에는 얼굴 표정을 주의하지 않으면 안 된다. 말씨와 얼굴이 다르면 안 된다.
② 사과할 때에는 당사자는 물론이고 책임자가 나와 사과하는 것이 필요하다.
③ 손님의 불만을 주시하고 있는 제3의 손님이 있다는 것을 잊어서는 안 된다.
④ 손님의 실수로 요리 주문이 잘못되어도 따지지 말고 될 수 있는 대로 정정해 주도록 한다. 점포에서는 눈앞의 손해만 생각해서는 안 된다.

#### 2) 불만 처리 10대 원칙

① 정중하게 사과하고 적극적으로 처리한다(개선을 위한 정보로 취급).
② 끝까지 잘 듣고 충고를 감사해 한다.
③ 성의를 다해 현장에서 신속히 처리한다(고객의 신상에 피해를 끼쳤을 때).
④ 선입견에 사로잡히지 말고 처음 대응을 중요시한다(특히 언어사용－먼저 솔직히 사과한다).
⑤ 보고를 잊지 않는다(문제의 원인을 제거한다).
⑥ 마지막까지 바르게 충분히 설명한다(변명하지 말고 바른 태도로).
⑦ 고객의 당 점포에 대한 관심, 기대에 감사한다(다시 내점유도).
⑧ 반품, 반환 음식을 다시 만들더라도 기분 좋게 한다(권한 범위 내에서 처리).
⑨ 변명이나 투덜대지 않는다(감정적이어서는 안된다).
⑩ 부주의에 의한 실수를 없앤다(삼진아웃제를 실시한다).

### (8) 종업원의 서비스 교육

서비스에 대한 고객의 만족은 종업원이 어떻게 하느냐에 따라 달려있다 해도 과언이 아니다. 결국 종업원의 채용과 관리가 고객만족을 결정짓는 중요한 요인이라고 볼 수 있다. 따라서 점주는 종업원들이 의욕과 사명감과 책임감을 가지고 제 역할을 다할 수 있도록 철저한 관리를 해야 한다.

### 1) 종업원은 신중하게 채용해야 한다

점포 운영자는 직무에 적합하다고 인정되는 객관적인 자료를 만들어 볼 필요가 있다. 외모, 태도, 성격 등을 항목별로 나눈 체크리스트를 만들어 평가 자료로 만들어 활용하는 방안을 고려해 봐야 한다.

### 2) 업무 및 판매 교육을 지속적으로 해야 한다

종업원 채용이 끝났다면 이제부터는 직무를 수행하면서 효과적인 판매활동을 할 수 있도록 교육이 진행되어야 한다. 고객을 대하는 방법, 상품지식에 대한 내용 등을 위주로 집중적인 교육이 이뤄져야 한다.

### 3) 종업원과 신뢰관계를 구축해야 한다

종업원을 인격적으로 모독하거나 무시하면 안 된다. 항상 인격체로 대하고 종업원도 점주를 신뢰할 수 있도록 솔선수범하는 모습을 보여야 한다. 고객이 북적거리는 잘되는 점포에는 점주와 종업원의 구별이 따로 없고 일체적으로 움직이는 것을 쉽게 볼 수 있다.

### 4) 직무를 성공적으로 수행하는 종업원에게는 인센티브를 지급하라

같은 종업원임에는 어떤 사람은 자기 역할을 두 배 이상 훌륭히 수행해 내는 사람이 있는가 하면 반대로 그렇지 못한 종업원도 있다. 이럴 경우 잘하는 사람에게는 상응하는 보상을 해야 할 필요가 있다. 성과금이나 휴가제도를 적극 활용하는 것이 좋다. 그래야 그 종업원은 의욕을 가지고 더 잘 하려고 노력할 것이고 다른 종업원들에게도 자극이 되어 전체적인 효과를 볼 수 있다.

### 5) 외모는 단정하게, 태도는 공손하게 해야 한다

청결과 단정은 점주와 종업원이 지켜야 할 가장 기본적인 사항이다. 고객에게 좋은 인상을 풍길 수 있도록 항상 몸가짐에 신경을 써야 한다. 그리고 웃는 얼굴로 고객을 대하고 어떤 고객에게든 항상 최상의 서비스를 할 수 있는 친절이 뒤따르도록 해야 한다. 고객만족은 매출 극대화로 연결된다.

## 4. 매뉴얼

매뉴얼(manual)은 외식업체를 효율적으로 운영 및 관리하기 위해 직원의 업무와 언행들을 표준화한 지침으로서 구성원간의 커뮤니케이션 도구이다. 특히 많은 외식업체들이 프랜차이즈 형태로 사업을 확장하면서 상품과 서비스 질을 유지하기 위한 매뉴얼의 역할은 더욱 커지고 있다. 외식업체들이 채택하고 사용하는 매뉴얼은 출점개발, 건설설비, 점포운영, 점포관리, 총무 · 경리, 주방관리 및 조리, 접객서비스, 판매촉진 매뉴얼 등이다.

맥도날드, 디즈니랜드, 세븐일레븐 등은 철저한 표준화의 수행기업으로 잘 알려져 있다. 특히 맥도날드의 경우, 고객이 보다 맛있다고 느끼는 패티(다진고기)의 두께를 연구하여 17mm(현재 18mm)로 표준화 하고, 햄버거는 완성후 10분, 튀긴 감자는 7분 내에 고객에게 제공하되 기준시간이 경과 된 것은 폐기하도록 표준을 성정하고 있다. 매뉴얼이 주는 이점은 빠르고 정확하게 직무를 수행할 수 있다는 데에 있다.

## 제4절 세무관리

### 1. 세금의 종류

일반적으로 사업자가 알아야 할 세금에는 소득세, 부가가치세, 특별소비세, 법인세 및 원천징수하는 세금이 있다.

#### (1) 부가가치세

##### 1) 부가가치세 의의

식당을 운영하는 경영자가 가장 많이 관심을 가지고 있는 세금은 부가가치세와 소득세이다. 특히 부가가치세는 소득세 계산의 근거가 되는 기본 자료이며, 또한 납세자들이 가장 부담을 느끼고 오해를 하는 세금이기도 하다.

부가가치세는 과세사업자(일반과세자, 간이과세자)가 내는 세금이다. 그러나 이는 사업자가 부담하는 것이 아니라 소비자가 부담하는 것이다. 즉 상품의 판매나 서비스의 제공 때 판매자가 물건 값에 10%의 부가가치세를 더해 징수, 소비자 대신 국가에 내는 세금이다.

### 2) 부가가치세의 구분

부가가치세 신고는 사업자등록신청 때 일반과세자로 했느냐 아니면 간이과세자로 했느냐에 따라 다른데 일반적으로 외식업에 있어서 사업자등록신청서를 작성할 때 신경을 기울어야 한다.

이러한 유형은 2영역으로 ① 일반과세자: 연간매출액이 4천 8백만원 이상인 사업자, ② 간이과세자: 간이과세자는 직전 1년간의 재화와 용역의 공급에 대한 대가(부가가치세가 포함된 대가)가 4천 8백만원에 미달하는 개인사업자로 나누어진다.

세법상 정해진 부가가치세 면세사업자가 아닌 경우를 제외하고는 모든 사업자에게 부가가치세 신고, 납부의무가 있으며 관할세무서는 사업장 소재 관할 세무서다.

부가가치세는 매분기마다 1/25, 4/25, 7/25, 10/25 까지 예정. 확정 신고 납부를 하고「부가가치세신고서」,「매출매입처별세금계산서 합계표」와「기타관련서류」를 관련 관할세무서에 제출해야 한다.

부가가치세율은 10%이며 매출의 경우 공급가액의 10%를 부가세로 하여 거래상대방으로부터 징수하고 반대로 매입분에 대해서는 매입금액의 10% 만큼을 부가세로 징수 당하게 되는 것이다. 여기서 주의할 점은 매출분에 대해서는 소매 공급의 경우에서와 같이 세금계산서를 발행하지 않을 경우에도 부가세 매출세액은 거래 징수하여야 하는 반면, 매입분에 대해서는 원칙적으로 세금계산서를 수취해야 매출세액에서 공제된다.

따라서 매입분에 대해서는 반드시 세금계산서를 교부받아야 납부할 세액에서 공제받게 되므로 이점 유념해야 한다.

영세율이 적용된다 함은 매출하는 분에 대한 세율을 영(zero)으로 하기 때문에 영세율이 적용되는 공급대가에 대해서는 부가세액이 영이 되므로 부가세 매출세액을 징수하지 않는다.

따라서 영세율 사업자가 매입과 관련하여 받은 세금계산서상의 부가세액 즉, 매입단계에서 부담한 부가세액은 부가가치세를 신고할 때 전액 환급 받게 된다. 세율 적용대상의 경우에도 세액을 영(zero)으로 하는 세금계산서를 발행해야 함은 물론이다.

영세율 대상은 세법상 정해져 있는데 수출재화, 국외제공용역, 기타 외화획득 재화, 용역 등이다.

소득세는 '소득'이 발생하지 않으면 내지 않을 수도 있지만, 부가가치세는 손님으로부터 맡아 놓은 세금이므로 결손이 나더라도 세금을 내야 한다. 바로 이점에서 많은 사업자들이 오해를 하게 되고, "사업이 적자가 나서 돈이 없는데 무슨 세금이냐!"고 목소리를 높이는 것이다. 이와 같이 사실상 세금을 부담하는 사람과 세금을 내는 사람이 다른 세금을 '간접세'라고 한다.

### 3) 부가가치세 계산

부가가치세는 사업자가 영업활동을 하는 과정에서 부가된 가치에 대해서 내는 세금으로 "부가가치세 = 매출세액(매출액 × 세율10%) − 매입세액(매입시 부담한 세액)"이다. 즉, 부가가치세는 사업자가 영업활동을 하는 과정에서 창출한 부가가치에 대하여 내는 세금이다.

부가가치 = 매출액 − 매입액

사업자는 원재료를 구입하여 여기에 자신의 기술과 노동 등을 투입하여 보다 가치가 높은 상품으로 만들어서 이를 소비자에게 판매한다. 그러므로 자신이 판매한 상품의 가치에서 투입된 원재료의 가치를 빼면 남는 부분이 자신이 창출한 부가가치이고 이에 대하여 부가가치세를 납부하면 된다.

예를 들어 호프집을 운영하는 사업자가 100원의 맥주를 사다가 160원에 판다면 이 호프사업자는 60원(=160−100)의 부가가치를 창출한 것이고 이에 대해 10%인 6원을 납부하면 된다. 물론 그 부담은 사업자가 아닌 소비자가 지게 된다.

## (2) 소득세

소득세란 엄밀히 말하면 종합소득세를 말한다.

소득세(법인은 법인세)는 1년간 사업을 해서 얻은 소득에 대해 다음해 5월(법인은 3월)에 내는 세금이다. 종합소득세란 그야말로 소득을 종합하여 매년 5월에 신고도 하고 납부도 하는 것을 말한다. 보통 일반인인 경우 종합소득은 사업소득을 말하지만 종합소득은 총 7가지가 있다.

부동산임대소득/근로소득/사업소득/기타 소득/일시재산소득/배당소득/이자소득이다.

사업소득만 있는 경우는 기본적으로 총매출액에서 총비용을 빼고 남는 부분에 세율을 곱하여 세금을 납부하게 된다. 매출액이 많은 경우 혼자서 계산하여 신고하는 것은 매우 어렵고 힘든 일이며 업종에 따라 일정 매출액 이상인 자는 반드시 복식부기를 하도록 세법에 정해져 있다.

따라서 세무사사무실에 일정의 수수료를 지불하고 본인이 사용한 각종 증빙 등을 토대로 정확한 세금을 계산하고 납부하는 것이 더 효율적인 경우가 많다. 또한 절세 방안도 조언 받을 수 있다.

### (3) 종합소득세

사업자는 1년 동안 벌어들인 소득에 대하여 소득세를 신고, 납부하여야 한다. 이때 개인사업자가 납부하는 세금은 종합소득세이며 법인사업자가 법인소득에 대해서 납부하는 세금은 법인세라고 한다.

종합소득세는 직전년도(1. 1 ~12. 31)의 소득에 대하여 매년 5월 31일까지 신고, 납부해야 하며 법인세는 사업년도 종료일 후 최대 90일내에 신고, 납부해야 한다. 종합소득세 관할세무서는 개인사업자의 주소지 관할세무서이다.

사업자는 매일매일 발생하는 거래에 대하여 증빙을 갖추고 복식부기원리에 따라 기장하여 세법에 따라 표준재무제표를 작성하여야 하며 이를 토대로 종합소득세 신고를 하게 된다.

다만, 개인사업자로서 수입금액이 일정규모 미만 사업자의 경우에는 보관하고 있는 세금계산서, 영수증 등만으로 종합소득 신고를 할 수 있다.

### (4) 법인세

사업자는 1년 동안 벌어들인 소득에 대하여 소득세를 신고, 납부하여야 한다. 법인사업자가 법인소득에 대해서 납부하는 세금은 법인세라고 한다.

법인세는 사업연도 종료일 후 최대 90일내에 신고, 납부해야 하며, 법인세는 본점 소재지 관할세무서다.

사업자는 매일매일 발생하는 거래에 대하여 증빙을 갖추고 복식부기원리에 따라 기장하여 세법에 따라 표준재무제표를 작성하여야 하며 이를 토대로 종합소득세 신고 및 법인세 신고를 하게 된다.

### (5) 특별소비세

과세장소에 입장행위, 특별소비세 과세물품, 과세유흥장소(카바레, 나이트클럽, 요정, 살롱 등)에 대하여 부과하는 세금이다. 이 세금은 부가가치세와 마찬가지로 간접세의 특성을 가지고 있다.

## 2. 절세요령

세금을 절세하기 위해서는 지출 증빙 빛 경비 영수증 관리가 대단히 중요하다. 개인이나 법인의 소득을 계산하는 가장 기본적인 요소는 매출액과 매출원가 및 기타 경비로서 소득은 매출액에서 매출원가 및 일반관리비등 경비를 차감하여 계산하는 것이다. 따라서 소득이 정확하게 계산되기 위해서는 거래 증빙을 확실하게 갖추어 놓아야 한다.

거래 증빙을 보관하고 있으면 동 금액은 전액 비용으로 인정받음으로서 세금을 설세 할 수 있으며 당해 연도에 비록 결손이 나더라도 지난해 낸 소득세에서 결손금액에 해당되는 세액만큼을 환급 받을 수 있을 뿐만 아니라 (중소기업사업소득 결손금 소급공제) 다음 사업연도 이후 5년간 발생하는 소득에서 결손 금액을 차감하여 과세소득을 계산하게 되므로(결손금 이월공제) 그만큼 세금을 절약할 수 있다.

## 3. 종합소득세 기장의무와 신고방법

사업자가 사업을 하면서 장부를 기장하는 것은 당연하다. 기장의무 사업자 기장은 세금을 계산하기 위한 근거로서도 중요하지만 사업의 내용을 관리하기 위해서도 매우 중요하기 때문이다. 세법은 장부기장을 의무로 하고 있으며 이를 이행하지 않으면 가산세 등으로 재제를 가하고 있다. 기장의무 사업자부가가치세법은 주고받은 세금계산서를 정리 기록하는 매입매출장의 기장을 의무화하고 있다. 다만 간이과세자는 세금계산서 등을 보관하고 있기만 해도 기장한 것으로 본다.

기장의무 사업자 만약 간이과세자가 아닌 일반과세자가 매입 매출장을 기장하지 않으면 조세범처벌법에 의해 50만원 이하의 벌금에 처한다. 그러나 사업자가 소득세법 또는 법인세법에 의한 장부를 기장한 경우엔 매입매출장을 별도로 기장하지 않아도 된다.

법인사업자는 예외없이 복식부기방식으로 장부를 기장하여야 하고 개인사업자의 경우에는 복식부기 이외에 회계를 잘 모르는 사업자라도 쉽게 장부를 기장 할 수 있는 간편장부제도를 인정하고 있다.

개인사업자의 경우 소득세법에 업종별 매출액에 따라 기장의무와 기장방법이 달리 규정되어 있다. 매출액이 4,800만원 이상인 사업자는 장부기장의무가 있다.

모든 사업자는 장부를 기장하여야 하나 영세사업자가 장부를 기장하는 것에 따른 부담을 줄여주기 위해 직전년도 매출액이 4,800만원 이상인 사업자에게만 장부작성의 의무를 부여하고 있으며 또한 장부작성의 의무가 있더라도 매출액이 적은 사업자들에게는 간편장부를 사용할 수 있도록 규정하고 있다.

종합소득세 신고기간은 일반적으로 5월 1일부터 5월 31일까지이다. 거주자가 사망한 경우에는 상속개시일이 속하는 달의 말일부터 6개월이 되는 날까지이며, 만약 국외이전을 위해 출국하는 경우에는 출국인 전날까지 종합소득세 신고를 하여야 한다.

소득세는 사업자가 스스로 본인의 소득을 계산하여 신고 및 납부하는 세금이므로 모든 사업자는 장부를 비치하고 기록하여야 한다. 장부기장에 의한 신고를 할 때는 간편장부대상자와 복식부기의무자로 나뉘게 된다.

### (1) 복식기장 의무자

간편장부대상자 이외의 모든 사업자는 재산상태와 손익거래 내용의 변동을 빠짐없이 거래시 마다 차변과 대변으로 나누어 기록한 장부를 기록·보관하여야 하며, 이를 기초로 작성된 재무제표를 신고서와 함께 제출하여야 한다. 즉, 사업자는 복식부기(대차대조표, 손익계산서, 합계잔액시산표)를 작성하여 신고하여야 한다. 복식부기를 작성하여 신고하지 아니한 경우에는 납부세액의 20%의 가산세가 부과된다.

### (2) 간편장부 대상자

간편장부란 중·소규모 이하의 개인사업자가 쉽고 간편하게 작성할 수 있으며 소득금액의 계산 및 부가가치세의 신고가 가능하도록 국세청에서 제정·고시한 장부를 말한다. 간편장부대상자가 간편장부를 기장한 경우에는 소득세법의 규정에 의하여 정식장부를 기장한 것으로 인정하고 기장세액공제(10%)의 혜택을 받을 수 있다. 그러나 간편장부를 하지 아니하면 20%의 가산세가 부과된다.

### (3) 장부를 기장하지 않는 경우의 불이익

1) 간편장부대상자는 산출세액의 20%를 가산세로 부담하게 된다.(다만, 직전 과세기간의 수입금액이 4,800만원 미만인 사업자는 제외)

2) 복식부기의무자는 신고를 하지 않는 것으로 간주하여 산출세액의 20%(부당무신고는 40%)와 수입 금액의 0.07%(부당무신고는 0.14%) 중 큰 금액을 가산세로 부담하게 된다.

## 4. 폐업시 세무종결절차

사업을 그만두는 경우에는 폐업신고를 하여야 한다.

① 사업을 시작할 때 사업자등록신청을 하는 등 그 종결절차를 거쳐야 하며, 그렇지 않을 때에는 커다란 손해를 입는 경우가 있다. 특히 깔끔한 세무정리를 하지 않으면 5년간 국세 부과권이 존재하므로 추후 자료발생시 과세문제가 발생할 수 있다.

② 사업을 폐기하면 지체없이 세무서에 비치된 폐업신고서 1부를 작성하여 사업자등록증과 함께 사업장 관할 세무서에 제출하면 된다.

③ 폐업신고서를 제출하는 경우에는 부가가치세 확장시고도 같이 하는 것이 절차가 간편하다. 이 때 부가가치세 확정신고서에 폐업 년, 월, 일 및 사유를 기재하고 사업자등록증을 첨부하여 제출하면 폐업신고를 제출한 것으로 본다.

④ 폐업하는 사업자의 부가가치세 확정신고 대상기간은 폐업일이 속하는 과세기간 개시일(1/1 또는 7/1)로부터 폐업일(양도일)/까지이며, 폐업일로부터 25일 이내에 이 기간의 영업실적에 대한 부가가치세 확성신고 절차를 이행하고 이에 대한 세금을 내면 세무절차가 종결된다.

⑤ 폐업시 소득세는 1/1~폐업일(양도일)까지 분과 기타소득을 합산하여 다음 해 5/31까지 신고·납부함으로써 종결된다.

# 제5절 점포경영

## 1. 점포매출액 결정구조

### (1) 점포매출액 결정구조 이해

소재점포의 매출액에 영향을 주는 요인은 매우 다양한 관점에서 설명할 수 있다. 상권구조의 변화관점에서는 상권의 고객증감, 경재점포 증감 등 영업환경 요인의 변화가 점포매출액에 영향을 준다고 판단할 수 있으며, 경기동향과 제도 등의 거시환경 변화가 점포매출액에 영향을 준나고 판단할 수 있다. 또힌 고객의 욕구가 다양하게 변화되는 과정에서 점포선택기준이 변화됨에 따라 점포의 매출액이 변동되는 등 다양한 관점에서 그 영향요인을 검토할 수 있다. 점포만족도 관점에서도 살펴볼 수 있다. 고객이 특정 점포에 대한 만족도 기대수준이 높아 방문을 결정함으로써 이루어지는 점포선택과 기대수준 충족에 따른 재방문, 그리고 상품구매량 등에 의해 측정할 수 있다. 이와 같은 점포만족도 관점의 점포매출액 영향요인은 점포의 구매고객수와 객단가라는 관점에서 점포매출액 결정구조와 일맥상통하게 된다. 점포경영자와 현장실무자들에게 잘 알려진 것과 같이 점포의 매출액 결정구조는 구매고객수와 객단가에 의해 결정된다. 구매고객수는 일정 기간 동안 점포에서 상품을 구입한 고객의 수이며, 객단가는 일정 기간 동안 점포에서 상품을 구매한 고객 1인당 평균 구매금액을 의미한다. 구매고객수와 객단가로 분석하는 형태를 점포매출액 결정구조라고 하며, 각각 이들 요소를 확장하여 분석할 수 있다.

**표 12-2** 점포매출액 기본 결정구조

| |
|---|
| * 매출액 = 구매고객 × 객단가 |
| * 구매고객수 = 매출액 ÷ 객단가 |
| * 객단가 = 매출액 ÷ 구매고객수 |

### (2) 매출활성화 접근체계 개요

침체된 점포매출을 활성화시키는 방법은 점포마케팅체계를 활용하여 살펴볼 수 있다. 점포를 개점하기 위해서는 먼저 거시환경과 미시환경에 대한점포조사를 통해 마케팅 목표를 설정하고 고객 세분화(segmentation), 목표고객선정(targeting), 업태 및 시장위치 설정(positioning)등의 STP전략수립과 제반 마케팅요소를 믹스하여 점포영업계획을 수립하게 된다. 점포 영업계획이 완료되면 점포는 개점하고 영업을 실행하게 되며 그 성과를 평가하여 피드백하는 순환과정을 거듭한다. 점포매출액의 침체는 점포마케팅체계를 통해 세 가지 관점에서 이해할 수 있다. 먼저 첫 번째 관점은 점포영업 전략의 문제점은 없지만 점포영업이 활성화되지 않는 상태이다. 경쟁점포 대비 경쟁력이 취약하거나 체계적인 영업시스템을 구축하지 못한 경우에 종종 발생하게 된다. 이러한 경우에는 매출액 결정구조의 제 요인을 자극하는 영업활동을 전개해야 한다.

두 번째 관점은 점포마케팅체계의 전개와 실행과정의 문제점으로 인한 점포매출의 부진이다. 점포의 영업환경은 항상 변화된다. 그럼에도 불구하고 이를 인지하지 못하고 과거의 점포영업 전략을 고수하거나, 개점 초기부터 잘못된 점포조사로 점포 마케팅체계가 잘못 계획된 경우, 점포주는 점포 문제점에 대한 진단과 점포 영업환경에 대한 재조사 등을 통하여 점포 마케팅전략을 다시 수립하여 점포를 활성화해야 한다.

세 번째 관점은 첫 번째와 두 번째 관점이 혼합되어 있는 경우이다. 점포 실무에서 두 가지 관점이 같이 나타나는 경우가 일반적이므로 이들 모두를 이해함으로써 점포의 매출활성화 전략을 검토해야 한다.

## 2. 점포관리

점포관리는 개업할 때부터 짜임새 있게 세워져 있어야 한다.

고객들로부터 '저 업소는 상당히 신경을 쓰고 있는 업소'임을 인지시켜야 한다.

### (1) 개점, 폐짐시간 공지

평일, 주말, 혹은 휴일 등에 따른 개점시간, 폐점시간을 미리 입구 등에 공지하여 고객에 대하여 신뢰감을 주어야 하며 이를 꼭 지켜야 고객들이 해당 업장에서 믿고 약속을 하고, 방문을 할 수 있도록 해야 한다.

### (2) 청결함 유시

항상 고객이 오기 전 문을 열기 전 청소를 끝내야 한다. 업장은 입구서부터 화장실, 홀내부 등이 청결함을 유지하여 홀 안으로 고객이 들어섰다가 돌아서게 하는 일이 결코 있어서는 안 될 것이다.

고객이 업장입구로 들어서는 순간 향긋한 냄새가 항상 배어 나도록하여 고객이 기분을 한층 높여 주어야 한다. 특히 지하 업소에서는 지하실 냄새가 나지 않도록 인테리어 시점부터 신경을 쓰셔야 하고, 화장실 또한 마찬가지이다.

### 3) 외부간판

외부 간판불은 가급적 타이머 장치를 하는 것이 좋다. 간판 켜는 시간을 잊어버리고 간판을 켜지 않아, 고객으로 하여금 문을 아직 열지 않은 것으로 착각하게 해서는 곤란하다. 계절에 따라 간판을 켜는 시간이 다르므로 계절별로 타이머를 조정하여야 한다.

### (4) 음식물 신선도

업소에서 고객들에게 선 보이는 음식물들은 평상시 보관, 관리를 잘하여야 한다. 이를 통해 고객들이 해당업소에 대하여 좋은 이미지를 갖도록 해야 한다.

### (5) 고객의 소리 전달판 작성

가장 중요한 것은 현재 고객의 만족도를 아는 것이다. 고객들로부터 불만족의 소리를 들을 자세가 업주부터 되어 있어야 한다. 고객의 불만 소리를 전 종업원들이 볼 수 있도록 전달판(백색칠판)을 만들어 즉시 시정하는 모습을 보여야 한다.

### (6) 종업원들과의 미팅

종업원들과는 근무시간 이외의 시간을 선정하여 주기적으로 미팅을 하여 업주의 전달사항과 지시사항 만을 위한 미팅이 아닌 종업원들의 아이디어를 내도록 하여 영업의 발전적으로 향상되어 갈 수 있도록 하는 미팅을 하는 것이 중요하다.

### (7) 고객 심리를 이용한 4계절 점포 운영

점포운영자는 항상 주변 환경의 변화나 경제의 흐름 등에 관심을 가져야 한다. 대다수의 창업자들이 고민할 수밖에 없는 매출의 상승과 하락에 관한 하나의 대응방안으로서 고객심리를 이용한 점포운영방법을 고려해 볼 수 있다. 영업활동에 있어서 계절마다의 심리변화, 즉 고객이 느끼는 '심리계절'을 정확히 파악해야 한다. 즉, 계절변화에 따른 고객의 관심구조에 맞는 프랜차이즈 점포영업 활동의 중심테마는 크게 두 가지로 나뉜다. 봄과 여름의 중심 테마가 '쾌적 생활의 추구'라고 한다면 가을과 겨울은 '생활 방법의 추구'라고 할 수 있다. 이러한 심리계절을 파악하고, 그 변화를 수용하는 감성적인 점포 운영은 고정고객뿐만 아니라 신규고객에게도 고루하지 않고 역동적이고 파노라마적인 매장 분위기를 느끼도록 한다.

또한 점포입장에서도 점포의 배경 이미지(감성측면) 제고에 매우 긍정적인 효과를 얻을 수 있다.

## 3. 점포경영의 일반적 원칙

### (1) 점포경영의 주안점

① 메뉴 개발 및 설정
② 인원 선발 및 교육
③ 판촉전략
④ 영업비품, 소모품, 사무용품 구입
⑤ 영업장표류 준비
⑥ 경영자 기본 경영수칙 숙지
⑦ 개점전 Check List 작성 및 확인

### (2) 생존전략을 위한 방안들

① 박리다매 또는 고부가가치
② 위기를 기회로 원가절감 방안과 거품제거 구조조정 필요
③ 매출하락 보다 순이익 증가 정책으로 지향
④ 단일품목으로 승부하기 힘들면 쇠고기나 돼지고기처럼 저가메뉴 도입으로 객단가 하향 조정 (메뉴와 주류판매 비율이 6:4로 역전현상)
⑤ 세트 메뉴개발 즉 패키지 전략 구사.

### (3) 점포경영 원칙들

① 주상품은 부모님에게도 공짜가 없다.
② 틈새소비자를 파악하여 집요하게 파고든다.
③ 가격보다는 신선함으로 승부한다.
④ 1%는 공짜로 베풀고 재투자에 아까워하지 않는다.
⑤ 지나치게 무례한 손님은 단호하게 대처한다.
⑥ 잔액이 부족한 손님은 차라리 할인을 해준다.
⑦ 매출에 대한 과민반응을 보이지 않는다.
⑧ 직원이 바뀌어도 빠른 시간에 배울 수 있도록 매뉴얼을 작성한다.
⑨ 고객에 헌신하고 가정관리에도 충실히 한다.
⑩ 최고의 상품을 제공한다.

### (4) 점포 판단의 테크닉과 요령

가장 먼저 소개하는 테크닉은 3.5.12.2.8의 숫자 조합이다. 나열한 숫자를 합하면 30이다. 바로 한 달이라는 뜻이다. 한 달을 기준하여 일 매출을 합산해 적용하는 공식이라고 보면 된다. 3은 바로 월세 값이다. 5는 인건비 값이며, 12는 재료비 값이다(주류를 포함한) 그리고 2는 공과금값이며 8은 점주가 손에 쥐는 순이익금(영업이익금)이라고 볼 수 있다. 이는 외식업에서 적용할 수 있는 30일 공식이며 판매업의 경우엔 5.3.10.2.10으로 풀면 된다.

또 다른 테크닉은 점포를 구할 때 사람을 끌어 모으는 업종 주변으로 붙어주는 일이다. 비슷한 유형의 점포를 놓고 판단할 때 유용한 방법으로 부도심 상권에서는 약국, 제과점, 금은방, 중저가 의류 대리점이 주요 관심 업종이다. 이들 네 가지 업종은 고객이 자발적으로 찾아드는 업종이라는 점과 유동량이 우수한 곳에 전략적으로 입점한다는 공통분모를 지니고 있기 때문에 조건이 비슷한 점포에서의 판별성은 어느 쪽에 이러한 업종들이 더 포진되어 있는가 하는 문제라고 볼 수 있다.

## 4. 식자재점포의 매장관리

### (1) 고객관리

고객관리는 점포가 고객과의 의사소통을 향상시키기 위하여 대상 고객에 대한 자료를 수집하는 데에서 시작한다. 고객관리를 위해 매장에서 가장 중요한 것은 스스로의 노력에 의하여 고객을 만들어내는 것과 고객과의 커뮤니케이션을 통해 고객과의 관계를 강화시키는 것이다. 즉 고객 만들기와 고객관리가 가장 중요하다고 할 수 있다.

고객관리의 원칙은 살펴보면,

① 고객관리의 목적을 명확히 해야 한다.
② 명확한 고객관리를 위하여 고객 데이터베이스(고객 대장)의 일원화와 매출 실적 및 이벤트 참여 상황 등 참고사항 일체가 기록된 데이터의 축적이 필요하다.
③ 간결하고 알기 쉽게 해야 한다.
④ 정기적이고 지속적인 조사를 실시해야 한다.
⑤ 항상 살아있는 데이터가 되도록 관리기준을 설정해야 한다.

### (2) 매장구성

상품의 판매율을 높이고 고객이 찾기 쉽고 고르기 쉬운 매장으로 만들기 위해서는 상품의 분류와 매장 내 상품배치 및 면적 배분을 효과적으로 수행해야 한다.

바람직한 매장구성은 상품의 위치 설정, 고객 동선 조정, 시선율 향상 및 고객의 상품 접근율 향상, 고객이 머무는 것 만들기와 머무는 시간 연장 등이 가능해야 하고, 매출과 상품회전율 향상을 도모하는 제반작업을 할 수 있도록 해야 한다.

매장 만들기를 위하여 가장 중요한 조건으로 인테리어와 디스플레이를 들 수 있으며, 이 두 가지는 공간, 상품 조닝(zoning: 각 공간에 적절한 상품위치를 정하는 것), 도선, 집기계획 등의 요소별로 적절한 조화를 꾀해야 한다.

#### 1) 상품조닝과 상품배치계획

상품의 조닝계획(상품그룹핑)과 매장배치는 목적과 용도에 따라 상당히 다양하다. 바람직한 상품조닝을 위해서는 고객이 어떤 기준으로 상품을 선택하고 있으며, 어떤 그룹 속에서 상품을 찾고 있는가를 파악해야 한다. 따라서 무엇보다도 고객의 구매기준에 맞추어서 진열하는 것이 바람직하다. 상품조닝과 상품배치는 서로 관련성을 갖는다. 상품배치는 조닝된 상품군을 자연스러운 형태로 구성하여 매장에 배치하는 것으로, 상품배치가 잘되었는지 아니면 잘못되었는지는 매장 내에서 고객 동선의 흐름과 매출에 크게 영향을 미친다.

#### 2) 매장의 도선계획

동선이란 고객이나 판매원의 움직임을 유도하는 선을 의미한다. 효과적인 매장의 도선을 만들기 위해서는 고객 동선, 매장 접근율, 시선율을 높이는 것이 중요하다.

## 5. 식자재점포의 경영기능

점포라는 고정된 공간에서 이루어지는 경영기능요소는 점포의 매출증대와 이익창출에 큰 영향을 미친다.

점포라는 공간 안에서 이루어지는 일반적인 점포 경영의 기능요소는 다음과 같다.

① 발주기능 : 잘 팔리는 상품과 신상품에 대해서 정확한 매출을 예측하고 상품을 주문하는 기능

② 상품구색기능 : 고객들의 욕구에 부합하는 상품을 취급하는 기능

③ 진열관리기능 : 고객들이 찾는 상품을 보다 찾기 쉽도록 진열하는 기능
④ 정보수집기능 : 효과적으로 상품을 주문하기 위하여 상품의 매출상황과 고객구매행동에 관한 정보를 재빨리 수집하여 파악하는 기능
⑤ 점포환경기능 : 손님들이 쇼핑하기에 또한 종업원들이 근무하기에 안전하고 쾌적한 장소를 만들고 유지하는 기능
⑥ 고객서비스기능 : 청결하고 쾌적한 공간에서 신속하고 친절한 서비스를 제공하는 기능
⑦ 손익관리기능 : 자신의 사업을 통하여 얻고자 하는 이익목표를 설정하고 그것을 달성하기 위하여 매출관리, 비용관리, 판매촉진 등의 활동을 하는 기능
⑧ 인력관리기능 : 종업원을 효과적으로 모집, 고용, 교육, 개발하는 기능
⑨ 의무준수기능 : 정부 규정 등의 각종 의무사항을 준수하고, 체인점의 경우 가맹계약을 준수하는 기능

# 제 4 부

# 미래를 지향하는 외식·식자재유통실행관리

# 제13장 고객만족과 고객관계관리

## 제1절 고객만족과 고객가치의 이해

### 1. 고객의 개념

고객이란 외식사업체에 없어서는 안 되는 존재이다. 고객이 있기에 외식사업체가 존재하는 것이다. 외식사업체가 있기에 고객이 존재하는 것이 아니다. 즉 고객은 외식사업체의 존립근거가 된다. 고객이 없이는 외식사업체가 존재할 수도 성장할 수도 없다. "고객이 없이는 어떠한 사업도 없다(No customer, No business)"는 것이다. 이에 따라 "고객은 왕이다"라는 말이 생겨났고 심지어 고객을 신으로까지 표현하였다. 고객을 주인으로 섬기지 못하는 외식사업체가 과연 고객을 만족시킬 수 있었을까? 이제부터라도 고객의 중요성을 느끼고 고객을 고객으로서의 진정한 대우를 하는 마음에서 고객만족이 이루어지도록 해야 한다.

그렇다면 고객은 누구인가?

① 고객은 외식사업체의 거울이다.

고객은 변하고 있다. 구매의식이 변하고 라이프스타일이 변하고 있다. 이러한 고객의 변화에 따라 외식사업체도 변하지 않으면 안 된다.

② 고객은 외식사업체의 주인이다.

고객이 존재하기에 외식사업체가 존재하는 것이다. 고객은 외식사업체의 존재를 위해 있는 것이 아니며, 그들의 필요에 의해 외식사업체를 찾는 손님은 결코 아니다. 고객이 없는 외식사업체는 생각할 수 없으며, 고객이 결국은 종업원의 급여를 지불하는 주인인 것이다.

③ 고객은 외식사업체의 의지대상이다.

외식사업체는 고객들이 요구하는 서비스의 제공을 통하여 외식사업체목표를 달성하고 외식사업체성장을 가능하게 해주는 외식사업체의 의지대상인 것이다. 고객에게 의지하지 않는 외식사업체는 성장이 어렵다. 고객에게 의지하고 도움을 받으면서 외식사업체는 성장한다.

## 2. 고객의 확대개념

오늘날의 마케팅활동은 제품 및 비스를 단순히 판매하는 것으로 그치지 않고 사전관리는 물론 사후관리까지도 책임을 지지 않으면 안 된다. 즉 고객서비스가 현대적 마케팅에서 중요하다. 과거 고객서비스의 기본철학은 양질의 서비스를 저렴한 가격으로 고객에게 제공하는 것이었다. 하지만 현대에는 '좋은 품질', '저렴한 가격'이라는 서비스 그 자체만으로는 경쟁우위를 점하기 어렵게 되었다.

미국의 한 조사에 따르면, 고객이 제품에서 만족을 느끼는 부분은 약 20%정도이고 나머지 80%가 서비스에서 만족을 느낀다고 한다. 고객만족을 결정하는 80%의 서비스는 종업원(판매원)에 의해 이루어지며, 그들이 고객만족에 결정적 영향을 미친다는 결론이다. 즉 고객을 접하는 종업원이 고객만족에 결정적이라는 것이다. 환언하면 고객만족을 위해 종업원의 만족은 중요하다. 종전의 마케팅에서는 종업원의 만족 없이도 고객만족이 가능하였지만, 현대적 마케팅에서는 사전관리와 사후관리의 역할을 담당하는 종업원의 만족은 고객만족에 있어 더욱 중요하다.

따라서 고객의 개념은 종전의 소비자인 외부고객이외에 종업원인 내부고객까지로 확대되지 않으면 안된다. 다시 말하면 고객은 나의 상사, 나의 동료, 부하직원, 그리고 외식사업체 외부의 소비자 모두를 지칭한다. 나를 중심으로 한 다음 과정의 사람 모두가 나의 고객인 것이다.

외식사업체의 내부고객 모두는 외부고객을 접한다. 외부고객에게 내부고객 모두가 직접적으로 서비스를 제공하지는 않더라도 간접적으로 서비스를 제공하고 있는 것이다. 내부고객은 나를 중심으로 한 상하와 동료관계에 있는 모든 사람인 종업원을 말하며, 외부고객은 외식상품을 전달받는 소비자를 말한다.

## 3. 고객만족의 의의

고객만족을 위해서는 무엇보다도 고객의 욕구 및 요구를 알아야 한다. 그러나 고객의 요구를 아는 것만으로는 고객을 만족시키기에는 불충분하다. 고객만족의 충분조건이 되기 위해서는, 고객의 요구에 부응할 수 있는 외식사업체의 운영방식이 있어야 한다. 외식사업체의 체계, 절차, 그리고 생산과정이 고객의 요구에 부응할 수 있어야 한다. 전사적 품질관리가 이것을 가능하게 해준다. 다시 말해 고객접점에서 제공한 제품과 서비스에 대하여 고객이 만족하고, 그 가치를 인정하여 지속적인 재구매, 또는 주변사람에게 구매를 권유하는 충성고객을 많이 확보하는 것이다.

### (1) 전사적 품질경영

전사적 품질경영은 품질관리의 폭을 넓혀 외식사업체내의 모든 기능을 집중시키는 것이다. 경영과 생산부문에서 뿐만 아니라 마케팅과 조리 부문까지도 품질관리가 이루어지게 되었다. 이처럼 품질에 대한 책임이 확대됨으로서 상품의 설계에서부터 고객에 대한 서비스까지의 전 생산과정이 망라되고, 협력과 의사소통, 그리고 외식사업체문화에 의해 촉진되는 전사적 품질경영에 발전되기에 이르렀다.

전사적 품질경영의 초점은 고객만족이다. 이는 외식사업체의 품질정책도 고객만족이요, 품질관리의 전략적 목표도 고객만족이라는 것이다. 즉 고객만족이 품질혁신운동이라고 할 수 있다. 품질=고객만족이라는 등식이 성립된다. 품질혁신 운동이란 고객만족의 창출을 위하여 경영진의 전폭적인 지원하에 최고경영자, 관리자, 종업원 등 구성원 모두가 참여하는 전사적인 품질관리이다.

### (2) 고객만족의 전개방향

내부만족이 없이는 고객만족이 없다는 말이 있다. 즉 내부고객의 만족이 없이는 외부고객의 만족이 없다는 것이다. 과연 우리는 고객을 진정으로 위하고 만족을 시켜왔는가? 모든 종업원들이 고객을 다시 한번 생각하고 자신이 하는 업무에서 고객을 만족시킬 수 있는가를 스스로 자문해 볼 필요가 있다. 고객만족이란 고객에게 충실히 하자는 기본으로 돌아가자는 마케팅의 실천 프로그램이요, 의식과 관리방식을 고객지향으로 발전시켜 나가자는 혁신운동인 것이다.

고객만족은 외식사업체의 구성원 모두가 함께 참여하고 전사적으로 "나로부터 시작하자(From Me)"라는 사상에서 출발한다. 그런 만큼 고객만족 운동은 관리자들이 먼저 내부고객을 만족시키는 일로 출발하여 빠르게 널리 확산된다. 종업원들 역시 고객만족을 나로부터 시작한다는 생각에서 자신의 업무태도에 대한 변화가 있어야 한다. 이 운동은 지금까지의 수동적 자세에서 능동적이고 적극적인 자세로 고객을 만족시키자는 것이다.

대부분의 경영혁신 운동들이 처음에는 대단히 거창하게 시작하지만, 시간이 지나면서 시들하게 된다. 그것은 전사적인 공감대를 형성하지 못하고, 빠른 속도로 그리고 구호를 외치는 방식으로 전개되었기 때문이다. 전 구성원이 외식사업체변화에 참여하고 혁신을 이루기 위해서는 다음 사항에 유념해야 한다.

① 최고경영자의 지속적 관심과 지원이 필요하다.
② 구성원 스스로의 참여를 유도해야 한다.
③ 관리자의 혁신하는 행동이 있어야 한다.
④ 고객만족의 연결고리가 끊어지지 않아야 한다.
⑤ 나로부터 시작한다는 구성원의 조그만 실천이 있어야 한다.
⑥ 내부고객 만족 프로그램과 병행되어야 한다.
⑦ 고객들의 기대치를 지나치게 높이지 말아야 한다.

### (3) 고객만족의 3요소

소비자인 고객에게 만족을 안겨다 주는 요인은 무엇일까? 이는 외식사업체의 마케팅 활동에서 중요한 문제이다. 고객만족이 없이는 마케팅 활동으로 외식사업체의 목표달성이 불가능하기 때문이다. 일반적으로 고객만족의 3요소는 제품, 서비스, 외식사업체이미지이다.

#### 1) 제품

외식상품은 제품의 하드 측면과 서비스의 소프트 측면에서 고객욕구를 충족시킬 수 있어야 한다. 제품은 유형으로 고객만족에 결정적인 영향을 미친다. 그런데 외식상품은 일반 상품과는 달리 서비스 제공자의 특성이 표현되지 않으면 안 된다. 서비스 제공자의 특성은 제공자가 서비스에 임하는 자세이며, 다른 서비스 제공자의 서비스 성격과 차별화를 시켜주는 요인이 된다. 이러한 서비스 제공자의 특성과 서비스의 성격이 강하게 나타날 때 그것이 소비자를 유인하고 만족시켜주는 힘이 되는 것이다. 외식상품의 경우 제품과 서비스는 외식상품의 질로 나타난다.

### 2) 서비스

고객서비스는 소비자의 구매와 만족의 중요한 요인이다. 고객에 대한 사전서비스, 접객서비스, 사후서비스가 충실하지 않으면 고객만족은 물론 반복구매의 유도도 어렵다. 사전서비스는 어떤 서비스상품의 사용에 따른 기본적인 환경조성이나 그것을 필요로 하는 사람에의 정보제공을 말한다. 접객서비스는 기업의 성공에 큰 영향을 미치는데 판매원의 접객매너, 복장, 언어, 미소, 상품지식, 신속하고 융통성이 있는 대응능력 등이다. 사후서비스는 서비스의 사용에 따른 고객의 불만요소를 제거하여 만족스런 상품의 제공과, 라이프스타일의 제안과 정보제공을 의미한다. 이러한 사전·사후 서비스를 어떻게 얼마나 충실하게 제공하느냐에 따라 구매와 만족이 결정된다.

### 3) 외식사업체이미지

외식사업체이미지는 근래에 들어서 중요해진 고객만족의 요소이다. 사실 외식사업체의 환경보호, 문화발전, 장애자 돕기 등 외식사업체들의 사회공익사업들은 의례적이고 생색용이 많았다. 하지만 근래에는 이것들을 마케팅전략의 하나로 정착시켜 적극화시키는 외식사업체들이 많아졌다. 외식사업체가 이윤만 챙기는 것이 아니라 수익의 일부를 사회에의 환원을 통하여 외식사업체이미지도 높이고 매출도 늘리기 위한 것이다. 소비자들은 외식사업체이미지가 좋지 않은 외식사업체보다는 그것이 좋은 외식사업체의 상품을 구매하는 것을 더 선호한다.

## (4) 서비스 자세

외식사업체를 찾아오는 고객에게 만족과 가치창조를 안겨다주기 위해서는 고객을 진정으로 대하는 서비스 자세가 확립되어 있어야 한다. 서비스 제공자의 자세는 우수한 서비스의 제공이 매우 중요하다. 미국 품질협회와 갤럽의 공동조사에 의하면, 소비자가 생각하는 가장 훌륭한 서비스는 공손함, 신속함, 사람들의 요구를 만족시켜주는 기본적인 감각, 그리고 서비스 제공자의 태도이었다.

이처럼, 서비스 제공자에게는 고객을 사랑하는 마음이 중요하다. 고객을 사랑하는 기술이 판매로 나타나게 되는 것이다. 고객만족을 위한 서비스의 판매는 열정적으로 하고, 서비스는 기쁨을 줄 수 있어야 한다.

이를 위한 서비스 제공자의 자세는 성심성의껏(sincerty), 신속하게(speed), 웃으면서(smile) 제공할 수 있는 3S가 필요하다. 이를 구체적으로 설명하면 여섯 가지 요소로 이루어진다. 고객을 대하는 서비스 제공자의 서비스는 활기차고(energy), 혁신적이며(revolution), 인상적이면서도(impressive), 상호간의 커뮤니케이션(communication)을 통하여, 가치를 느낄 수 있어야(valuableness)하며, 고객에게 즐거움(entertainment)을 안겨다 줄 수 있어야 한다.

고객을 대하는 서비스 제공자의 자세가 최근에 변하고 있다. 이전에는 백화점을 찾은 고객들은 종업원들로부터 허리를 90도로 굽힌 큰절을 받았다. 그러던 것이 45도로 숙인 절에서 30도로 숙인 절을 받는다. 고객에 대한 종업원이 지나친 공손함은 오히려 부담을 줄 수 있다. 실제로 종업원들이 너무 정중하게 대하니까 오히려 부담스럽다는 고객의 불평이 있었다. 진정한 친절이 무엇인가를 되돌아보게 한다. 또한 인사말도 변하고 있다. 「다음에 꼭 들러주십시오」에서 「좋은 쇼핑 되십시오」라는 말로 바뀌었다. 심지어 말의 억양까지도 고려하여 「잠간만 기다려 주십시오」에서 「잠시만 기다려 주시겠습니까?」로 변경되었다. 유니폼 또한 강렬한 색보다는 눈에 잘 띄지 않는 회색계통으로 교체되었다. 고객이 매장을 둘러볼 때 처음에는 일부러 모르는 척한다. 고객이 적극적으로 관심을 보이면 그때 「어서 오십시오」라고 인사를 한다. 이 또한 전과는 많이 달라졌다. 진정한 고객서비스란 무엇인가? 친절하고 공손해야 하는 것은 당연하지만 자연스럽고 부담안주는 자세가 필요하다.

### (5) 결정적 순간

고객만족은 종업원이 고객을 대하는 순간에 이루어지며, 그 순간에 고객만족이 결정되기 때문에 결정적 순간이라고 한다. 결정적 순간은 서비스 제공자가 고객에게 서비스 질을 보여줄 수 있는 지극히 짧은 순간이지만 제공되는 서비스에 대한 인상을 결정한다. 결정적 순간의 개념을 도입한 스칸디나비아 항공(SAS)은 1년 만에 적자를 흑자로 전환시켰다. SAS 종업원 5명이 1년에 천만명의 승객을 접촉하였는데, 이는 1회의 접촉시간이 15초라는 결론이다. 15초라는 짧은 순간에 SAS의 인상을 승객들에게 심어준 것이다. 이 결정적 순간이 그 항공사의 이미지를 결정한다는 사실을 인식할 필요가 있다.

**표 13-1** 외식사업체 서비스의 결정적 순간

| 외식사업체 서비스의 결정적 순간 |
|---|
| 외식사업체에 예약전화를 하는 순간 |
| 카운터에 다가간 순간 |
| 예약이 되는 순간 |
| 외식사업체에 도착하는 순간 |
| 계산대에서 계산하는 순간 |
| 종업원이 좌석을 안내하는 순간 |
| 주문을 받는 순간 |
| 종업원을 부르는 순간 |
| 서비스를 추가로 요구하는 순간 |
| 외식사업체를 떠나는 순간 |
| 기 타 |

소비자가 서비스 제공자인 종업원을 접촉하는 순간에 외식사업체이미지가 결정된다. 고객이 종업원을 대면하는 순간만큼은 진실되기 때문에 진실의 순간(Moment of Truth)이라고 한다. 외식사업체에 예약전화를 하는 순간, 외식사업체에 들어가는 순간은 진실하다. 어쩌면 진실이란 잠재고객이 마음속에 그리는 종업원이나 외식사업체에 대한 인식이다. 이러한 진실의 순간은 외식사업체와 고객간의 관계형성에 결정적이다. 제일선의 종업원과 고객과의 접점이 만남의 순간이요 결정적 순간이다.

서비스가 전달되는 순간순간들의 관리가 제대로 이루어지지 못하면 서비스 질이 떨어지게 되어 고객에게 불만족을 안겨주게 된다. 이 만남의 순간에 결정되는 관계가 인간적 관계로 맺어질 때 고객만족이 고객감동으로 연결될 수 있다.

## 4. 고객가치의 의의

### (1) 고객가치의 개념 및 성격

외식사업체들은 오래전부터 품질경영, 가치경영, 고객만족경영 등의 구호를 외치고 있다. 시장이 개방되고 경쟁이 치열해지면서 서비스와 품질에 대한 약속은 모든 외식사업체의 필수품이 되었다. 게다가 많은 외식사업체들이 같은 종류의 상품을 제공하기 때문에 고객의 요구와 기대에 부응하는 것이 경쟁우위를 유지시키는 유일한 방법이 되었다.

기업이 성공하기 위해서 경쟁사보다 더 우수하게 창조하고 전달하도록 노력해야 할 고객가치(customer value)란 도대체 무엇일까? 고객가치는 어떤 제품을 획득하는데 관련되는 비용 및 위험과 비교해서 해당제품의 사용으로부터 얻게 되는 편익에 관한 고객의 지각이다.

#### 1) 고객가치

고객은 남들과는 다른 것을 요구한다. 이를 위해, 고객들로 하여금 차이를 인식하게 하는 것이다. 고객의 기대수준이 높아 그들이 실제로 지불하는 비용이상의 가치를 제공받고 싶어 한다. 고객들로 하여금 차이를 인식하게하고 비용이상의 가치를 느끼도록 하는 것이 고객가치의 창조이다. 다시 말하면, 가치창조의 개념은 고객으로 하여금 보다 유용하게 느끼도록 하는 것이다. 고객들은 다른 상품과 비교하여 보다 많은 유용성을 느낄 때 보다 우수한 가치를 인식한다.

특정 상품을 구매하는데 소요되는 비용(금전, 시간, 위험, 의심, 두려움 등)보다 그 상품의 사용에서 기대되는 편익의 차이가 고객가치로 나타난다. 지불비용보다도 기대되는 편익이 클 때 가치창조가 이루어지고, 그 차이가 크면 클수록 보다 우수한 가치를 인식하게 되는 것이다.

#### 2) 가치창조의 성격

이러한 가치창조의 성격은 다음과 같다.

첫째, 가치창조는 전략적이고 체계적이며 연속적이다. 가치창조는 외식사업체의 전략적 차원에서 이루어지는 만큼 급변하는 환경 속에서 고객을 확보하고 유지하는 일은 끊임없는 주의력을 요하기 때문이다.

둘째, 가치창조는 고객의 기대를 충족시켜 가는 과정이다. 고객들이 우리에게 무엇을 원하는가? 를 자문해보면서 고객가치를 창조하고 가치의 전달이 효율적으로 이루어지게 함으로써 고객의 기대수준을 충족시켜 나간다.

셋째, 가치창조는 궁극적인 고객전략이다. 고객전략의 핵심은 얼마나 많은 고객을 확보하는가보다는 확보한 고객을 얼마나 만족시켜 주는가에 있다. 만족하는 고객이 많으면 궁극적으로 외식사업체이윤을 증대시켜 준다.

### (2) 가치경영

외식사업체의 경영전략은 물자가 부족하던 시대에 무엇이던 만들면 팔리던 시대(전통적 마케팅)에서, 국민소득과 생활수준의 향상으로 소비자의 다양화된 욕구를 충족시킬 수 있는 상품을 만들어야 팔리는 시대로 바뀌었다. 이때부터 진정한 마케팅의 시대가 열렸다.

마케팅 시대의 초기에는 대량생산을 통한 원가절감이 경영전략의 우선이었다. 어떻게 하면 보다 저렴하게 상품을 공급할 것인가가 과제였다. 이를 위해서는 대량생산이 필요하였던 것이다. 하지만 가격이 싸다고 하여 소비자가 반드시 그것을 구매하는 것은 아니었다.

그래서 우수한 품질의 상품을 생산하기 위하여 품질향상을 경영전략의 우선으로 하였다.

우수한 품질의 상품을 공급하는 데에는 한계가 있다. 소비자의 욕구가 다양하기 때문에 상대적으로 우월적 능력을 가진 외식사업체는 문제가 없으나, 그렇지 않은 외식사업체는 품질위주의 상품개발의 어려움에 봉착하게 되었다. 그런데 오늘날은 음식맛(제품)이 좋다고 하여 그 상품을 구매하는 것은 아니다. 음식맛(제품)은 비슷하기 때문에 상품의 품질에서는 그다지 차이가 없다. 보다 우수한 품질의 제품이 경쟁에서 이긴다는 것은 오늘날 마케팅 관리자의 그릇된 생각이 되고 있다. 우수한 품질의 제품이 시장에서 승리한다는 것이 진실임에는 틀림없다. 하지만 제품의 품질이 '상품 그 자체의 질'에 국한 되는 것은 아니다. 그 상품을 제공하는 외식사업체나 사람의 태도 등에 따라서 구매가 결정되기 때문이다.

이른바 상품에 대한 전반적이고 인간적인 서비스, 즉 서비스 품질이 오늘날 외식상품의 중요한 품질요소이기 때문이다. 외식상품 품질에 따라서 상품의 반복구매가 이루어진다. 그래서 외식상품 품질위주의 경영전략이 우선하게 되었다. 소비자로 하여금 자사의 외식상품 품질에 대한 평가를 높게 하기 위해서는 가치경영이 필요하다. 외식상품에 대하여 고객으로 하여금 가치를 인식하도록 하는 것이 가치경영이요 품질경영이다.

소비자가 상품을 구매하는 것은 상품 그 자체가 아니라 그것이 지니는 편익이다. 외식상품은 제조상품과는 달리 재고(저장)를 할 수 없어, 고객이 외식사업체를 찾아왔을 때만이 상품을 생산할 수 있는 것이다.

고객이 외식상품을 제공받기에는 시간, 즉 대기시간이 소요된다. 이 대기시간을 어떻게 줄이느냐가 외식사업체의 과제이다. 외식사업체는 대기시간을 완전히 줄일 수는 없다. 고객으로 하여금 기다리는 시간을 지루하게 여기지 않고 의미 있고 보람된 시간으로 여길 수 있도록 해주는 제도적 노력이 필요하다.

이러한 외식상품 품질위주의 경영전략을 추구할 때, 그 외식사업체는 고객에게 만족을 주고 감동을 준다. 고객만족 내지 고객감동이 효율적으로 이루어지기 위해서는 체계적인 질경영이 필요하다. 체계적 질경영이란 고객만족 실천이 외식사업체문화속에 구현될 수 있도록 하는 것이다. 외식사업체문화를 형성하는 과정으로서 고객만족을 실천할 때 가치경영이 이루어진다.

### (3) 가치창조의 요소

고객만족에 있어서 외식상품의 질은 매우 중요하다. 외식상품의 질은 가치와 매우 밀접한 관계에 있다. 외식상품의 품질은 소비자가 제공받는 외식상품에 대한 전반적이고 인간적인 평가이기 때문에, 외식상품의 질을 높게 평가할수록 고객으로 하여금 높은 가치를 인식하게 한다. 즉 고객의 가치를 창조할 수 있는 경영이 이루어질 때 고객을 만족시킬 수 있다. 고객의 가치창조를 위해서는 고객과 지속적이고 인간적인 관계를 유지하고, 종업원들을 배려하고, 높은 외식상품의 질을 유지하고, 그리고 가치인식에 대한 측정과 조사가 이루어져야 한다.

#### 1) 고객관계의 관리

① 인간적 접촉

고객들과 관계를 맺는다는 것은 정서적으로 사업의 동반자를 얻는 것과 유사하다. 이것은 판매과정을 거래마케팅 대신에 관계마케팅으로 취급함으로써 이루어진다. 거래마케팅과 관계마케팅을 흔히 결혼과 결혼생활에 비유한다. 결혼생활의 성공은 결혼식이라는 한번의 관계로 끝나지 않고 그 후에 사랑과 믿음이라는 상호신뢰에 달려있다. 이처럼 외식사업체와 고객들간의 관계도 판매라는 한번의 거래로 끝나지 않고 판매 후에도 관계를 강화함으로서 고객의 다음 선택을 결정짓게 한다. 판매는 결혼생활의 시작에 불과할 뿐이다.

그러면 무엇이 외식사업체를 성공적인 결혼생활로 유도하느냐? 무엇보다도 인간적 접촉이 이루어져야 한다. 외식사업체의 한 사람의 고객을 알기 위해서는 실제적인 친교가 있어야 한다. 고객과의 관계를 잘 맺고 있는 외식사업체들은 인간적 접촉의 가치를 잘 알고 있다. 고객과의 관계는 외식사업체의 가장 중요한 무형자산이다.

② 단골고객 관리 프로그램

이 프로그램은 재구매자들과 지속적으로 관계를 형성할 방법으로 많은 외식사업체들이 실천하고 있다. 예를 들면, 외식체인은 빈번한 방문 고객들에게 부수입을 제공하는 프로그램을 만들 경우 그것은 자주 방문하는 고객들에게 메뉴가격을 인하해

주도록 하는 것이다. 외식사업체는 단골고객 프로그램이 광고이상으로 효과적이고 비용이 적게 소요된다는 것을 발견하였다. 이 프로그램은 외식산업에 하나의 표준이 되고 있다.

이 프로그램은 고객확보면에서 많은 이익을 가져다준다. 한 사람의 고객을 상실할 때마다 외식사업체는 처음에 고객확보를 위해 지불된 투자액을 상실하게 되는 것이다. 조사에 의하면, 새로운 고객의 확보는 현재의 고객을 확보하는 것보다 비용면에서 다섯 배 이상으로 소요된다고 한다.

③ 고객정보의 확보

관계마케팅을 성공적으로 하기 위해서는 고객의 욕구를 만족시키고 고객의 문제를 실제적으로 해결하기 위한 충분한 정보를 가져야 한다. 고객의 입장에서 생각하고 그들을 기쁘게 할 수 있어야 한다. 만일 경쟁업자가 외식상품의 가격을 인하한다면, 그 대신에 무엇으로 고객을 기쁘게 해줄 것인가를 찾아야 한다. 가능하면 모든 고객들에 대한 간단한 파일을 마련할 필요가 있다. 고객의 요구에 대하여 많은 것을 알고 있을 때, 외식사업체들은 고객들에게 "나는 마음을 쓰고 있다"라는 메시지를 전달할 수 있다.

### 2) 가치창조자로서의 인식필요

외식사업체가 당면하는 어려움은 무엇보다도 사람의 관리이다. 외식사업체가 고객에게 초점을 두면 둘수록 조직구조와 종업원들의 태도 습관 등이 고객만족을 가로막는 장벽이 된다. 그런데 문제는 외식사업체들이 외부고객에게는 관심을 기울이는 반면에, 내부고객인 종업원들에게는 그 만큼 관심을 부여해주지 않는데 있다. 대종업원관계와 대고객관계는 대등하고, 이 둘의 관계는 상호 밀접한 관계에 있다. 때문에 외식사업체가 그들의 내부자원을 잘못 관리하면 재정적 손실을 초래할 수도 있는 것이다.

외식사업체내부의 종업원도 외식사업체의 고객이다. 외식상품의 판매는 과정의 연속이기 때문에 과정속의 종업원 모두가 외식사업체의 고객이 된다. 내부고객의 만족이 없이는 외부고객의 만족이 없다. 높은 외식상품의 질과 우수한 서비스의 필요성에 대한 종업원의 인식을 자극할 필요가 있다.

### 3) 서비스 질의 고 수준 유지

고객에게 판매하는 상품의 품질 못지않게 중요한 것은, 종업원들이 고객들에게 보여주는 주의력이나 관심의 질이다. 고객들에 대한 종업원의 관심과 배려가 중요하다.

미국품질관리협회는 상품의 구매에서 중요시하는 요소들을 조사하였다. 그 조사에서 서비스 질에 대해서는 정중함, 신속함, 요구가 만족되고 있다는 기본적 느낌, 그리고 서비스 제공자의 좋은 태도 등의 순서로 언급되었다. 이것은 고객들은 그들이 개인적인 배려와 관심으로 대우받고 있음을 느낄 때 만족을 느낀다고 할 수 있다.

### 4) 가치인식의 측정과 조사

외식사업체의 외식상품에 대한 고객의 요구 또는 기대수준이 얼마이며, 실제로 제공된 외식상품에 대하여 고객들을 그것을 어느 정도로 인식하느냐의 문제는 고객만족에 있어서 중요하다. 고객을 만족시키기 위해서는 외식상품에 대한 고객들의 기대에 잘 부응할 수 있어야 하며, 고객만족으로 성공한 외식사업체들은 그들이 고객의 기대에 어느 정도로 부응하는 가에 대한 평가방법을 가지고 있다.

그 방법이 고객만족도의 측정과 조사이다. 고객만족도 조사는 현재와 미래에 고객들과 외식사업체가 상호작용하는 모든 측면을 관찰한다. 즉 외식상품 제공자와 고객의 관계에 대한 이해를 강조하고, 경쟁외식사업체의 외식상품과 비교하여 자사 외식상품의 고객만족도 평가에 초점을 두고, 종업원이 고객만족도에 어떻게 영향을 미치는 가를 지속적으로 검토해야 한다.

① 성공적인 조사

고객만족도를 성공적으로 조사하려면, 무엇보다도 외식사업체의 목표와 일치하고 최고경영진의 열의와 지지가 있어야 한다. 특히 경영진의 열의는 개인적인 관심이상의 가시적이어야 하며 재정적 지원도 아끼지 말아야 한다. 성공적인 조사를 위해서는 첫째, 외식상품을 제공하는 사람들에 초점을 두지 말고 외식상품에 대한 고객들의 기대와 인식에 초점을 두어야 한다. 제공되는 외식상품이 고객들의 기대와 요구에 얼마나 잘 부응하느냐의 해답은 외식상품을 제공하는 사람들이 아니라 그것을 제공받는 사람들이 갖고 있다. 둘째, 고객만족을 위한 측정도구의 개발과정에서 종업원을 포함시켜야 한다. 왜냐하면 종업원들이 일상적 업무와 밀접한 관계에 있는 항목들을 조사도구로 사용해야 하기 때문이다. 셋째, 고객만족도 조사는 수시로 그리고 적시에 이루어져야 한다. 외식상품에 대한 고객들의 요구는 고정된 것이 아니라 수시로 변화한다. 오늘의 고객만족은 내일의 만족이 아닐 수 있다. 오늘의 고객만족은 어디까지나 경쟁외식사업체의 외식상품이 덜 매력적이기 때문이다. 경쟁외식사업체의 내일의 외식상품이 더 매력적일 수도 있다.

② 조사도구

고객만족의 조사수단은 간단한 고객의견카드에서 심층적인 전화조사, 우편조사, 면접조사, 미스테리 쇼핑(mystery shopping : 조사자가 손님을 가장하여 외식사업체를 찾아가서 그 당시의 경험과 관찰을 보고서로 작성하는 방법)을 비롯하여, 최근에는 비디오 테이프방식과 VIP(Visual Imagery Profiling) 방식이 있다. 비디오 카메라로 외식상품을 구매하는 시점에서 고객반응을 기록한다. 비디오는 보다 솔직하고 자연스러운 반응을 쉽게 포착할 수 있으며 또 없어서는 안 될 진실의 전달자인 바디 랭귀지(body language)을 기록한다. VIP 방식은 글의 의미를 말로 표현하는데 어려움을 느끼는 세대를 위하여 만들어진 도구로서, 고객에게 언어대신에 시각적 영상을 보여줌으로서 그들이 특정 외식사업체를 어떻게 생각하고 있으며, 그 외식사업체의 광고가 효과적으로 전달되는가의 여부를 알아보는 방법이다.

③ 조사항목

조사를 위한 조사, 측정을 위한 측정이 되어서는 안된다. 하지만 고객의 가치인식에 영향을 미칠 수 있는 경영의 모든 측면을 고려하여 그것을 측정하고 조사할 필요가 있다. 조사항목은 외식사업체마다 다르겠지만 일반적으로 중요한 항목들은 다음과 같다.

**표 13-2** 고객의 가치인식 영향항목

| | |
|---|---|
| 상품항목 | 외식상품의 편익<br>외식상품의 특성<br>외식업종사원의 구성<br>고객맞춤형 외식상품 |
| 시간항목 | 대기시간<br>외식상품 제공에 소요된 시간<br>다음번 외식상품 제공까지의 시간 |
| 상호작용항목 | 적시성－고객의 문의에 대응하는 속도<br>외양－깨끗하고 업무에 어울리는 외모<br>공손한 태도－불평불만에 대한 자세<br>순발성－부당한 요구를 처리하는 능력<br>약속에 대한 신뢰성 |

## 제2절 고객관계관리

### 1. 고객관계관리의 의의

#### (1) 고객관계관리의 개념

고객관계관리(Customer Relationship Management: CRM)는 고객과 관련된 외식사업체의 내·외부 자료를 분석, 통합하여 고객특성에 기초한 마케팅활동을 계획하고, 지원하며, 평가하는 과정을 의미한다.

다양한 고객접점을 활용하여 여기서 발생되는 수많은 데이터를 세분화하여 신규고객 획득, 우수고객 유지, 고객가치 증진, 잠재고객 활성화, 평생고객화와 같은 사이클을 통한 고객의 니즈에 초점을 두어 1:1로 실시하는 차별화된 마케팅전략이다.

기존 마케팅이 단발적인 마케팅전술이라면 CRM은 고객과의 지속적인 관계를 유지하면서 '한 번 관계를 맺은 고객은 평생고객'이 될 수 있는 기회를 만들며, 평생고객화를 통해 고객의 가치를 극대화하는 것이다.

즉 현재 외식사업체가 보유하고 있는 고객과 잠재고객에 대한 데이터를 수집, 분석하여 비지니스적인 요구에 맞는 마케팅 정보로 가공하고, 고객 행동을 분석, 예측하기 위하여 고객의 행동 확률을 고객 개인별로 점수화하고, 개별 고객의 점수를 활용하여 동일한 고객군으로 그룹화하여, 분류하고, 고객별, 그룹별로 효과적인 마케팅 프로그램과 전략을 개발, 검증, 구현, 측정 및 수정케 하는 일련의 과정으로서 우리 회사의 고객이 누구인지, 고객이 무엇을 원하는지를 파악하여 고객이 원하는 제품과 서비스를 지속적으로 제공함으로써 고객을 오래 유지시키고 이를 통해 고객의 평생가치를 극대화하여 수익성을 높이는 통합된 고객관계 관리 프로세스, 즉 고객데이터와 정보를 분석, 통합하여 개별 고객의 특성에 기초한 마케팅 활동을 계획, 지원, 평가하는 과정이다.

시장의 개방, 경쟁의 심화, 소비자 욕구의 변화 등에 따른 새로운 시장상황 하에서 외식사업체들은 경쟁의 방법에 고민하지 않으면 안 되게 되었다. 왜냐하면 불특정 다수의 소비자를 향한 광고가 기대치 이상의 효과를 얻기 어려우며 다양한 상품 못지않게 서비스의 질도 향상되어 고객들은 조금만 불만스러운 대접을 받으면 언제든 경쟁자의 상품으로 눈을 돌리게 됨을 인식하였기 때문이다.

다음과 같은 연구결과는 고객관계와 고객만족의 중요성을 뒷받침한다.

- 회사수익의 65%는 만족을 얻는 고객을 통해서 이루어진다.
- 신규고객 획득 소요 비용은 기존 고객에게 지불되는 서비스 비용의 약 5배이다.
- 상위 20%에 해당하는 고객 1인의 매출이 나머지 80%에 해당되는 고객 16명의 매출과 비슷하다.
- 대개의 회사들은 매년 약 15~20% 정도의 고객을 잃는다.
- 고객유지율이 몇 %만 증가해도 25~100%까지의 이윤을 증가시킬 수 있다.

### (2) 고객만족과 CRM

과거 많은 외식사업체들이 고객을 이해하고 만족시키고자 막대한 노력을 기울여 왔다. 이처럼 고객이 고객만족(CS: Customer Satisfaction)을 지향해야 하는 이유는 'Fortune Magazine & Forum Corporation'의 연구를 외식사업체에 적용해 보면 다음과 같이 설명할 수 있다.

- 만족한 고객은 자신이 만족한 외식사업체의 제품이나 서비스에 대한 긍정적인 경험을 평균 5~6명의 다른 사람에게 전달한다고 한다.
- 불만족한 고객은 보통 9~10명에게 자신의 부정적인 경험에 대하여 이야기한다.
- 불만족한 고객 중 외식사업체의 제품 및 서비스에 아주 실망한 고객(10~13%)은 20명의 다른 사람에게 적극적으로 자신의 불만을 얘기한다고 조사되었다.
- 불만족한 고객 중 90%는 회사가 자신의 불만과 고충을 적극적이고 신속하게 해결해 줄 경우, 불만이 없던 고객보다 더 고정적인 고객이 될 수 있다.
- 불만족한 고객의 98%는 해당 외식사업체에는 불평하지 않으며, 조용히 경쟁외식사업체로 옮겨갈 뿐이다.

이러한 이유에도 불구하고 고객만족(CS)경영의 성과는 경영자의 입장에서 보면 그다지 만족스럽지 못한 것으로 나타났다. 고객만족도와 서비스의 질을 다각적으로 측정, 평가하면 숫자상으로는 꾸준하게 향상되고 있다. 그러나 '만족한다'는 고객의 목소리에도 불구하고 '수익성'은 향상되지 않았다.

고객만족도 조사 결과, 기본적인 제품과 서비스에 대한 고객만족도는 기간이 지날수록 외식사업체의 기술향상, 서비스개선, 고객의 학습된 기대 수준 등의 영향으로 점점 증가하였다. 그러나 이에 비하여 해마다 매출이 증가하거나 고객이탈율이 감소하지 않은 것으로 나타났다.

앞서 고객만족경영의 문제점에서 나타났듯이 CS경영은 외식사업체의 수익성으로까지 연결되지 못하였다. 이에 대한 실례로서, 미국 자동차시장의 고객만족도 조사결과, 거의 매번 90%이상의 고객이 만족 또는 매우 만족한다고 응답하였다. 그러나, 이중 동일 회사의 자동차 재구매율은 30% 미만인 것으로 나타났으며, 이탈 고객의 60~80%가 이탈 직전까지도 상품에 대한 만족도를 나타낸 것으로 조사되었다. 따라서 고객만족과 고객이탈은 상관관계를 규정하기가 어렵다고 할 수 있다. 즉, 고객만족은 고객의 재구매를 보장하지 못하며, 이에 따라 상품력에 의한 차별화 인식에 한계가 있음을 드러내고 있다.

결과적으로 고객관리는 고객의 태도(만족도)에서 그치는 것이 아니라 고객의 행동(재구매)을 유발하고, 나아가 매매(거래)관계를 넘어선 지속적인 정서적 관계까지 형성해야 할 필요가 있다, 즉, 고객과의 지속적인 관계 유지를 통해 고객충성도(로열티)를 확보함으로써, 고객 및 외식사업체의 가치를 극대화하기 위해 CRM의 구축이 필요하다.

### (3) CRM의 목적과 실행단계

CRM을 통해 달성하려는 목적은 여러 방향으로 설명할 수 있다. 하지만, 기본적으로 CRM의 목적은 신규고객의 유치에서부터 시작하는 고객과의 거래 관계를 고객의 전생애에 걸쳐 유지하고, 제고해 나가면서 장기적으로 고객의 수익성을 극대화하고자 하는 것이다. 좀더 구체적으로 말하면 새로운 고객과의 거래를 시작한 후, 다양한 마케팅 활동을 전개하여 그 고객과의 관계를 강화시켜 평생고객으로 발전하고자 하는 것이다.

지속적인 고객과의 거래 관계를 통해 얻을 수 있는 장기적인 이윤을 극대화하려는 것이 CRM이 추구하는 근본 목적이라고 할 수 있겠다. CRM의 전체 구도를 가시화한 것으로 개별고객의 생애에 따라 크게 세 단계로 나누어 보았다. 구체적으로 단계별 목표를 설명하면 다음과 같다.

1) 첫 단계는 신규고객과의 처음 거래가 이루어지는 고객관계구축 단계이다.

이 단계는 고객이 될 만한 후보를 찾아 신규고객으로 획득하는 일이다. 여기에서는 아무 고객이나 무차별적으로 접근하기보다는 우량고객을 닮은 고객들을 선별하여 적절한 접근방법과 유인을 통해 그들과 새로운 거래 관계를 형성함으로써 신규고객을 유치하는 것이 바람직하다.

2) 두 번째 단계는 일단 거래를 시작한 고객이 구매의 반복과 거래의 폭을 늘리면

서 고객관계를 유지하는 단계이다.

첫 번째 단계에서 고객의 엄격한 선별을 통한 접근이 필요한 이유는, 다음 단계로 이어지는 고객유지가 바로 신규고객 획득에서 시작되기 때문이다. 즉, 로열티를 축적할 수 있는 고객을 선별하는 과정이 고객이탈율을 줄이고, 이탈된 고객을 다시 되돌아오게 하는 데 드는 비용을 줄여 성공적인 결과를 가져올 수 있기 때문이다. 두 번째 단계는 일단 획득한 신규고객이 반복해서 거래하도록 고객과의 관계를 강화하면서 고객을 유지하는 단계이다. 따라서 외식사업체는 고객과 첫 거래가 시작된 후, 여러 가지 서비스나 보상적인 유인을 통해 우선 매출액과 방문횟수를 늘리도록 유도하여 고객과의 관계를 강화해 나가야 할 것이다.

3) 세 번째 단계는 거래 관계가 최대한으로 확장되면서 평생고객이 되도록 하는 평생고객 단계이다.

이 단계는 평생고객 개념으로의 확장 단계이다. 외식사업체는 방문고객과 관계를 최대한으로 확장하여 고객의 로열티를 제고하는 것이다. 이를 통해 고객은 평생고객 또는 동반자 관계로 발전되어 간다.

이렇게 관계가 강화된 고객들은 그 외식사업체와의 깊어진 관계로 다른 외식사업체로 옮겨가기에는 희생비용이 크므로, 이 외식사업체와 평생 파트너가 된다. 이 단계에 접어들면 심화된 거래 관계로 고객의 로열티가 높아지게 되고 이 외식사업체의 옹호자가 되어 새로운 고객을 데려오기도 한다. 또한 오랜 기간 동안의 거래로 인해서 받는 많은 혜택 때문에, 고객은 보통 그 외식사업체와의 거래에 드는 비용이나 가격에 대해 민감성(price sensitivity)도 낮아지기 마련이다. 이런 평생고객으로부터 얻는 외식사업체의 혜택도 더욱 늘어나게 된다.

그러므로 세 번째 단계에서의 CRM은 추가적인 수익의 증진은 물론 가격변동을 통해 고객의 총거래 가치를 높일 수 있고, 고정 거래비용을 줄일 수 있으며, 뿐만 아니라 신규고객 획득에 드는 비용도 절감하여 고객 수익성을 극대화해 나갈 수 있다. 이 단계의 고객 수익성은 업종이나 시장에 따라서는 계속 가파른 증가를 보일 수도 있다.

CRM의 핵심업무 및 단계는 고객획득과 고객유지, 고객관계강화이다. CRM의 핵심 업무기능별 CRM과제를 마케팅, 영업, 서비스분야로 나누어 분석해 보면 다음과 같다.

**표 13-3** 업무기능별 CRM과제

| 구 분 | 마케팅 | 영 업 | 서비스 |
|---|---|---|---|
| 고객획득 | • 목표고객설정<br>• 고객맞춤제안<br>• 마케팅믹스전략도입 | • 영업생산성제고 | • 영업 후 서비스 제공<br>• 구매 후 불만족 제거<br>• 감사연락 |
| 고객유지 | • 우수고객이탈방지<br>• 하향이동 감소 | • 교차판매(cross selling)<br>• 상향판매(up selling)<br>• 이탈고객 재유치 (win back) | • 채널이동<br>• 고객의 소리 관리<br>• 고객서비스 차별화 |
| 고객관계강화 | • 구매활성화<br>• 상향이동 제고 | • 프리미엄(premium) 가격전략 | • 로열티 프로그램 |

## 2. 전략적 고객관리

고객만들기는 고객에게 양적·질적으로 지속적인 만족감을 주어 외식사업체의 안정적인 성장을 지속하는 활동이다. 즉, 신규고객을 개발하여 고정고객을 확보하고, 충성고객을 만드는 것이다. 고객은 항상 변화한다. 따라서 외식사업체는 고객정보를 체계적·효율적으로 관리하여 그것을 판매활동에 연결하는 노하우를 개발하는 것이 고객관리의 기본이 된다.

고객관계관리를 잘하기 위해서는 기존의 점포경영의 기본체계를 변화해야 한다. CRM경영을 통해 변화하는 것을 영역별로 살펴보면 다음과 같다.

**표 13-4** 점포의 기존 경영과 CRM 경영의 비교

| 구 분 | 기존 경영 | CRM 경영 |
|---|---|---|
| 경영전략 | 시장(고객)점유율 확대전략 | 로열티고객 확보전략 |
| 운영시스템 | 상품중심의 통합시스템<br>• POS시스템<br>• 단품관리시스템<br>• ECR, SCM, ERP 등 | 고객관계관리 통합시스템<br>• 회원고객데이터시스템<br>• 구매정보데이터시스템<br>• 판촉반응데이터시스템 등 |
| 라이프사이클관점 | 도입기와 성장기 전략<br>• 양적성장 중심<br>• 신규고객 창출과 고객유지중점 | 성숙기와 제2의 성장기 전략<br>• 질적 성장중심<br>• 신규고객보다 고객유지와 고객관계강화에 중점 |

자료: 고창룡, 전게서,2010,p.237.

고객관리는 고객에 대한 사전서비스(Before service), 접점서비스(In service)나 사후서비스(After service)를 강화하여 외식사업체의 대고객관계를 우호적이고 호의적으로 형성하기 위한 과정이다. 종래에는 고객서비스가 고객의 문제나 불만에 대한 단순한 반응으로 보았으나, 오늘날에는 생산효율성과 고객만족이라는 두 차원에서 보게 되었다. 따라서 고객서비스는 예외적인 것이 아니라 일상적으로 고객과 접촉하는 모든 업무(Total service)가 포함된다.

## (1) 구매전 고객관리

### 1) 고객기대의 관리

고객들이 기대하는 외식상품 질의 수준은 그들의 기대에 의하여 결정된다. 비행기 여행의 경우, 특등석 승객들은 항공사가 특전을 부여하기로 약속한 사람들이기 때문에, 그들은 더욱 안락한 의자와 더 좋은 메뉴의 선택을 기대할 것이다. 제공되는 서비스가 그들의 기대에 못 미칠 경우 그들은 불평을 하게 된다. 따라서 고객들의 기대는 관리할 필요가 있다. 그런데 역설적으로 대개의 고객들은 그들이 구매하는 서비스에서 무엇을 기대하는지 모르는 경우가 많다. 다음과 같은 방법으로 고객들의 기대를 관리할 수 있다.

① 고객이 지불 가능한 비용의 범위를 알린다.
② 해당서비스를 이용함으로서 얻을 수 있는 효과 부작용을 함께 알린다.
③ 어떤 경우에 어떤 서비스의 이용이 가능한지를 알린다.
④ 고객들에게 무엇을 기대해야 하는가를 분명히 밝힌다. 그렇지 않으면 고객들은 제공되는 서비스 질이 좋다고 생각하지 않게 된다.
⑤ 서비스 질에 대하여 책임을 지는 회사의 내부과정을 고객들에게 설명한다. 그러면 고객들은 기업이 자신들을 위해 일하고 있음을 보다 확실하게 인정하게 된다.
⑥ 고객이상으로 그들의 요구를 잘 알고 있어야 하고, 고객이 원하는 것을 외식사업체나 종업원이 가지고 있음을 전해야 한다.

한편, 고객들에게 인식되는 서비스 질을 높이는데 도움을 주는 요소들은 다음과 같다.

① 고객의 문의에 대한 신속한 응답
② 요구하는 정보에 대한 구매자의 접근용이성

③ 구매자의 상호작용에 대한 배려
④ 서비스 직원의 유능함
⑤ 구매자들의 명료한 의사소통

#### 2) 인적정보원의 활용

외식상품의 구매에서 소비자들은 가족 친지 이웃의 권고, 과거이용경험 등을 통하여 수집된 정보를 가지고 외식사업체를 선정한다. 이를 위하여 외식사업체는 적어도 다음의 노력이 필요하다.

① 만족을 느낀 고객으로 하여금 잠재고객에게 이를 알려주도록 한다.
② 잠재고객이 기존고객과 접촉할 수 있는 연결고리를 마련해준다.
③ 의견선도자(opinion leader)에 대한 캠페인을 강화한다.

### (2) 구매 후 고객관리

#### 1) 불평고객의 관리

고객만족에 있어서 고객의 불평은 중요하다. 외식사업체들은 고객들의 불평을 귀찮게 여길 수 있다. 하지만 외식사업체들은 이들을 오히려 반갑게 여겨야 한다. 대부분의 고객들은 불만을 느끼면서도 그것을 표현하지 않는 것을 감안하면, 불평하는 고객이야 말로 외식사업체의 수호신이라 할 수 있다.

고객들이 불평을 한다는 것은 외식사업체에 대하여 애정을 가지고 있는 것이므로, 이들의 소리에 귀를 기울여야 한다. 고객들의 불평 불만의 소리는 적절한 사람이 청취하여야 한다. 상품지식이 풍부한 일정수준의 사람이 청취해야 하고, 소비자의 심리를 잘 이해할 수 있는 사람이 청취하는 게 바람직하다.

고객만족의 실현을 위해 많은 외식사업체들이 고객들의 불만을 효율적으로 대응하려고 한다. 고객불만에 대응하는 일반적인 방법은 다음과 같다.

① 모든 불만은 접수한 즉시 바로 기록한다.
② 불만을 접수한 즉시 당사자에게 어떻게 처리되는가를 통보한다.
③ 불만에 적극적으로 대응한다.
④ 불만과 관련있는 부문과 담당자에게 즉각 통보하고 그들의 대응방식을 감시한다.
⑤ 사전에 예방조처를 취한다.

하지만, 아직도 외식사업체들이 고객 불평처리에 대하여 신경질적 반응을 보이고 고객들을 실제로 지치게 만드는 경우가 있다. 외식사업체들의 방어적 태도는 다음과 같다.

① 성가시게 복잡한 불만처리 과정
② 반환이나 보수를 늦게 처리하거나 마지못하여 하는 것
③ 수많은 예외규정을 가진 보증제도
④ 적대적 태도로 고객의 불만을 처리하는 것
⑤ 제품이나 서비스가 필요로 하는 변화들이 지연되는 것

### 2) 서비스 보증 및 보상제도

외식업계에서도 서비스 보증이 실시되고 있다. 아직은 제조업체처럼 활성화되지는 않았지만, 외식시장의 경쟁심화는 고객만족을 고객관계의 형성에 노력하도록 하고 있다. 서비스 보증은 서비스 질을 보증하는 일환으로 실시되고 있다. 서비스 질의 보증이란 소비자의 불평, 불만을 유발하지 않는 서비스를 장기적으로 제공하도록 하여 고객만족을 통한 대고객 신뢰관계를 형성하는 것을 의미한다. 서비스 보증은 곧 서비스 질의 보증인 것이다.

예를 들면, 외식사업체의 대기시간 내지 배달시간에 대한 약속과 그것에 대한 보상으로 서비스 보증을 실시하고 있다. 시간을 아끼는 것은 돈을 절약하는 것과 같다. 헛되이 시간을 보내지 말고 유익하게 사용하자는 '時태크'가 확산되고 있다. 외식사업체는 일정시간이상을 대기할 경우 서비스의 가격을 할인해주는 등의 경우이다.

이러한 대기시간에 대한 보상은 과거에는 생각할 수 없었다. 무한경쟁시대에 접어들면서 고객만족이 없이는 외식사업체의 생존이 어렵다는 것을 잘 알기 때문이다. 서비스 보증이 성공을 거두기 위해서는 먼저 보증의 내용이 무조건적이고 명확하여야 한다. 어떠한 단서 조항이 붙거나 환불절차가 까다로우면 보증의 효과가 없어진다. 또한 보증의 내용이 이해하기 쉬워야 한다. 예를 들어, 막연히 신속한 배달 서비스보다는 '5분 이내 서비스의 제공' 또는 '30분 내의 배달'의 경우처럼 메시지가 분명히 전달될 수 있어야 한다.

## 3. 고객관계관리를 위한 커뮤니케이션방법

커뮤니케이션은 고객관계관리의 중요한 요소이다. 고객의 만족도를 높이기 위한 접객벤트 즉, 커뮤니케이션 방법을 살펴보면 다음과 같다.

### (1) 출입구를 활용한 커뮤니케이션 방법

매장 밖에 오늘의 추천메뉴를 공지해 놓을 경우 소비자는 매장을 지나가다가 이 메뉴를 보고 들어오는 경우가 많다.

고객이 매장 입구를 들어서면, 고객이 많이 찾는 메뉴리스트가 한눈에 보여야 한다. 메뉴이름만 있고, 가격이 없는 메뉴판이라던가, 도대체 무엇을 먹어야 할지 결정하지 못할 정도의 복잡한 메뉴리스트는 문제가 많다. 매장 입구에서 종업원의 안내를 받아서 자리배정을 받기까지 약 30~40초가 소요가 된다. 이 시간 안에 인기있는 메뉴리스트를 기억하면서, 오늘 무엇을 먹을 것인지 생각할 수 있도록 해 주어야 한다. 이는 메뉴결정시간단축으로 고객과 영업주 모두에게 도움이 된다.

### (2) 화장실을 활용한 커뮤니케이션 방법

남여 화장실을 이용하는 고객의 눈높이에 매장의 운영방침이나 이달의 우수 직원 등의 매장정보를 알려주고, 고객의 불만이나 의견을 들을 수 있는 고객 불만을 적을 수 있는 엽서나 낙서장을 비치한다. 화장실을 이용하면서도 가게가 고객을 배려한다는 느낌을 받을 수 있을 것이다. 그리고 여성 고객들을 배려하여 여성용품이 급하게 필요하신 분은 프론트에 와서 말씀해주세요~, 저희가 정성껏 준비해 드리겠습니다~ 라는 말이라도 적어놓으면, 영업점의 따듯한 배려에 한번 더 감동할 것이다.

### (3) 테이블을 활용한 커뮤니케이션 방법

테이블은 공급자와 소비자의 가장 중요한 연결장소이다. 이러한 테이블에 신메뉴, 이벤트뿐만 아니라, 고객을 생각하는 예쁜 문구라도 올려놓는다면 고객이 점포의 정보를 자연스럽게 획득할 수 있을 것이다.

### (4) 직원 유니폼을 활용한 커뮤니케이션 방법

직원 유니폼은 그 매장의 색깔을 보여줄 수 있는 가장 중요한 커뮤니케이션 방법이다. 일단 매장을 이미지를 잘 나타낼 수 있도록 유니폼을 맞추고, 유니폼에 매장 로고, 매장의 사명(고객님을 최우선으로 생각합니다 등)을 새겨 넣으면, 점포안내판 역할을 할 수 있을 것이다.

또한 고객과 영업점의 공감대를 형성하기 위해 고객의 앞치마에도 비슷한 로고를 적어 넣는 것도 도움이 될 것이다.

### (5) 추첨을 통한 커뮤니케이션 방법

매장 앞에 추첨함을 비치하여, 다녀간 고객들의 명함을 놓게 한다. 이 중 몇 분들에게 무작위로 전화를 돌려, 매장평가를 부탁하고 성실하게 답변해주신 고객에게는 식사를 공짜로 제공하거나 소정의 선물을 제공한다면, 고객들의 마음도 듣고, 고객들의 개인정보를 자연스럽게 획득할 수 있을 것이다.

위에 명시한 커뮤니케이션 방법은 매우 일부분에 지나지 않는다. 간판, 인테리어, 계단, 복도, 판촉물, 문자서비스 등의 많은 방법이 있다.

### (6) 종업원의 서비스마인드를 통한 커뮤니케이션 방법

고객의 만족을 위해 노력하는 것, 예를 들면, 어떤 한 유명 매장은 손님이 젓가락을 떨어뜨리는 소리만 듣고도 손님이 부르기 전에 젓가락을 갖다 주는 것도 서비스마인드의 좋은 사례이다.

**표 13-5** 종업원의 서비스마인드를 통한 고객관계관리 사례

단골고객을 만드는 것은 쉬운 일이 아니다. 단골고객을 만들기 위해서는 불만만을 해결하면 좋다는 것이 아니라 만족을 창조해야 한다는 것이다. 예를 들면, 음식점에서는 적절한 operation, recognition, anticipation이 필요하다.

- 단골고객은 자기만을 위한 서비스를 좋아한다. 자기가 좋아하는 자리에 안내해 주는 것을 원하고 자기가 좋아하는 요리를 말이 없더라도 알아서 해결해주는 서비스를 좋아한다(recognition : 인지).
- 자기가 지금 손을 닦고 싶은지, 음료수를 마시고 싶은지, 디저트를 먹고 싶은지, 추운지, 더운지, 말이 없더라도 해결해 주는 서비스를 좋아한다(anticipation : 기대).
- 요리가 적절하게 제공되어야 고객은 기쁨을 느낀다(operation : 실행).

# 제14장 길거리음식과 배달전문점 창업경영

## 제1절 길거리음식 창업경영

### 1. 길거리음식 창업의 의의

#### (1) 개념

길거리 사업(road business)은 상품의 상거래가 일정한 형태의 점포가 아닌 길거리에서 이루어지는 사업을 말한다. 역세권 인근 및 재래시장, 유원지, 학교 앞 등 도로가 형성된 곳이면 어느 곳에서나 로드비즈니스가 존재한다. 길거리 사업에서 유통되는 아이템은 다양하며 경제에 차지하는 총량 역시 큰 규모이다. 최근 길거리 경제로 통하는 로드비즈니스 창업(노점 창업)은 새로운 소자본 창업문화를 형성하고 있으며 유지비와 임대료가 없는 사업희망자의 소자본 창업의 출발점이다. 길거리사업은 최소의 창업자금, 쉬운 품목전환, 빠른 현금회전, 기동성 등 많은 장점을 지니고 있다.

자투리 공간을 활용하거나 고객들이 많은 곳을 찾아서 이동식 가설매장을 설치한 후에 창업하는 것을 말하는데, 주로 이동식 차량이나 가설 매장을 이용한다.

또한 길거리음식 창업의 한 형태인 게릴라형 창업은 대단위 아파트 단지, 할인점 등 대형유통센터 및 놀이공원, 대단위 위락 단지를 중심으로 성행하고 있다.

### (2) 종류

1) 숍인숍형 길거리창업: 다른 점포 밖에 가설 매장을 설치하여 창업하는 것을 말하는데, 수익금의 일정 비율을 점포주에게 준다.

2) 고정형 길거리창업: 독립된 장소에서 이동하지 않고 창업하는 형태를 말한다.

3) 이동형 길거리창업: 차량을 이용하거나 이동하면서 창업하는 형태를 말한다.

### (3) 장점

1) 게릴라형 창업은 큰 자본이나 넓은 장소가 없어도 가능하다. 즉, 주로 자투리 공간에 창업이 가능하며, 틈새시장을 공략할 수 있다는 장점이 있다.

2) 게릴라형 창업은 고정 시설물이나 정규 매장이 필요하지 않기 때문에 소규모 투자로도 시작할 수 있다. 임시 매장인 만큼 이동이 자유로워 계절별, 요일별 또는 시간대별로 고객이 많은 곳을 찾아다니면서 탄력적인 영업전략을 펼 수도 있다.

### (4) 성공포인트

1) 게릴라형 창업은 유동인구가 많은지와 입지선정이 성공의 중요한 포인트이다.

2) 게릴라형 업종들은 기존 매장의 틈새 분야를 공략하는 것이 좋다.

3) 판매한 제품에 대한 A/S를 어떻게 할 것인가에 대해 생각해야 한다.

### (5) 문제

길거리음식의 대표적인 메뉴는 떡볶이, 비빔밥, 김치, 막걸리, 갈비 등과 함께 한국인들이 가장 좋아하고, 많은 외국인들의 관심을 받고 있는 메뉴로 정부와 여러 외식산업 분야에서 세계화시키기 위해 한식 수출 주력식품으로 선정하여 노력하고 있다.

이는 다른 분식 메뉴와 함께 한국 음식의 새로운 방향과 가능성을 나타 내준다.

길거리음식이 제대로 된 대접을 받기 위해서는 다음의 문제를 해결해야 한다.

#### 1) 위생성의 문제

닭꼬치, 떡꼬치, 순대, 떡볶이 등은 먹는 사람은 그저 '맛있다'고만 느낄지 모르지만 그 안에 설탕과 같은 조미료가 많이 들어있다면 건강을 해칠 염려가 있기 때문에 요즘같이 웰빙을 중요시여기고, 많은 돈을 지불하고도 웰빙푸드를 기꺼이 구매하려는 트렌드가 대세인 지금에는 이러한 위생성의 문제을 해결해야 한다.

### 2) 전문성의 문제

길거리의 포차에서 먹는 음식은 단 한 가지 종류뿐이다. 즉, 각각의 메뉴의 맛이 심히 획일화되어 골라먹는 재미가 없다. 라면, 김밥, 오뎅을 같이 판매하는 분식집에서는 그에 비해 많은 메뉴가 있지만 다 만들어진 떡볶이 위에 치즈가루를 조금 뿌려 나오는 치즈떡볶이, 떡볶이에 라면사리가 첨가된 라볶이 정도만이 있다.

그래서 이처럼 세분화되지 않은 메뉴, 그리고 전문적으로 만들어지지 않은 메뉴, 입맛이 다른 각각의 다양한 사람들의 입맛 만족시키기에는 미흡하다.

### 3) 편의성의 문제

길거리에 서서 또는 좁은 공간에서 먹어서 생기는 불편함 등을 꼽을 수 있다. 마음 편히 먹을 수 없을까? 이런 점에서 편의성에 문제가 있다. 돌파구로 테이크아웃을 전략적으로 개발할 필요가 있다.

## 2. 길거리음식 창업의 아이템과 자리선정

길거리 창업이란, 말 그대로 일정한 형태의 점포가 아닌 길거리에서 상품의 거래가 이루어지는 사업을 말한다. 붕어빵, 꼬치 등 아이템만 해도 수백 가지에 이른다. 길거리 창업은 원칙적으로 불법 영업이다. 일부 길거리음식 창업자는 지자체의 허가를 받아 영업을 하고 있지만 그 외에는 무허가로 자리를 내고 장사를 하는 경우가 대부분이다. 따라서 항상 이동성을 고려해야 한다. 하지만 한 곳에 오랫동안 자리를 잡을 수 있으면 장기간 영업을 할 수도 있다.

토스트, 원두커피 등은 차량을 이용해 직접 조리 판매함으로써 언제라도 이동할 수 있는 장점이 있다. 붕어빵, 오뎅, 포장마차 등 일반적인 노점상은 손수레에 조리대 등을 부착하여 판매하는 형태로, 자리만 잘 잡으면 단골 고객을 확보할 수 있고 장기간 영업도 가능하다.

길거리 창업을 준비하는 예비창업자들이 당면하는 가장 큰 고민은 '어떤 아이템을 가지고 어디에서 장사를 해야 할 것인가'에 대한 것이다.

길거리 창업의 아이템 선정은 매출과 직접 연관되는 가장 중요한 사항으로, 자신이 취미를 갖고 있는 분야의 제품을 선택하는 것이 가장 좋은 방법이다.

### (1) 창업아이템 선택

노점형태는 크게 차량형, 리어카형, 좌판형으로 구분할 수 있다. 차량형은 차량을 이용, 매출이 높은 곳으로 기동성 있게 움직일 수 있다는 것이 최대 강점이다. 야채, 과일, 생선, 반찬거리 등을 대형도매상가에서 구입하여 동네 골목을 누비며 판다. 리어카형은 단거리 이동용으로 대부분 동일한 장소에서 붙박이식으로 장사를 한다. 주로 어묵, 붕어빵, 포장마차 등 전통적인 노점업이 많다. 좌판형은 규모가 작은 번개식 노점상들. 주로 덤핑처리용 생활잡화나 의류, 장난감, 문구, 액세서리, 주방용품 등을 판다. 따라서 개인의 자금여력 및 생활환경, 적성 등을 고려하여 아이템을 결정해야 한다.

### (2) 입지선정

길거리 사업 역시 좋은 입지선정은 중요하다. 적합한 입지의 요건을 살펴보면 다음과 같다.

#### 1) 유동인구 밀집지역

길거리사업의 취급아이템은 박리다매형 상품이 대다수이기 때문에 꾸준한 판매가 이루어져야 한다. 따라서 유동인구의 흐름이 많으며 끊임이 없는 입지가 상대적으로 유리하다.

#### 2) 배후세력의 적합성 여부

사업 입지를 선정할 때 확인해야 할 배후지역은 점포의 상권 안에 거주하고 있는 영업대상층의 범위이다. 배후지역에 대한 조사하는 항목은 지역주민의 소득수준, 인구수 및 세대수, 주거형태, 연령별 인구수, 소비형태, 직업분포, 교육정도 등이다.

#### 3) 역세권 지역

대중교통밀집지역은 지하철역이나 버스정류장, 시외버스터미널과 같은 지역으로서 통행 인구수가 많다 보니 점포사업 매출에 큰 영향을 미치는데 이를 역세권이라고 한다. 역세권 주위에서 입지를 고를 때 유의해야 할 점은 무엇보다도 교통수단의 이용계층이 주로 움직이는 방향을 파악해서 고객이 이동하는 동선을 고려하여 사업 후보지를 구해야 한다.

#### 4) 경쟁 상대자가 적은 지역

상권과 입지가 좋다고 해도 이미 그 상권에 자신이 하려는 업종이 많다면 철저한 시장분석을 해야 한다. 특히 경쟁점 조사를 통하여 상권 내에 출점이 가능한지, 불가능한지를 평가하고, 출점이 가능하다면 경쟁점과의 차별화 할 수 있는 방법을 모색해야 한다.

## 3. 길거리음식 창업 성공비결

### (1) 특화된 상품으로 승부

사람들이 많이 모이는 곳에서 장사를 하기 위해서는 특화된 상품은 필수. 여러 개의 상점에서 같은 제품을 판다면 아무리 유동인구가 많아도 매출이 떨어지는 것은 당연하다. 남들이 따라하기 힘든 상품을 개발해 판매한다면 다른 상인들이 모방을 한다고 하더라도 선점효과를 누릴 수 있다. 자신만의 소스를 개발해 성공하는 음식장사 노점들이 여기에 해당한다.

### (2) 시장조사 철저히

자신이 장사를 하고자 하는 곳이 어떤 곳인지 먼저 파악하고 있어야 정확한 전략을 세울 수 있다. 최소 한 달 이상의 기간을 두고 면밀히 주변상권을 파악해야 한다. 어떤 사람들이 주로 다니며, 자신이 하고자 하는 장사를 먼저 하고 있는 사람은 없는지 등을 충분히 검토하는 것이 필요하다.

### (3) 가격은 저렴하게

길에서 파는 물건은 기본적으로 '박리다매'여야 한다. 길에서 파는 물건이 사람들에게 갖는 첫 번째 이점은 '저렴한 가격'임을 항상 명심해야 한다. 제품 자체가 아무리 좋아도 가격이 높다면 사람들은 거들떠보지도 않는다. 일반적으로 먹는 장사는 3,000원 미만인 경우가 많다. 장소에 따라서 다양한 가격층을 형성하는 것도 고려해 볼만하다.

### (4) 웃는 얼굴은 기본

번화가의 노점은 일수록 비슷한 품목을 파는 사람들이 모여 있게 마련이다. 제품력 다음으로 사람들은 상인의 인상을 중요하게 여긴다. 손님들은 같은 값이면 웃는 상인의 물건을 산다. 고객친화적인 미소는 매출로 보상받게 돼 있다.

### (5) 단골손님을 꼭 기억하라

관광객을 제외한 손님들은 장사하는 지역을 자주 지나는 경우가 대부분이다. 같은 곳을 또 찾았을 때 주인이 기억해 준다면 손님은 고맙게 여긴다. 손님의 이름과 직업, 취향 등을 파악하고 있다면 더 바랄 것이 없다. 단골손님들은 특히 주변 사람을 데려와 새로운 매출로 연결시켜주는 경우가 많다.

### (6) 일정한 장소에서 장사하라

'어디에 가면 누가 있다'는 것을 손님들이 인식할 수 있도록 되도록이면 같은 자리를 고수해야 한다. 포장마차나 리어카형 매대의 경우에는 아침에 좀 더 일찍 나가고 저녁에 더 늦게 들어오는 식으로 주변 상인들에게 '내 자리'를 인식시켜 주는 것이 필요하다. 조금 더 부지런하면 안정적으로 장사할 수 있다는 것을 명심해야 한다.

### (7) 손님을 칭찬하라

손님을 기분 좋게 만들어 준다면 장사의 절반은 성공했다고 해도 과언이 아니다. 음식 장사의 경우에도 손님을 칭찬하는 것이 필요하다.

### (8) 덤을 줘라

'한국적 문화'라고 불리는 덤은 길거리 장사에서 특히 큰 힘을 발휘한다. 가격 체계 자체를 덤이 들어가도록 짠다면 손님을 더 많이 모을 수 있다. 여러 개를 사면 가격은 더 저렴하다는 인식을 고객들에게 심어줘라. 마진이 박한 제품이 많기 때문에 손님들의 객단가를 높여야만 성공할 수 있다.

### (9) 주변을 깨끗하게 정리

길거리라고 해서 더러운 것을 좋아하는 사람은 없다. 자기 상점 주변은 자기 땅이라고 생각하고 깨끗이 해야 사람들이 모인다. 특히 먹거리를 파는 상점의 경우 주변을 철저하게 청소하고 자신의 쓰레기들도 처리할 수 있는 공간을 충분히 확보해야 한다.

### (10) 커뮤니티를 활용하라

인터넷을 찾아보면 길거리 창업자들의 커뮤니티를 여러 개 찾을 수 있다. 자신의 정보를 어느 정도 제공할 생각으로 가입한다면 큰 도움을 받을 수 있다. 어느 동네에서 어떤 제품이 잘 되는지, 새로 나온 아이템은 어떤 것이 있는지, 어디 가면 물건을 싸게 공급받을 수 있는지 등을 쉽게 알 수 있다.

### (11) 여성용 외식메뉴를 가지고 시작하라

길거리에서 제품을 사는 성별은 절대 여자다. 물론 남자도 구매를 하지만 절대다수는 여성이라고 생각하면 된다. 따라서 여성들이 좋아하고 구매할 수 있는 외식메뉴로 구성하는 것은 매우 중요하다.

### (12) 청소년과 어린아이의 호기심을 유발하라

길거리음식의 주요고객은 청소년과 어린아이이다. 따라서 청소년과 아이들의 눈을 유혹하기 쉬운 상품을 판매하는 것도 좋은 방법이 될 것이다.

### (13) 일명 '다다구리' 연습을 매일하라

물건 앞으로 고객이 지나가는데 멍하니 있으면 고객들은 절대 구매하지 않는다.

무조건 떠들어야 한다. 예를 들어 슈퍼나 백화점에 가면 음악을 틀어놓는 이치와 같다.

소리가 나면 사람은 자연히 머리를 살짝 돌려 쳐다보기 마련이다.

### (14) 멘트를 잘하라

멘트는 장사꾼의 기본이다. 무엇보다 애드리브가 강해야 한다. 스토리텔링을 개발해야 한다. 어느 순간 손님의 물음에 꽉 막힐 때가 있다. 적당한 유머와 위트는 상인의 기본 무기이고 이를 통해 고객을 붙잡을 수 있다.

### (15) 인사를 깍듯이 하라

인사는 판매자가 가진 예술이다. '굿모닝', '어서오세요' 등 어떠한 인사라도 정중하게 해야 한다. '좋은 하루되세요', '행복하세요', '부자되세요'라는 인사도 듣는 이로 하여금 무척이나 반가움을 느끼게 하는 인사 방법이다.

### (16) 복장을 단정히 하라

복장은 판매자가 갖추어야 할 손님에 대한 예의이다. 노점상은 보통 면바지 티셔츠를 입는 게 보통인데 이것은 고정관념이다. 넥타이 매고 노점에서 판매하는 사람을 본다면 조금은 마음가짐이 남들보다는 다르다는 것을 알 수 있다. 가령 가격이 비싼 물건을 판다거나, 또는 성공한 노점은 꼭 넥타이나 유니폼을 입고 판매한다는 것을 상기하여야 한다. 그것은 그들만의 노하우이다. 성공하기 위해서는 남들과 달라야 된다.

### (17) 매일 빠짐없이 매출을 기록하라

일일 매출을 기록하는 것은 기본적인 것이면서 매우 중요한 일이다. 하루하루 자신이 판매한 금액을 보면 더 나은 매출을 계획할 수 있다.

## 제2절 배달전문점 창업경영

### 1. 배달전문점의 의의

오늘날 외식산업은 다양화, 복합화, 간편화의 형태로 변화 발전되고 있고, 특히 라이프스타일의 변화와 소비자의 욕구의 다양화, 체험과 감성의 욕구가 증대되는 등 소비의 패턴이 브랜드가 갖는 이미지와 상징을 체험하고 구매하는 것으로 변화하고 있다. 이러한 마케팅환경변화에 따라 음식배달전문점의 발달도 활성화 되고 있다. 특히 점포중심의 시장점유율이 높은 음식점도 음식배달전문점의 중요성을 인식하고 이를 독립적 또는 보완적으로 운영하려는 움직임이 본격화되고 있다.

음식배달전문점이란 조리된 음식, 혹은 식재료를 가정이나 사무실, 음식점 외부로 고객이 원하는 장소로 이동시켜주는 서비스형태이다. 또한 한식, 일식, 양식, 중식, 분식을 하는 업태에서 배달을 병행할 경우 배달의 포지션이 그 점포의 매출액을 50% 이상을 차지할 경우도 배달전문점이라 할 수 있다.

음식배달전문점은 고객을 단골로 만드는 행위이다. 따라서 음식배달전문점은 판매자의 일방적인 행동이 아닌 고객과의 커뮤니케이션이 동반된 것이어야 한다. 즉, 신규고객을 단골로 만들어 음식배달전문점의 가치를 향상시키는 것이다. 음식배달전문점은 소비자의 음식점유형에서 높은 선호로 나타나고 있다. 또한 음식점선정기준도 맛, 분위기와 더불어 지명도(브랜드이미지)가 높게 나타나고 있고, 특히 소비자의 브랜드이미지 정보원천실태에 따르면 구전에 의해 87.9%로 매우 높게 나타나고 있다.

따라서 음식배달전문점은 고객의 입소문 즉 구전마케팅에 대한 중요성을 인식해야 한다. 이전에 음식배달전문점은 쿠폰이나 할인혜택을 통해 주요 판매촉진활동으로 활용했지만 현실적인 성과에서는 효과가 매우 낮은 것으로 나타나고 있다. 지속적인 브랜드이미지관리 차원에서 체계적이고 효과적인 광고와 홍보를 운영하고 신제품 출시 시점이나 주력제품이 판매를 올리기 위해서는 각 시점에 맞추어서 다양한 프로모션활동으로 고객접점으로 찾아가야 한다. 그리고 음식배달전문점의 브랜드이미지를 강화하기 위해서는 계속적인 메뉴 개발로 '맛'에 있어서 경쟁사와 우열을 가져야 함은 물론 친절서비스 교육실시, 유니폼 착용, 매장인테리어의 단일화를 통해 외식상품의 품질을 향상시켜야 한다. 21세기 음식배달전문점은 브랜드이미지의 중요성을 인식하고 맛, 기존의 음식가격 문제, 상품내용개발 등의 외식상품 본질적 노력뿐만 아니라 광고, 상표명 등의 상품외적인 마케팅노력을 하여 종합적인 브랜드이미지 포지셔닝전략을 전개해야 한다.

오늘날과 같이 경제구조가 복잡하고 다양한 형태의 시장구조가 형성되는 시점에서 음식배달전문점은 경쟁력 강화를 위하여 변신과 변화를 꾀하지 않을 수 없다. 이에 음식배달전문점은 소비자와의 커뮤니케이션 효과를 배가시킬 수 있는 독창적인 CI(corporate identity), BI(brand identity)를 도입하여야 한다. 커뮤니케이션의 효과적 측면에서 독창적인 CI, BI의 도입은 음식배달전문점에서 커뮤니케이션의 발상전환이 요구될 때이다.

음식배달전문점의 브랜드이미지를 강화하기 위해서는 브랜드명, 로고, 심볼, 캐릭터, 슬로건, 징글, 팜플렛 등을 종합적으로 관리하는 디자인 관리체계를 갖추어야 한다. 특히 신상품의 시장도입에 즈음해서 기존 이미지로서는 신시장에의 침투나 새로운 시장의 창조가 곤란하기 때문이다. 점포가 갖고 있는 기존 아이덴티티의 테두리를 초월하는 새로운 비즈니스에는 새로운 아이덴티티의 수정까지도 생각하지 않으면 안된다.

## 2. 배달전문점 화법

경쟁이 치열할수록 독특한 아이디어나 친절한 서비스 등이 필요하나 영세한 자영업자로서는 높은 교육비로 부담과 시간이 부족해 서비스를 위한 전문 교육이나 영업 마케팅 교육을 받을 엄두를 내지 못하고 있는 실정이다. 바로 실행이 가능한 외식 <배달업종에 맞는 고객감동 화법과 액션>을 소개한다. 아래 사례를 참고로 하여 각 매장에 맞는 상담화법과 매뉴얼을 개발하여 점주, 점장 또는 배달사원이 똑 같은 예절과 행동으로 통일하면 매출을 더 높일 수 있다.

### 1) 상담/주문 전화를 받을 때

◆ 안녕하세요?
- 이 때 머리를 숙여 고객을 만난 것처럼 인사를 한다.
(이 때 고객은 목소리 톤으로 상대방이 머리를 숙여 인사하는 것으로 짐작)

◆ ㅇㅇ치킨입니다. 무엇을 도와드릴까요, 고객님?
- 항상 전화를 받을 때는 '고객님'으로 시작해 '고객님'으로 끝낸다.

◆ 네, 고객님. 고객님께서는 프라이드치킨과 생맥주를 주문하셨습니다.
약 20분내로 배달이 가능합니다. 괜찮으시겠습니까, 고객님?
- 항상 주문사항을 반복해서 확인해 주고 배달 가능한 시간을 대략 알려 준다.
- 고객이 편안하게 기다릴 수 있도록 배려한다.
- 목소리는 항상 상냥하고 밝은 목소리로 친절한 톤으로
(가늘고 경쾌한 목소리는 고객의 기분을 좋게 해준다)

### 2) 상담/주문 후 전화를 끊을 때

◆ 네, 감사합니다. 고객님.

◆ 오늘도 즐겁고 행복한 하루 되세요. 고객님! 고맙습니다.
- 반드시 위 두 가지를 이어서 말한다.
- 전화 상담을 확실히 끝낼 때 고객은 더 신뢰를 가지게 된다.

### 3) 음식 배달을 갔을 때

◆ 초인종을 누르면서
- 무인경비시스템이라 고객을 직접 볼 수는 없지만
- 초인종을 누르고 고객이 "누구세요" 혹은 "네, 들어오세요"라고 하면 바로

- "네, ㅇㅇ치킨입니다. 고객님"이라고 하면서 고개를 숙이며 인사한다.
  (이 때 고객은 거실모니터를 통해 인사하는 모습을 보게 됨.)

◆ 현관문을 열고 음식을 내려놓을 때
- 고객님, ㅇㅇ치킨입니다. 음식을 어디 놓아 드릴까요, 고객님?
  (대부분 현관바닥이나 신발장 위에 놓는 경우가 많음)

* 먹는 음식을 바닥에 놓는 것은 우리나라 정서상으로도 맞지 않음

#### 4) 음식 배달 후에 나올 때

◆ 거스름돈을 전해 줘야 할 때
- 배달 업종은 대부분 잔돈을 준비해야 하는 경우가 많은데
- 거스름돈을 내 줄 때 미리 준비한 비닐 주머니나 작은 봉투를 이용하고 광고물과 함께 전달하면 다음 주문으로 이어질 수 있는 좋은 수단이 됨.

◆ 현관을 나오기 전에
- 고객님, 저희 ㅇㅇ치킨을 이용해 주셔서 감사합니다.
  (이 때 업소 광고전단지를 함께 전해 주면서 영업에 들어감)
- 오늘 주문하신 프라이드치킨도 맛이 좋지만
- 저희 ㅇㅇ치킨의 대표브랜드는 프라이드 플러스 치킨인데요,
- 특별한 소스와 라이스파우더와 특수기름을 사용하지만
  (이 부분은 운영하는 점포의 장점을 부각하면 됨)
- 가격은 1000원 밖에 더 비싸지 않습니다.
- 다음에 주문하시면 제가 신속하게 배달해 드리겠습니다. 고객님.
- 오늘도 즐겁고 행복한 오후 (저녁) 시간 되시구요. 감사합니다.
- 안녕히 계십시오. 다음에 또 주문해 주실거죠… 고객님~
  (이렇게 말함으로써 고객이 기억할 수 있도록 하고 또 약간의 부담을 줌)

# 제15장 성공적인 해외진출전략

## 제1절 글로벌경영의 이해

### 1. 글로벌경영의 의의

최근 기업들은 생존을 위해서 어쩔 수 없이 글로벌 경영을 할 수밖에 없는 현실에 직면해 있다. 21세기에 들어서면서 이러한 글로벌화는 한층 더 강화되고 있다. 국내의 환경변화는 물론 전세계의 환경 변화 하나 하나가 모두 기업경영에 영향을 미치고 있는 것이다.

따라서 제품, 기술, 서비스뿐만 아니라 인적자원과 자본도 자유롭게 이동하는 상황에서 전세계시장을 대상으로 효율적인 의사결정을 내릴 수 있어야 할 것이다. 이것이 바로 글로벌 경영활동의 요체다.

프랜차이즈 다국적기업은 해외진출을 할 때에는 각국의 서로 다른 정치적·경제적 환경에 직면할 뿐만 아니라 이질적인 문화적 환경에도 직면하게 된다. 정치·경제·사회·문화 등의 환경변수들도 국제경영활동에 있어서 그 중요성이 크다.

최근 들어 외식기업들은 프랜차이즈의 해외진출을 통해 글로벌경영을 해야만 하는 상황에 직면하게 되었다. 왜 기업들은 글로벌경영을 해야만 하는가? 그 이유는 외부환경요인, 기업요인, 경영자 요인으로 글로벌화를 촉진시키고 있다.

### (1) 외부환경요인

#### 1) 자유화, 개방화 추세

전세계적으로 자유화, 개방화 물결이 일어나면서 무역장벽이 낮아지고 있다.

특히 WTO체제의 출범에 따라서 각국에서는 무역장벽을 제거해야하는 상황을 맞고 있으며, 자본이전이나 인적자원 이동뿐만 아니라 기술이전도 과거보다 훨씬 자유로워지고 있다 이러한 자유화, 개방화로 인해 글로벌화가 보다 급속히 진행되고 있다.

#### 2) 소비자의 수요동질화

과거에는 서로 달랐던 각국 소비자의 기호가 점차 비슷해지는 것도 글로벌화를 촉진시키고 있다. 코카콜라와 펩시콜라가 전 세계적으로 가장 많이 팔리는 청량음료가 되고, Levi's청바지는 한국에서도 유행하며, 맥도날드 햄버거가 러시아에서도 성공하고 있다. 이는 젊은 세대를 중심으로 소비자의 수요나 구매형태가 그만큼 동질화되고 있다는 것을 의미한다. 이로 인해 전세계의 소비자를 고객으로 하는 글로벌경영이 요구되는 것이다.

### (2) 기업요인

국제 프랜차이징에서 주의할 것 중의 하나로 본국에서의 문제, 예를 들어 시장포화의 문제를 해결하기 위해 해외로 진출하거나 단순히 로열티와 같은 수익을 얻기 위해 진출하거나, 일부 가맹본부의 경우에는 선점효과를 노려 해외진출을 서두르기도 한다. 자사의 제품·서비스가 해외에 있는 기업에 의해 모방되기 쉬운 기업의 경우에는 해외경쟁사가 먼저 시장점유율을 높임으로써 자사의 현지국 진출을 더욱 어렵게 만들게 될 것으로 믿기 쉽다. 한편 본국의 유력한 경쟁사가 해외시장에 먼저 진출하는 경우에도 자사의 진출이 어려워질 수 있다고 판단하는 기업의 경우에도 해외진출을 서두르기도 한다.

### (3) 경영자 요인

국제시장진입의 가장 보편적인 동기는 매출·수익의 확대와 시장확대 및 국제기업으로 발전하고자 하는 욕구를 가진 최고경영자의 태도가 국제활동에서의 기업참여범위를 결정짓는 중요한 요인이다.

최고경영자는 자신이 국제기업을 운영하는 것이 대외적으로 자신의 이미지를 향상시키고, 국내시장에서의 가맹점 확장에 도움을 줄 수 있는 것으로 믿기 때문에 해외진출을 시도하기도 한다.

그 밖에 재정적으로 어려움을 겪은 경험이 있는 최고경영자의 경우에는 프랜차이즈 총판가맹점이 제공하는 상당한 가맹비에 유혹되어 해외진출을 서두르기도 하며, 이는 가맹비 수입이 이익으로 남는 비율이 높을수록 심해지는 성향이 있다.

## 2. 글로벌경영의 추진형태

국가간 경계가 사라지면서 적극적인 글로벌 경영활동을 위해 해외에 진출하는 기업이 늘어나고 있다.

프랜차이징 기업이 국제시장에 진출할 때 대체로 5가지 형태로 분류할 수 있는데, 마스터 프랜차이즈, 조인트 벤처, 라이센싱, 직접투자방식, 지역정부통제형으로 분류되어진다.

### (1) 국제계약에 의한 진출형태

국제계약에 의한 진출방식은 기업이 자신의 브랜드, 기술, 특허권, 저작권 등의 경영자원을 하나의 상품으로 취급하여 현지기업과 일정한 계약에 의해 판매하여 진출하는 방법을 말한다

이렇게 계약에 의해서 해외사업을 경영하는 방법으로는 크게 라이센싱(licensing), 프랜차이징(franchising) 등이 있다.

#### 1) 라이센싱

라이센싱(licensing)은 어떤 형태의 대가를 받기 위해 외국에 있는 기업에게 특허, 노하우, 브랜드, 기타 자산 등 경제적인 가치가 있는 경영자산을 사용하도록 허가하는 것을 말한다. 이는 경제적 가치가 있는 라이센스를 파는 것이 아니라 돈을 받고 빌려준다는 뜻이다.

진출예정국에 직접투자에 대한 무역장벽이 존재할 경우 라이센싱은 유일한 진출방법이다. 수송비가 비싸거나 국가간에 상품을 이동하는 데 많은 비용이 소요되는 경우 라이센싱은 효율적인 국제사업의 운영방법이 된다. 다국적 프랜차이저 본부가 한 국가의 프랜차이지와의 계약을 발전시켜 프랜차이저가 프랜차이지에게 제품·상품권·서비스 등에 있어서 권한을 위임하는 형태로서 나타난다. 라이센싱은 자신이 직

접 현지에서의 마케팅활동 또는 생산활동을 하는 경우에 비해 얻을 수 있는 이익이 적다.

### 2) 마스터 프랜차이즈

프랜차이징은 라이센싱의 한 형태이지만 라이센싱보다 훨씬 강한 통제를 할 수 있다 라이센싱이 기술이나 브랜드 등 경영자산을 일정기간동안 빌려주는 것이라면 프랜차이징은 품질관리, 경영방식, 기업의 조직 및 운영, 마케팅 등을 지원하여 라이센싱 업체를 직접적으로 관리하거나 통제하는 것을 말한다.

마스터 프랜차이즈란 본부가 가맹점을 개설하고자 하는 국가나 도시에서 가맹점이면서 본부로서의 권한과 책임을 갖는 개인과 사업가 또는 연합기업을 말한다. 즉 일정기간·일정지역 내에서 어떤 개인이나 집단에게 프랜차이즈 회사의 권리를 부여하여 이 권리를 부여받는 프랜차이저(franchisor)가 다시 프랜차이즈 권리를 서브프랜차이저(sub franchisor)에게 부여한 형태로서 프랜차이저는 서브프랜차이지에게 교육을 포함한 경영노하우 서비스를 제공하고, 프랜차이즈 수수료를 받게 된다, 서브프랜차이저 자신이 프랜차이지가 될 수 있다. 미국이 아시아시장에 진출할 때 이 방식을 많이 사용하였다. 예를 들어 맥도날드나 켄터기 프라이드 치킨의 경우가 성공한 케이스이다.

프랜차이징은 피자헛이나 맥도날드와 같은 패스트푸드점, 훼미리레스토랑, 편의점, 호텔, 주유소 등의 서비스 업종에서 많이 이루어진다.

프랜차이징 점포의 소유권은 프랜차이즈 하는 점포의 사업주가 가지지만 그 점포에서 사용하는 장비, 실내장식 및 제품 생산방식 등을 프랜차이즈기업에서 제공하는 일괄적인 기준에 따르도록 하고 있다.

따라서 소비자들은 프랜차이즈점을 이용함으로써 점포의 위치와 상관없이 똑같은 품질의 피자와 햄버거를 먹을 수 있다 그 결과 전세계적으로 피자헛이나 맥도날드는 품질이 표준화되어 브랜드 이미지를 유지하고 통제할 수 있게 된다.

## (2) 국제직접투자에 의한 진출형태

글로벌 시장을 대상으로 경영활동을 수행하는 기업이 해외에 대한 투자형태는 국제직접투자와 국제간접투자로 구분된다.

국제직접투자(foreign direct investment)는 기업경영을 통한 이윤추구를 목적으로 국내의 자본, 생산기술, 경영능력 등 생산요소를 해외에 이전시키는 것을 말하다. 이에 비하면 국제간접투자(international indirect investment)는 경영에 참여하지 않고 단순히 이자, 배당 등을 통한 자본이득을 목적으로 국제적으로 분산투자하는 것을 말한다.

국제간접투자와 비교해 볼 때 국제직접투자는 투자자가 해외기업의 경영에 직접 참여하여 이윤을 획득하기 위해 생산기지를 해외로 이전하는 것이라고 할 수 있다. 따라서 국제직접투자는 단지 유리한 자산운영에만 목적이 있는 것이 아니라 기업운영에 대한 경영권이 뒤따르는 자본이동을 뜻한다.

국제직접투자는 투자자의 수에 따라 해외기업체의 경영권을 단독으로 소유하기 위한 해외단독투자(overseas sole investment)와 공동으로 소유하기 위한 국제합작투자(international joint investment)로 나누어진다.

### (3) 지역정부통제형태

지역정부통제형은 해당지역의 로컬 혹은 마스터 프랜차이지로서 외국정부를 포함시키는 방안인데, 이러한 방식은 실제로 개인회사나 사업체를 대신하여 로컬 정부가 그 역할을 대신하는 방식으로서 마스터 프랜차이지나 조인트 벤처형의 변형된 형태로서 볼 수 있다. 정부통제형의 프랜차이저의 조직도를 살펴보면 [그림 15-1]과 같다.

**그림 15-1** 정부통제형 프랜차이즈 조직도

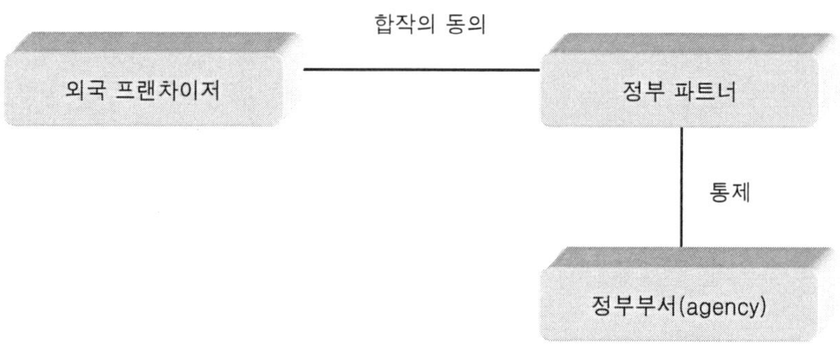

## 제2절 글로벌 창업경영전략

국내의 외식산업이 현재와 같이 성장하게 된 배경에는 여러 가지 이유가 있겠지만, 그 중에서도 국내 경제 발전에 따른 소득 증가 및 세계화의 추세에 의해 해외 다국적 기업의 국내 진출이 활발하게 이루어짐으로서 이에 자극을 받은 국내 자영업 형태의 소규모 외식시장이 대형화, 현대화로 시스템화되어 발전하게 된 것이다.

특히 해외의 다국적 기업은 우수한 기술과 상표 등을 사용할 수 있도록 허가해 주고 이를 통하여 이윤을 취득하는 프랜차이즈 시스템으로 국내에 진출하였는데 이는 국제기업의 전략 중 고도로 발전된 전략이며 해외 직접 투자보다 더 선호되고 있는 전략이다.

그러나 국내에 프랜차이즈 본사의 사전 충분한 조직력, 자금력 등이 미흡한 상태에서 아이디어 및 가맹점부터 모집한다는 사업전개방식 등으로 부실경영 및 이에 따른 가맹점주 및 소비자의 피해사례 등의 사회적 문제 발생 등의 부정적 효과로 인하여 프랜차이즈 시스템이 완전히 국내에 정착되지 못하고 있는 실정이다.

또한, 국내의 외식 프랜차이즈는 국민들이 외제라면 무조건 좋다는 외제 선호 취향으로 인해 국내의 자생 브랜드보다는 해외 다국적 기업의 브랜드에 대한 인지도가 높아 매년 막대한 로얄티가 해외로 유출되고 있는 실정이다.

물론 최근에는 국내에서의 성공을 기반으로 몇몇 업체에서 국내의 브랜드를 가지고 해외로 진출하고 있으나, 아직까지는 초기 진출 단계이며, 사전에 충분한 사업성 검토가 부족하여 현지에 진출했다가 사업성의 불투명 등으로 철수하는 사례도 적지 않게 발생하고 있다.

전반적인 국내 외산산업의 발전과정과 현황 및 국내 프랜차이즈의 해외진출 현황을 살펴보겠다.

### 1. 국내 외식프랜차이즈의 해외진출 현황

'80년대 후반 국민 소득의 증가 등에 의해 외식문화에 대한 수요의 증가 등으로 인해 성장 가능성이 충분하다고 판단하여 해외 다국적기업이 국내에 진출한 것처럼 국내외식업체들의 해외진출도 이러한 맥락에서 이루어지고 있으며 미국이나 일본 등 선진국보다는 새로운 시장 개척이 가능한 중국으로 많이 진출하고 있는 실정이다.

해외에 진출한 국내 외식업체의 업종은 한식업을 비롯하여 패스트푸드, 피자, 치킨, 김밥 등에 주로 이루어지고 있는데, 90년대부터 활발히 진행되고 있으며, 패스트푸드나 피자보다는 한국적인 맛인 한식을 취급하는 한식업에 많이 치중되고 있다.

특히 국내브랜드의 외식시장이 포화가 되어 경쟁이 치열해지면서 많은 외식업체들이 프랜차이즈사업을 확장하기 위해 해외로 진출하는 속도가 빨라지고 있다.

현재 국내 프랜차이즈업종은 크게 외식업, 서비스업, 소매업 3가지로 나뉜다. 국내 프랜차이즈 업체들은 정부가 2012년 골목상권 보호를 명분으로 국내 프랜차이즈 산업에 대한 규제를 강화하자 해외 시장 진출이 더욱 활발해졌다. 한류의 영향으로 해외에서 한식에 대한 관심이 높아진 것도 긍정적인 영향을 미쳤다. 농림축산식품부에 따르면 국내 외식 프랜차이즈의 해외 매장은 2015년 4,656개(138개 업체)에서 2016년(10월 기준) 5,476개(188개 업체)로 증가했다. 2010년(991개) 대비 5배 넘게 늘었다. 국가별로는 중국(2,786개)이 가장 많았고 다음은 미국(1,188개), 베트남(306개), 필리핀(253개), 인도네시아(182개)순이었다. 아시아 지역 매장이 4138개로 전체의 75.6%를 차지하고 있다. 해외 매장이 가장 많은 브랜드는 '델리만쥬'로 869개다. 카페베네가 531곳으로 2위이고 치킨커플(380개), 더후라이팬(302개), 롯데리아(263개), 파리바게뜨(240개), 레드망고(218개), 뚜레쥬르(217개), 본촌치킨(194개), 투다리(169개)가 뒤를 이었다. 이들 상위 10개 기업이 전체 해외진출 매장 수의 62%를 차지하고 있다.

특히 국내 업체의 해외 진출 현황에서 나타난 특징은 서구적인 '맛'보다는 한국적인 '맛'을 가지고 해외에 진출하는 업체가 더 많다. 물론 현재까지의 진출 현황만을 가지고 판단하는 것은 무리가 있겠으나, 외식 산업에 있어서 가장 기본이 되는 것은 '맛'의 차별화에 있기 때문에 우리의 강점인 한국적인 '맛'을 최대한 활용하여 해외에 진출해야 한다.

## 2. 해외진출 프랜차이즈 외식창업의 고려사항

외식산업은 시장개방에 따라 해외 외식브랜드의 국내진출은 물론 국내외식브랜드의 해외진출도 활성화되고 있다. 프랜차이즈 외식창업을 외국시장에서 할 경우는 <표 15-1>과 같이 고려해야 할 사항이 있다.

**표 15-1** 해외진출 프랜차이즈 외식창업의 고려사항

| | |
|---|---|
| 지역사람들의 기호·식습관, 문화적 특징에 대한 개념 기반 | 메뉴선정의 신중함과 신축성 및 변형 준비 |
| 외환상황과 자본의 유출입 가능성 정도 | 법적 규제 절차에의 순응 |
| 인구통계 데이터 | 국민총생산과 인구 |
| 지역적 욕구반영, 정치적·종교적 신념에의 관심 | 사회·정치·경제적 환경을 고려한 기업환경조사 |
| 의사결정, 기획·운영에 지역사업가의 참여 | 지역기업의 지식을 보유한 숙련된 직원 고용 |

이와 같이 외식산업의 국제화 추세는 해외브랜드의 국내도입과 국내 전통음식점의 해외시장 진출현상으로 나누어 볼 수 있다. 해외 외식사업체의 진출은 선진경영의 노하우 도입, 식재료 수입, 식생활 패턴의 서구화 현상을 보이게 되고, 국내 전통음식점은 대외경쟁력의 차원에서 업소경영기술의 개선에 큰 변화를 보이고 있다.

해외시장진출방법은 직접투자, 현지 파트너 업체로부터 로열티를 받는 형태, 합작투자 등이 있다.

외식산업의 프랜차이즈창업이 해외시장에서 증가하고 있는 이유는 무엇보다도 제공되는 외식상품과 서비스의 표준화 때문이다. 이러한 변화에서 보듯이 외식사업체는 국제화된 시장환경에 대응하고 해외시장에 진출하기 위해서는 기존의 국내환경에서 다루었던 전략을 달리해야 한다.

프랜차이즈 외식창업을 해외시장에 할 경우 다음과 같이 5단계로 계획하고 실행하는 것이 일반적이다.

**그림 15-2** 해외시장 프랜차이즈 진출단계

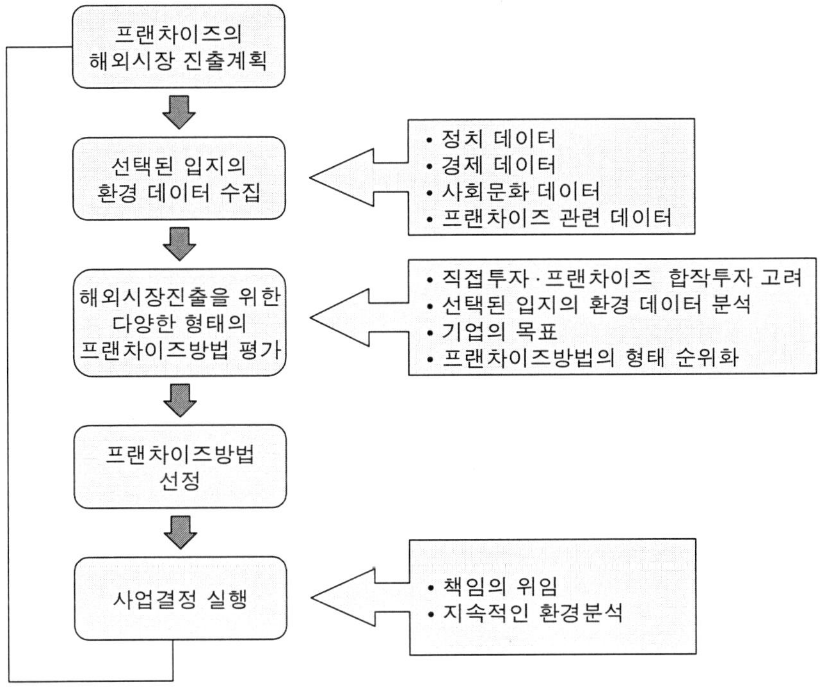

# 참고문헌


강경남 외 7인, 외식산업실무론, 지구문화사, 2014.
고창룡, 매출활성화전략, 도서출판 두남, 2010.
권금택, 21세기 외식경영학, 도서출판 대명, 2007.
권금택, 전략적 고객관계관리, 제6판, 피앤씨미디어, 2017.
권용주 외 2인, 외식창업실무론, 형설출판사, 2005.
김근종, 외식사업경영론, 대왕사, 2000.
김기영·염진철·조우제, 외식산업관리론, 현학사, 2005.
김기홍 외 3인, 외식사업창업론, 대왕사, 2005.
김우성, 브랜드와 고객체험, 이담, 2012.
김은숙 외 3인, 외식산업의 창업 및 경영, 백산출판사, 2005.
김은주·박진우, 외식경영학, 형설출판사, 2005.
김의근 외 4인, 외식사업창업실무론, 현학사, 2004.
김의근, 프랜차이즈 경영론, 2011, 법문사, 2011.
김정희·전태우, 소매마케팅, 제2판, 도서출판 두남, 2008.
김헌희, 사례로 본 외식프랜차이즈경영전략, 백산출판사, 2003.
김헌희·이대홍, 외식산업경영의 이해, 백산출판사, 2001.
나정기, 외식산업의 이해, 백산출판사, 제4판, 2013.
신봉규·박재호, 외식창업실무매뉴얼, 백산출판사, 2005.
신재영 외 3人 공저, 외식사업경영론, 백산출판사, 2000.
안광호 외 2인, 유통원론, 제3판, 학현사, 2014.
안종기·현경호, 외식창업 경영실무, 도서출판, 두남, 2012
안종기·현경호, 외식창업과 프랜차이즈, 도서출판두남 ,2014.
엄정호, 미래의 기업형 식자재유통업체와 외식업의 진정한 파트너십, 북갤러리, 2013.
오가와 가즈히로, 소셜미디어 마케팅, 더숲, 2011.
이수동·여동기, 소매경영, 학현사, 2011.
임영균 외 2인, 유통관리, 제3판, 학현사, 2015.

임현철, 외식창업실무지침서, 한올출판사, 2006.
임현철, 외식프랜차이즈실무, 한올출판사, 2011.
정환 외 2인, 외식창업경영론, 새로미, 2015.
조문수·윤혁수, 외식사업경영론, 기문사, 2002.
최학수 외 5인, 외식사업경영론, 한올출판사, 2007.
한동철·김경호, 소매마케팅, 이프레스, 2015.
홍기운, 최신외식산업개론, 대왕사, 2004.
홍철희 외 2인, 현대 외식산업실무론, 대왕사, 2003.
기타 다수의 인터넷 자료.

# 찾아보기

### ㅍ



### ㅎ

[저자 약력]

권 금 택

영산대학교 호텔관광대학 외식경영학과 교수(경영학박사)

☞ E－Mail : sif0318@ysu.ac.kr

**외식 · 식자재유통창업경영**

초판인쇄 2017년 8월 16일
초판발행 2017년 8월 20일

지은이 권금택
펴낸이 박노일

총괄기획 김중용 · 최준규
편 집 심성보 · 김인숙

펴낸곳 pnc publishing and culture 피앤씨미디어
경기도 고양시 일산동구 강송로 153 310-1501
등록 제396-2012-000203호

전 화 070)7550-3758 팩 스 02)718-8554
홈페이지 www.pncmedia.co.kr 이메일 pnc@pncmedia.co.kr
ISBN 979-11-5730-429-5 93320



정 가 20,000원